浙江文化名人传记精选修订丛书
原 主 编：万 斌
执行主编：卢敦基

史学大师

章学诚传

鲍永军 著

浙江人民出版社

图书在版编目（CIP）数据

史学大师 ：章学诚传 / 鲍永军著. -- 杭州 ：浙江人民出版社，2024. 12. -- ISBN 978-7-213-11769-5

Ⅰ. B249. 7

中国国家版本馆CIP数据核字第2024H7X737号

史学大师：章学诚传

SHIXUE DASHI ZHANG XUECHENG ZHUAN

鲍永军　著

出版发行	浙江人民出版社（杭州市环城北路177号　邮编　310006） 市场部电话:(0571)85061682　85176516
责任编辑	张苗群
助理编辑	林欣妍
责任校对	王欢燕
责任印务	程　琳
封面设计	王　芸
电脑制版	杭州天一图文制作有限公司
印　　刷	杭州富春印务有限公司
开　　本	710毫米×1000毫米　1/16
印　　张	19
字　　数	287千字
插　　页	6
版　　次	2024年12月第1版
印　　次	2024年12月第1次印刷
书　　号	ISBN 978-7-213-11769-5
定　　价	78.00元

“浙江文化研究工程成果文库”总序

有人将文化比作一条来自老祖宗而又流向未来的河，这是说文化的传统，通过纵向传承和横向传递，生生不息地影响和引领着人们的生存与发展；有人说文化是人类的思想、智慧、信仰、情感和生活的载体、方式和方法，这是将文化作为人们代代相传的生活方式的整体。我们说，文化为群体生活提供规范、方式与环境，文化通过传承为社会进步发挥基础作用，文化会促进或制约经济乃至整个社会的发展。文化的力量，已经深深熔铸在民族的生命力、创造力和凝聚力之中。

在人类文化演化的进程中，各种文化都在其内部生成众多的元素、层次与类型，由此决定了文化的多样性与复杂性。

中国文化的博大精深，来源于其内部生成的多姿多彩；中国文化的历久弥新，取决于其变迁过程中各种元素、层次、类型在内容和结构上通过碰撞、解构、融合而产生的革故鼎新的强大动力。

中国土地广袤、疆域辽阔，不同区域间因自然环境、经济环境、社会环境等诸多方面的差异，建构了不同的区域文化。区域文化如同百川归海，共同汇聚成中国文化的大传统，这种大传统如同春风化雨，渗透于各种区域文化之中。在这个过程中，区域文化如同清溪山泉潺潺不息，在中国文化的共同价值取向下，以自己的独特个性支撑着、引领着本地经济社会的发展。

从区域文化入手，对一地文化的历史与现状展开全面、系统、扎实、有序的研究，一方面可以借此梳理和弘扬当地的历史传统和文化资源，繁荣和丰富当代的先进文化建设活动，规划和指导未来的文化发展蓝图，增强文化软实力，为全面建设小康社会、加快推进社会主义现代化提供思想保证、精神动力、智力支持和舆论力量；另一方面，这也是深入了解中国文化、研究中国文化、发展中国文化、创新中国文化的重要途径之一。如今，区域文化研究日益受到各地重视，成为我国文化研究走向深入的一个重要标志。我们今天实施浙江文化研究工程，其目的和意义也在于此。

千百年来，浙江人民积淀和传承了一个底蕴深厚的文化传统。这种文化传统的独特性，正在于它令人惊叹的富于创造力的智慧和力量。

浙江文化中富于创造力的基因，早早地出现在其历史的源头。在浙江新石器时代最为著名的跨湖桥、河姆渡、马家浜和良渚的考古文化中，浙江先民们都以不同凡响的作为，在中华民族的文明之源留下了创造和进步的印记。

浙江人民在与时俱进的历史轨迹上一路走来，秉承富于创造力的文化传统，这深深地融汇在一代代浙江人民的血液中，体现在浙江人民的行为上，也在浙江历史上众多杰出人物身上得到充分展示。从大禹的因势利导、敬业治水，到勾践的卧薪尝胆、励精图治；从钱氏的保境安民、纳土归宋，到胡则的为官一任、造福一方；从岳飞、于谦的精忠报国、清白一生，到方孝孺、张苍水的刚正不阿、以身殉国；从沈括的博学多识、精研深究，到竺可桢的科学救国、求是一生；无论是陈亮、叶适的经世致用，还是黄宗羲的工商皆本；无论是王充、王阳明的批判、自觉，还是龚自珍、蔡元培的开明、开放，等等，都展示了浙江深厚的文化底蕴，凝聚了浙江人民求真务实的创造精神。

代代相传的文化创造的作为和精神，从观念、态度、行为方式和价值取向上，孕育、形成和发展了渊源有自的浙江地域文化传统和与时俱进的浙江文化精神，她滋育着浙江的生命力、催生着浙江的凝聚力、激发着浙江的创造力、培植着浙江的竞争力，激励着浙江人民永不自满、永不停息，在各个不同的历史时期不断地超越自我、创业奋进。

悠久深厚、意韵丰富的浙江文化传统，是历史赐予我们的宝贵财富，也是我们开拓未来的丰富资源和不竭动力。党的十六大以来推进浙江新发展的实践，使我们越来越深刻地认识到，与国家实施改革开放大政方针相伴随的浙江经济社会持续快速健康发展的深层原因，就在于浙江深厚的文化底蕴和文化传统与当今时代精神的有机结合，就在于发展先进生产力与发展先进文化的有机结合。今后一个时期浙江能否在全面建设小康社会、加快社会主义现代化建设进程中继续走在前列，很大程度上取决于我们对文化力量的深刻认识、对发展先进文化的高度自觉和对加快建设文化大省的工作力度。我们应该看到，文化的力量最终可以转化为物质的力量，文化的软实力最终可以转化为经济的硬实力。文化要素是综合竞争力的核心要素，文化资源是经济社会发展的重要资源，文化素质是领导者和劳动者的首要素质。因此，研究浙江文化的历史与现状，增强文化软实力，为浙江的现代化建设服务，是浙江人民的共同事业，也是浙江各级党委、政府的重要使命和责任。

2005年7月召开的中共浙江省委十一届八次全会，作出《关于加快建设文化大省的决定》，提出要从增强先进文化凝聚力、解放和发展生产力、增强社会公共服务能力入手，大力实施文明素质工程、文化精品工程、文化研究工程、文化保护工程、文化产业促进工程、文化阵地工程、文化传播工程、文化人才工程等“八项工程”，实施科教兴国和人才强国战略，加快建设教育、科技、卫生、体育等“四个强省”。作为文化建设“八项工程”之一的文化研究工程，其任务就是系统研究浙江文化的历史成就和当代发展，深入挖掘浙江文化底蕴、研究浙江现象、总结浙江经验、指导浙江未来的发展。

浙江文化研究工程将重点研究“今、古、人、文”四个方面，即围绕浙江当代发展问题研究、浙江历史文化专题研究、浙江名人研究、浙江历史文献整理四大板块，开展系统研究，出版系列丛书。在研究内容上，深入挖掘浙江文化底蕴，系统梳理和分析浙江历史文化的内部结构、变化规律和地域特色，坚持和发展浙江精神；研究浙江文化与其他地域文化的异同，厘清浙江文化在中国文化中的地位和相互影响的关系；围绕浙江生动的当代实践，深入解读浙江现象，总结浙江经验，指导浙江发展。在研究力量上，通过课题组织、出版资助、重点研究基地建设、加强省内外大院名校合作、整合各地各部门力量等途径，形成上下联动、学界互动的整体合力。在成果运用上，注重研究成果的学术价值和应用价值，充分发挥其认识世界、传承文明、创新理论、咨政育人、服务社会的重要作用。

我们希望通过实施浙江文化研究工程，努力用浙江历史教育浙江人民、用浙江文化熏陶浙江人民、用浙江精神鼓舞浙江人民、用浙江经验引领浙江人民，进一步激发浙江人民的无穷智慧和伟大创造能力，推动浙江实现又快又好发展。

今天，我们踏着来自历史的河流，受着一方百姓的期许，理应负起使命，至诚奉献，让我们的文化绵延不绝，让我们的创造生生不息。

2006年5月30日于杭州

目录

第一章　乾嘉时代

章学诚，字实斋，号少岩，原名文敩，乾隆三年（1738）出生于浙江省绍兴府会稽县善法弄（今绍兴市越城区塔山街道大禅法弄），卒于嘉庆六年（1801），享年64岁。章学诚生活的时代，正是清代历史上的乾嘉时代。这一时期已经出现政治腐败、社会动荡、学术文化畸形发展等种种表明“康乾盛世”不盛的迹象。

“盛世”不盛

清朝的“盛世”，大致始于康熙二十三年（1684），至嘉庆十八年（1813）止，前后历经130年之久。这一时期，总的来说，国家统一，政局稳固，经济繁荣，文化昌盛，国力强大，是中国封建社会发展史上的最后一个高峰。康熙开创了清王朝的盛世局面，雍正继往开来，乾隆集前代之大成，始成全盛之局。康熙从顺治十八年（1661）继承皇位，到康熙六十一年病逝，在位61年，是中国历史上在位时间最长的皇帝。康熙雄才大略，在文治武功方面成就卓著，是中国历史上杰出的封建帝王。在位期间，智擒鳌拜，平定三藩，南收台湾，北拒沙俄，西征噶尔丹，兴修水利，治理黄河，鼓励垦荒，发展经济，统一的多民族国家得到空前的巩固与发展，从而开创了“康乾盛世”的基业。雍正帝胤禛是康熙的第四子，在位13年。他勤于政事，雷厉风行，实行改革，大力整顿吏治，惩治贪官，清理财政，维持了国家繁荣的局面。乾隆帝弘历是雍正的第四子，生于康熙五十年，卒于嘉庆四年，享年89岁。乾隆崇拜祖父康熙，在文治武功上颇有效法之举。乾隆在位60年后，因为不想在位时间超过祖父，就让位给儿子颙琰，即嘉庆帝。此后，乾隆又当了三年太上皇，实际上仍总揽朝政。

在清代帝王中，乾隆算得上是一位有作为的皇帝。他吸取了康熙、雍正时期治国的经验和教训，实行宽严相济的治国之道，励精图治，使国家进入了最繁荣、最强盛的时期。在经济上，乾隆以农为本，鼓励垦荒，兴修水利设施，重视减轻农民的租税负担，延续“摊丁入亩”的赋役制度。从经济繁荣状况来看，乾隆末年，全国耕地总数已超过10亿亩，人口总量突破了3亿大关。清代国库存银，康熙时约有5000余万两，雍正时有6000余万两，乾隆时曾高达7800万两。由于府库充实，乾隆能够施惠于民，先后五次蠲免全国一年的钱粮，三次免除江南漕粮，总额达2亿两之多，相当于全国五年的财赋总收入，堪称中国历代蠲免之最，凸显了国家的雄厚财力。在军事上，乾隆晚年自诩有“十全武功”，因而自号“十全老人”。所谓“十全武功”，是指平定准噶尔部、平定大小和卓叛乱、降缅甸与安南等10次战役。这些战役性质不一，有的是镇压人民起义，有的是耀武扬威，有胜有败。但值得肯定的是，乾隆三次用兵新疆以平息叛乱，两次平定廓尔喀对西藏的入侵，巩固了边防，维护了多民族国家的统一。经过康熙、雍正、乾隆三朝的大力开疆拓土，中国的疆域空前辽阔，东到大海，西达葱岭，南至曾母暗沙，北跨外兴安岭，西北到巴尔喀什湖，东北到库页岛。乾隆在文化上也有建树，重开博学鸿词科，组织大批文人编纂了不少集大成性质的书籍。“十通”是中国古代记载典章制度的史书，其中有“六通”，即《续通典》《续通志》《续文献通考》《清通典》《清通志》《清文献通考》，就是乾隆下令编纂的。此外，他还组织编撰《明史》《大清会典》《大清一统志》及各省通志。乾隆在文化上的最大成就之一，是下令对历代书籍作了一次规模宏大的整理，历时10余年编成的《四库全书》，收录图书三千四百六十一种，七万九千三百零九卷，为学术文化的传承作出了重要贡献。

“盛世”之下，暗流涌动。从乾隆中叶起，清王朝就开始出现种种衰败的迹象。到乾隆末期，由盛转衰。到了嘉庆时，只是延续了一段盛世的尾声，国势每况愈下，政局动荡，日趋衰亡。因此，乾嘉时代又是一个盛极而衰的转折期，许多积贫积弱的弊端和隐患已露端倪。导致清王朝急剧衰落的根本原因，是政治腐败。

统治阶级日益奢侈腐化。乾隆在国家达到鼎盛之后，志得意满。他大兴土木，大规模扩建承德避暑山庄和圆明园，在江苏、浙江等地建造行宫。修建宫殿、园林耗资巨大，仅修建北京清漪园就花费白银450万两。每逢乾隆与皇太后的寿辰，朝廷都要大搞庆典活动，铺张浪费。乾隆在位期间，巡游无度，有“马上朝廷”之称。他六下江南，五上五台山，七谒三陵，五次告祭曲阜孔庙，至于避暑承德、近游京郊，更是不计其数。乾隆出游，万人随从，沿途接驾送驾、进贡上奉，极尽奢华之能事，耗费的人力财力难以计算。皇帝耽于享乐，恣意挥霍国家财富，上行下效，奢侈淫靡之风弥漫朝野上下。王公贵族、官僚地主、商人富豪，讲排场，比阔气，无不过着纸醉金迷的生活。

吏治腐败，贪污受贿成风。乾隆经常收受朝野上下官员的“贡献”。他利用母亲孝圣宪皇后和自己的诞辰庆典，大肆聚敛。六次南巡，又搜刮了大量民间珍玩。他在统治前期尚能整顿吏治，无论是朝廷重臣，还是地方督抚，多能廉洁奉公，数十年间吏治比较清明。乾隆中期重用于敏中，贪污之风渐炽。于敏中从乾隆二十五年（1760）起出任军机大臣、文华殿大学士、上书房总师傅，参与机要20年，深得乾隆信任。他位高权重，勾结外官，收受贿赂。乾隆晚年倚任宠臣和珅，吏治更加败坏，贿赂、贪污风行，大案迭出，屡禁不止。和珅在朝20余年，贪赃枉法，巧取豪夺，无所不用其极。嘉庆四年（1799），和珅被抄家。据不完全统计，和珅被抄出家产计有黄金33551两，白银3014095两，当铺127家，取租房1001间，取租地1266顷。[①]和珅的资财被籍没，民间有“和珅跌倒，嘉庆吃饱”之说。

清朝文官俸禄较低，雍正时期文官一品年俸银180两，二品155两，五品80两，六品60两，七品45两，八品40两，九品33两。地方官另给养廉银，大体上是正俸的二三十倍，意在杜绝贪墨、整肃官德。但相对于官员的庞大开支来说，俸银与养廉银实在是杯水车薪 。如州县官日常办公、应酬等费用，一年

① 故宫博物院文献馆编：《绵恩等折》，《史料旬刊》第7期，1930年刊印。

至少要五六千两，而俸银、养廉银总共不过千余两。乾隆后期，有的官员的合法收入，全部用于支付幕友薪金尚且不够。按照这样的薪俸水平，假如没有其他收入来源，官员们恐怕只能借债度日了。实际上，清代官员的收入主要来自各种陋规。比如征税时，所收的碎银在熔铸成锭时会产生一定损耗，需要额外多收一些银两以弥补该损耗，称为“火耗”。征收的漕粮在仓储、运输中产生损耗，同样也要多征粮食，称为“羡余”。上述两项合称“耗羡”，雍正时实行“耗羡归公”，规定了统一的火耗征收比例作为地方官的养廉银。州县官通常不会严格按法定比例征收“耗羡”，征收多少全凭良心。一般来说，清代州县官合法的俸禄、养廉银，加上来自各种陋规的收入，一年总共有一二万两银子。“三年清知府，十万雪花银”，比较清廉的知府，也能积累巨额财富。至于总督、巡抚，每年收入至少有10万两。

清代吏治的腐败，主要表现在官员以种种不法手段肆意压榨民脂民膏，如加派浮收、索贿受贿、敲诈勒索、侵挪库项等。在征收钱粮时，州县官往往以银子成色不好、粮食质量有问题等为由克扣剥削百姓。乾隆中后期，贿赂公行，贪污盛行，几乎到了无官不贪、无吏不恶的地步，整个官僚机构已经腐化。

据《清高宗实录》和《清史稿》的初步统计，乾隆朝因贪污罪被惩办的高级官员有：亲王1人，贝勒1人，尚书5人，总督9人，巡抚17人，布政使9人，将军4人。贪污腐败大案要案层出不穷，被抄没的赃银一次动辄数百万两。乾隆二十二年（1757）发生云贵总督恒文与云南巡抚郭一裕的“金炉案”、山西巡抚蒋洲贪污库款案。此后，又有两淮盐政高恒、普福，盐运使卢见曾的“盐引案”，盐运亏空达1000余万两。乾隆朝还出现了有组织的集团性贪污，省、道、府、州、县各级官员合伙侵吞国库钱粮，案发后如同多米诺骨牌，一倒百伏。乾隆四十六年查处的“甘肃捐监冒赈案”，被后人称为“清朝第一大贪污案”。甘肃地方官以赈济灾民的名义收纳、贪污监粮，结案时，贪污白银1000两以上的官员有119人，除身故、自缢者，需要惩处的官员中，侵冒白银1000两以上、1万两以下者38人，1万两以上、2万两以下者26人，2万两以上者31人，追缴赃银281万余两。按照《大清律例》，贪污白银1000两以上的官员就要被处死，因人数太多，乾隆只得从宽发落，最后处死56人，免死发遣46人，革职、杖流、病故、畏罪自杀者数十人。涉案的陕甘总督勒尔谨被赐自尽，甘肃全省官员几乎为之一空。极具讽刺意味的是，参与查办此案的闽浙总督陈辉祖，竟然在抄家过程中偷梁换柱、侵吞赃物，事发后亦被责令自尽。乾隆四十七年，山东巡抚国泰、布政使于易简贪污库银200万两，被赐自尽。乾隆六十年，福建爆发库项亏空大案，闽浙总督伍拉纳、福建巡抚浦霖、福建布政使伊辙布、福建按察使钱受椿皆被正法，知州、知县被斩决者达17人。虽然处理了一批巨贪大蠹，但整个官僚机构的贪污腐败之风并未减弱，上述大案要案只不过是冰山一角。乾隆宽纵腐败，一味粉饰太平，不听规谏。如乾隆五十五年，内阁学士兼礼部侍郎尹壮图上奏道："各督抚声名狼藉，吏治废弛。臣经过地方，体察官吏贤否，商民半皆蹙额兴叹。各省风气，大抵皆然。"[①]乾隆大怒，故意安排其赴各地考察，事先通知当地官员做好准备，尹壮图在考察中一无所获，只得自认妄议之罪。回京后，刑部即以"挟诈欺公"将其下狱论罪，后乾隆将其降职处理，尹壮图差点为说实话而丢了性命。

到乾隆晚年，社会经济发展停滞不前，国库耗费殆尽，朝廷财政拮据。从府库充盈到钱粮耗竭，正是经济衰落、盛世不再的一大标志。嘉庆统治时，政府公开卖官鬻爵，官吏贪赃枉法变本加厉。官僚队伍全面腐败，社会矛盾尖锐，人民起义频繁。乾嘉时代，土地兼并现象已经非常严重。和珅占有土地达8000顷，就连他的两个家丁也掠夺了600余顷土地。嘉庆时，广东巡抚百龄到任不足一年，占田就达到5000顷。土地高度集中，大批农民失去土地，沦为佃户，被迫承受高额地租的残酷剥削。

乾嘉时代下的危机，已经充分暴露出来。阶级矛盾和民族矛盾不断激化，人民起义发生了近百次，规模较大的就有七八次，如乾隆五十一年（1786）林爽文领导的农民起义、乾隆六十年贵州苗民起义等。嘉庆元年（1796）爆发的白莲教起义，历时九年，是清中期规模最大的一次起义。嘉庆十八年，北方又爆发了天理教起义，起义军一度攻入紫禁城。这些起义虽然都被残酷镇压，但仍大大削弱了清廷的统治力量，预示着封建统治的没落。

---

①〔清〕赵尔巽等撰：《清史稿》卷三二二《尹壮图传》，中华书局1977年版，第10800页。

考据学盛极一时

清王朝实行文化专制政策，进行严酷的思想控制，残酷镇压不利于统治的思想言行。康熙、雍正、乾隆三朝，都大兴文字狱，严重影响了学术文化的进步与发展。

康熙时有“明史案”“《南山集》案”，雍正时有“吕留良案”。雍正亲自编著数十万字的《大义觉迷录》，发给各地士人阅读，意图从根本上消除反清思想。但由于这本书被认为涉及对雍正不利的言论和对朝廷合法性问题的讨论，乾隆继位之后又将其列为禁书。礼部侍郎查嗣庭主持江西省乡试，雍正认为所出试题心怀怨望、讥讽时事，下令严查。查嗣庭遂以“悖逆不道大罪”下狱，被折磨至死后仍被戮尸枭首。因为他是浙江海宁人，雍正竟下令禁止浙江人参加乡试、会试。

乾隆时期，文字狱的酷烈程度更是登峰造极，发生130余起，大规模的就有70余起。乾隆一方面宣称“朕从不以语言文字罪人”，另一方面，为了将汉族知识分子的反清思想彻底铲除，屡屡制造冤案，使得文字狱泛滥成灾。比如对戴昆“长明宁易得”、沈德潜“夺朱非正色，异种也称王”等诗句望文生义，将卓长龄《忆鸣诗集》中的“忆鸣”二字说成“忆明”，这些捕风捉影之事，都被定为重案，文人遭到残酷镇压。无耻之徒乘机诬陷告讦，造成大批无辜士人，包括一些精神失常之人含冤丧命。在文字狱的震慑下，学者们噤若寒蝉，闭口不谈政治。

乾隆一方面用高压手段控制社会舆论，另一方面标榜“稽古右文，崇儒兴学”，笼络士人。他网罗大批文人学者校勘“十三经”“二十一史”，并纂修《御定资治通鉴纲目三编》《通鉴辑览》及“六通”诸书。《四库全书》的编纂更是工程浩大，任职于四库馆的学者文人有360余人，若加上从事缮写、装订的人数，最多时达到3800多人。他编修《四库全书》的一个重要目的就是“寓禁于征”，借机消除典籍中反清复明、反对封建王朝统治的文字，查禁、删改、销毁书籍将近三千余种、六七万部。

乾嘉学者们为避嫌免祸，一头钻进故纸堆中，专门从事古代文献的整理考订，逐渐形成一代考据学风。梁启超说："乾嘉间之考证学，几乎独占学界势力，虽以素崇宋学之清室帝王，尚且从风而靡，其他更不必说了。所以稍为时髦一点的阔官乃至富商大贾，都要'附庸风雅'，跟着这些大学者学几句考证的内行话。"①

清初学者提倡考据，是为了矫正宋明理学空言心性、束书不观之弊，以达到经世致用之目的。乾嘉学者则迫于政治压力用考据方法从事研究，将清初大师们治学的手段当成了目的，为考据而考据，考据学反而成了统治者粉饰太平的工具。尽管乾嘉学者在古籍整理研究方面做出了很大成绩，但这种脱离现实的考据学风，在一定程度上阻碍了社会与学术的进步。

乾嘉时代的绝大多数史学家，都以考证方法从事史学的研究工作，但所采用的手段与途径各不相同。旧史的校勘方面，成绩卓著的当推王念孙、卢文弨等人。王念孙撰有《读书杂志》，考订了《逸周书》《战国策》《史记》《汉书》等书中的因循句读、文字讹误，一字之证，博及万卷。卢文弨《群书拾补》兼校注经、史、子、集四部。有的学者只对某一部史书进行校勘，如惠栋的《后汉书补注》，沈钦韩的《两汉书疏证》，周寿昌的《汉书注校补》《后汉书注补正》等。杭世骏、侯康、赵一清等人则对《三国志》进行校正补注。在辨伪方面，他们从师承关系、思想渊源、文体句式、典章制度、内容材料等方面进行辨正，以此判断古籍真伪。姚际恒有《古今伪书考》一卷，所著录书籍分经、史、子三类，共九十一种。阎若璩的《尚书古文疏证》、惠栋的《古文尚书考》，揭示东晋梅赜所献《古文尚书》全系伪作，破解了长期争论不休的今古文《尚书》悬案。刘逢禄的《左氏春秋考证》，论证了《左氏春秋》是独立的史著，并不传《春秋》。在辑佚方面，乾隆年间，因编纂《四库全书》，从《永乐大典》中辑出大量失传书籍，其中经部六十六种、史部四十一种、子部一百零三种、集部一百七十五种，合计三百八十五种四千九百二十六卷。史部方面主要有李焘《续资治通鉴长编》五百二十卷，薛居正《旧五代史》一百五十卷，《两朝纲

① 梁启超：《中国近三百年学术史》，东方出版社1996年版，第29页。

目备要》十六卷，熊克《中兴小纪》四十卷，刘珍、李尤等《东观汉记》二十四卷。嘉庆年间，徐松又从《永乐大典》中辑出《宋会要辑稿》三百六十六卷。严可均辑有《全上古三代秦汉三国六朝文》，收入作者3000余人，足以考证史文。这些史书的辑出，为学术研究提供了珍贵的文献。

乾嘉学者对正史中《史记》《汉书》之外的史书，均有不同程度的不满，甚至意欲改作。乾隆末期谢启昆改《魏书》为《西魏书》二十四卷，嘉庆年间周济改编《晋书》为编年体《晋略》六十卷，陈鳣作《续唐书》七十卷以代替《五代史》。章学诚与邵晋涵均有意改编《宋史》，可惜终未成书。《元史》错漏芜杂，康熙年间就已有邵远平著《元史类编》四十二卷，但被认为无新意。乾隆年间，钱大昕有志重修《元史》，先作《元史考异》十五卷，而后来亦仅成《氏族志》《经籍志》两篇。乾嘉学者补作正史的成果也很丰富，特别是表、志两项。钱大昭作《后汉书补表》八卷、《补续汉书艺文志》一卷，洪亮吉著《补三国疆域志》两卷、《东晋疆域志》四卷、《十六国疆域志》十六卷，钱大昕著《唐书史臣表》一卷、《唐五代学士表》一卷、《宋学士表》一卷。综合性的表、志，则有万斯同《历代史表》一百五十九卷、陈芳绩《历代地理沿革表》四十七卷、杭世骏《历代艺文志》等。

乾嘉史家治史的主要内容是对旧史内容、文字的考证，最著名的当推钱大昕《廿二史考异》、王鸣盛《十七史商榷》、赵翼《廿二史札记》，三部并称“乾嘉三大史考名著”，可以反映出这一时期学术发展的精神面貌和史学研究的基本特色。此外，对某一部书进行专门考订的更多，著名的如钱大昭《汉书辨疑》《后汉书辨疑》《续汉书辨疑》等。专为某部书中的表、志进行考证校注的，则有孙星衍《史记天官书考证》、全祖望《汉书地理志稽疑》、章宗源《隋经籍志考证》等。校注与考证，都是对旧史进行校勘疏证的工作，很难截然区分，从事这些工作，都需要掌握某一方面的渊博知识与一定的方法。乾嘉史家特别重视史表的作用，补作了大量表人、表事、表时、表地的史表，将二十四史中无表者一律予以补齐。独自成篇的史表著作也很多，著名的有沈炳震《二十一史四谱》、齐召南《历代帝王年表》、钱大昕《宋辽金元四史朔闰考》、万斯同《历代史表》、顾栋高《春秋大事表》等。

考证是乾嘉史学的主流，但章学诚不为时风所囿，高唱义理，实属凤毛麟角。他一生致力于史学理论研究，敢于独树一帜，在考据之风盛行的学术界，被视为异类。梁启超曾指出：“千年以来研治史家义法能心知其意者，唐刘子玄、宋郑渔仲与清之章实斋三人而已”，“以清代唯一之史家章实斋，生乾嘉极盛时代，而其学竟不能为斯学界衣被以别开生面，致有清一代史家仅以摭拾丛残自足，谁之罪也？”[①]乾嘉时代学术界出现万马齐喑的局面，罪不在学者，而在于统治者所推行的文化专制政策。

章学诚为人正直不欺，学问“不合时好”，在这样一个政治腐败、学术考据之风盛行的时代，特立独行，针砭时弊，人生道路历尽坎坷。他在穷困潦倒之中，以顽强的毅力坚持文史校雠之业，终于成为一代史学大师。

① 《中国近三百年学术史》，第362页。

第二章　书香门第

章学诚祖籍为绍兴府上虞县道墟镇（今绍兴市上虞区道墟街道），父亲迁居绍兴府会稽县城。他出身书香门第，少时多病，天资鲁钝，不喜应举时文。受家学影响，从小自命史才，对史学情有独钟。

上虞道墟章氏巨族

绍兴地处浙江省中北部、钱塘江河口段南岸，东连宁波，南接台州和金华，西邻杭州，北与嘉兴隔江相望。绍兴历史悠久，名人辈出，风景秀丽，物产丰富，素称“文物之邦、鱼米之乡”。相传4000多年前，大禹两次在此治平水土。春秋战国时，越王句践建都会稽，会稽一度成为我国东部政治文化中心。秦、汉置会稽郡，晋一度称会稽国。隋先后改称吴州、越州，南宋时升越州为绍兴府。元至元十三年（1276）改为绍兴路，至正二十六年（1366）复置绍兴府，清承明制，辖山阴、会稽、诸暨、萧山、余姚、上虞、嵊县、新昌八县。

绍兴所辖上虞，东邻余姚，南接嵊州，西连柯桥，北濒钱塘江河口，隔水与海盐相望。上虞历史悠久，建县于秦王嬴政二十五年（前222），属会稽郡。新王莽始建国元年（9），废上虞，入会稽县，东汉建武年间，恢复上虞县。隋开皇九年（589），废上虞、始宁，入会稽县。宋至清，上虞皆属绍兴。

上虞属于典型的江南水乡，山清水秀，文化源远流长。相传虞舜为躲避唐尧之子丹朱的暴乱，率领文武百官来到此地，商讨政事，互相娱乐。因“娱”

通“虞”，便将这个地方称作“上虞”。百官镇与百官桥也因此传说而得名。虞舜之后，大禹曾因治水而居住于夏盖山。春秋时期，越王句践在称山、炼塘等地称炭铸剑。东晋谢安在上虞“东山再起”，一时士人云集。

五代时，章氏始祖章仔钧在福建浦城成家立业，家族逐渐繁衍和发展。北宋末年，章综移居浙江山阴。到了南宋光宗、宁宗年间，章颜武（文叔）再次迁移，章氏家族开始在会稽偁山南面的东乡（今上虞区道墟街道）定居。

相传元末时，族祖章慎一，字德卿，协助朱元璋打天下，后来归里隐居。朱元璋路过东乡，见书声琅琅，村民知书达礼，称赞此地为“有道之墟”，自此易名“道墟”。

到了清乾隆年间，居住在道墟镇的章氏已逾万人，是绍兴巨族，人才辈出。道墟是个具有深厚越文化积淀的古老镇落，小桥流水，河网密布，百姓聪明睿智，敏锐放达。由于人多地少，种稻不足以自给，一大批道墟人不得不外出谋生。于是，这个地方产生了它特有的三种职业：种木棉、酿酒、做师爷。

“无绍不成衙”，绍兴师爷是清代幕友的主流，在政治舞台、社会生活中扮演重要角色，影响很大。绍兴地狭人稠，人口与土地资源的矛盾是绍兴人外出游幕的重要原因。章学诚就指出：“吾乡山水清远，其人明锐而疏达。地僻，人工不修，土之所出，不足食土之人。秀民不得业，则往往以治文书律令、托官府为幕客，盖天性然也。”①绍兴“地僻齿繁，（秀民）游宦四方，所至为家，后人或不忆其先世”②。绍兴文化发达，科举极盛，大量科举落榜生以及虽有科名但仕途不顺的读书人，为了解决生计问题，纷纷外出做师爷，四海为家。道墟毗邻绍兴府城，历来就有“师爷之乡”之称，仅章氏家族就出过不少著名的师爷。

据光绪《会稽偁山章氏家乘》，章学诚属开三十五房，十一世章一阳，十二世章达德，十三世章铨（字念齐），十四世章匡义（字子正），十五世章如璋，

① 〔清〕章学诚：《章氏遗书》卷一七《汪泰岩家传》，1922年嘉业堂本。1985年，文物出版社据嘉业堂本断句影印出版，书名改为《章学诚遗书》。

② 《章氏遗书》卷一六《敕封文林郎湖北孝感县知县例晋奉直大夫史府君墓志铭》。

十六世章镳，十七世章学诚。[1]自章铨而下，族分为五，北支章匡时，号瑞生，任北城兵马司指挥，卒后子孙入籍并侨居京师。章匡时与南支章匡义双方子孙往来密切。

章学诚的祖父章如璋，字君信，曾担任候选经历，原配易氏，继配沈氏，葬山阴县。明清布政使司、按察使司均设经历，执掌出纳文书。章如璋老成持重，在当地德高望重。他嗜书如命，尤其爱好史学。晚年闭门读书，整日看不见他的身影。他将司马光的《资治通鉴》翻得烂熟，尤其关注有关天人感应、国家兴亡、福善祸淫的记载。章如璋很相信《尚书·虞书·大禹谟》里的一句话："惠迪吉，从逆凶，惟影响。"在他看来，尽管天道主宰着人的祸福，但是人可以通过修养德行来祈福避祸，改变命运。道家的《太上感应篇》是清代流传很广的劝善书，宣扬因果报应，劝人积德行善。章如璋曾说："太上感应之篇，出于道藏，即抱朴子所称汉世道戒。其言皆君子立身持己之要，宗旨未尝谬于圣人。"[2]他认为本书所阐发的行为规范与准则，虽是道教信条，但也符合儒家伦理规范，他本打算将此书刊刻流传，可惜未成。

章学诚的父亲章镳，字骧衢，又字双渠，号励堂，又号岩旃。章镳受父亲影响，也酷爱读书。不幸的是，在少年时代，章镳的父亲就去世了，传下来的书籍散佚殆尽，而贫困的家庭没有多余的钱来买书。他常常向人借书，边阅读边抄录，孜孜不倦，晚年汇集所作笔记，竟有百帙之多。章镳曾经借到北宋郑文宝所撰《江表志》以及五代十国的杂史数种，并决定抄存下来。在抄阅过程中，发现文体破碎，文词芜蔓，心中颇不满意，便索性边看边增删修改。经过他这一番润色，文字精练而内容翔实。他将手抄本整整齐齐地装订起来，写上原来的书名，旁边题写"章氏别本"。他认为唐宋的野史、小说、传记可补正史之不足，但文字繁芜，就着手节删。除《江表志》外，还修订了《五国故事》、马令的《南唐书》、《北梦琐言》等十多种史籍。

除了喜欢读史书，章镳也爱好书法。他常常用工整的小楷缮写五经，特别

---

① 〔清〕章贻贤纂修：《会稽偁山章氏家乘》卷一《世系表》，同治三年刻本。

② 《章氏遗书》卷二九《刻〈太上感应篇〉书后》。

喜欢《毛诗》《小戴礼记》，抄了好几本，不知疲倦。节删史书、练习书法两种爱好，花去不少时间、精力，这样章镳便不能专意札录没见过的书籍。往往借来的书要还了，而笔札尚未做好，只好无奈地将书归还，他常常为此怅然若失。终其一生，不过收藏书籍数千卷。章镳擅长古文、诗歌，《两浙輶轩录》卷二二就收有他所作的诗，又著录章学诚所作行状，说："先人读书，不为名声，为古文辞，镵刻峭削。……诗则唐体多于古风，遗命勿轻示人。"

据中国第一历史档案馆藏《乾隆七年登科录》记载，章镳所填直系三代是"曾祖念奇，祖匡时，父士龙"。章士龙有子二人，章镳系章如璋独子，因此不存在过继可能。章镳通过投亲，获得顺天府大兴籍。清代科举考试，各省参加考试的生员名额以及录取名额，均有限定，顺天府录取比例高于浙江，这是章镳入籍顺天府的原因。

早在章学诚出生前三四十年，章镳就已经从道墟迁居绍兴府城，也就是会稽县城南门内的善法弄。章学诚虽然居住在道墟的日子并不多，但对故里有着一种深深的眷恋。他晚年曾于乾隆六十年（1795）和嘉庆元年（1796）共三次回道墟镇。第一次作像记多篇；第三次去时，"适宗人修葺家庙告成"，他"摄主献酬"，主持了祭祖仪式，并作《神堂神主议》及传记序多篇。对他来说，道墟是章氏家族的根基所在。

会稽县城私塾开蒙

乾隆三年九月二十九日（1738年11月10日），章学诚出生在会稽县城，并在此度过了快乐的童年。儿子的出生，冲淡了章镳前一年因会试落第而带来的郁闷。母亲史氏是会稽史义遵的第九个女儿，史义遵曾任安徽颍州知府，赠朝议大夫。史氏出身官宦人家，知书达礼，温柔娴淑。章学诚近亲不多，没有嫡亲伯父、叔父，只有一个姑妈，嫁给同乡杜鉴湄。章学诚是独子，有一个姐姐，嫁给山阴人夏同，妹妹有好几个。

章学诚两三岁时，憨态可掬，父母带他去道墟，有个叫章衡一的远房叔叔很喜欢他，经常抱他去隔壁朱老爷子的酒店喝酒。章学诚这么小就与酒结缘，长大后更是擅长饮酒，与历史上众多文人一样，与酒有着不解之缘。

乾隆七年（1742），章镳中了进士，可是在此后的10年间，一直居住在乡间以教书为生，这是为什么呢？根据清代的选官制度，中了进士也不太可能立即做官。凡满人、汉人入仕，有科甲、贡生、监生、荫生、议叙、杂流、捐纳、官学生、俊秀等途径，由科甲及恩、拔、副、岁、优贡生、荫生出身者为正途，其余为异途。由于官员多而实缺少，具备做官资格者，必须先在吏部候选。即使被选中后，也不能立即赴任，还得在吏部挂号排队，届时到吏部抽签决定去向，这种分配方法叫作铨选。进士具备做七品州县官的资格，由吏部根据他的科分、名次铨选，轮到谒选，才可到吏部凭签掣缺。选班首重科目正途，清初进士知县唯双月铨选五人。从清代中期开始，官员壅滞积压现象日益严重，铨选等待时日甚长，有的甚至长达10余年。

章学诚渐渐长大，由于父亲忙于私塾教书，母亲史氏就成了他幼时的启蒙老师。史氏从《百家姓》开始教起，要求比较严格。遗憾的是，章学诚天资驽钝，领会能力差，又体弱多病。算起来，一年之中真正学习的时间不到两个月，成效也不明显。

乾隆十六年（1751），章学诚14岁，父母见他在家学习长进不大，便将他送到同县的姑父杜鉴湄家的私塾去上学。杜家私塾名叫“凌风书屋”，请了一位老学究王浩当先生。王浩也是会稽人，是位熟读古书、不习世事的迂阔夫子，讲课也极其乏味。七八个学童在一起，个个活泼好动，哪里坐得住？古板的王先生课徒甚为严酷，常常拿出他的撒手锏——用戒尺打人。章学诚的表兄杜秉和，字燮均，生于乾隆元年，比章学诚大两岁。杜秉和对老先生敬畏有加，而王浩对这位东家少爷“独不稍假颜色，课业不如法，榎楚严厉，如风雨骤至”[①]。杜秉和挨打最多，有次甚至伤及脑门，伤口愈合后而顶不复平，肉骨隆起。章学诚对此很有意见，曾暗中找王浩求情。王浩说：自己授徒几十年，杜秉和心地最仁厚，待我也最好，我督责他，正是为了回报。王浩虽然用心良苦，但棍棒底下出才子的教学观念实在迂腐残酷。杜鉴湄怕王浩把儿子打坏了，好

① 《章氏遗书》卷一七《杜燮均家传》。

几次打算辞退，请章镳代为聘师，但杜秉和暗中向章镳索回聘金，跪地向父亲苦苦哀求。王浩终于被挽留下来，章学诚笑话表兄是挨揍还没挨够。章学诚后来长期远游，其间几度返回故乡，常在杜秉和家下榻，两人交情甚笃。

“不孝有三，无后为大”。章学诚作为章家独子，这一年在父母的授命下，同一位俞姓人家的女儿早早地结了婚，这时他连四子书都没读完。也就是在这一年，他的父亲终于轮到赴京谒选，得官湖北德安府应城知县。章学诚夫妇跟随父母离开家乡，前往应城。

章学诚没有想到，这一去就是40多年，从翩翩少年到知命之年，方才落叶归根。在外漂泊奔波的日子里，家乡始终是他魂牵梦萦的地方。他曾在一封信中写道：“学诚二十年不见江南秋矣，当微风脱叶，候雁初鸣，辄忆儿时乡里情事，历历如昨。”[①]思乡之情溢于言表。

湖北应城官斋习文

到了应城后，章学诚跟随父亲住在县衙内的官舍。这时他虽已成家，但实际上还是一个童心未泯的少年，喜欢嬉戏打闹，不爱读书、写文章。作为应城的县太爷，章镳家中自然常常高朋满座。宾客们看见章学诚如此顽劣行径，皆摇头叹息，无不担心章知县后继无人。

章学诚到了十五六岁时，逐渐开始懂得学习书本知识。他泛览群书，只要感兴趣就读，阅读内容庞杂。在章镳看来，这样胡乱读书没有好处，于是告诫儿子“业患不精”，要有选择地阅读。章镳将章学诚平时喜欢看的那些五花八门的书统统撤掉，禁止他再读。刚刚对读书有了好感的章学诚，得知喜欢的书突然不能再看了，一时心中很是彷徨。

章镳为了能让儿子系统地学习经义时文，以便将来跟自己一样，通过科举道路，谋个一官半职，上可以光宗耀祖，下可以养家糊口，于是想请一位先生

① 〔清〕章学诚：《文史通义新编新注》外篇三《候国子司业朱春浦先生书》，仓修良编注，浙江古籍出版社2005年版，第752页。

来专门教导。德安知府施廷龙闻知此事，便推荐江夏生员柯绍庚，说此人精通举业时文，工于书法。章镳大喜，连忙亲自前往礼聘。这样，柯绍庚就成了章学诚的专职家庭教师。柯绍庚（1717—1763），字公望，世居金沙洲，自号“金沙居士”。施廷龙很看重他，认为其将来必成大器。虽然后来柯绍庚只是以一名廪生终老山林，但确实有学问。

柯绍庚开始兢兢业业地传授经义，却不料章学诚极讨厌应举时文，认为那些八股文章规矩多如牛毛，实在太折磨人，不大愿意学。他平时倒是喜欢舞文弄墨，模仿古人，写点诗词歌赋。当然，这些诗赋与古人作品相比，不要说神似，就连形似也谈不上。章学诚这时虽资质依然未显，心中对做学问也没什么目标，却非常不屑于与俗学为伍。值得注意的是，其志趣已离不开文墨纸笔，特别是对史学越来越感兴趣。

章学诚在塾课余暇，曾经私自取编年体史书《左传》加以删节。章镳看到后指点道，仍按编年体来删节，无所取裁，价值不大，不如按照纪传体裁重新编纂。受到父亲启发，章学诚有了一个计划，想用《左传》《国语》等史籍，编成一部纪传体《东周书》。官舍之中能用得上的先秦史书实在太少，章学诚就私下从妻子俞氏那里讨得一些金银首饰，换来纸笔，让父亲手下的胥吏日夜赶抄《春秋》内外传以及东周战国子史等。他利用课余时间，从中选取史料，按照纪、传、表、志的体裁重新编写。经过三年苦心经营，这部《东周书》已经有一百多卷，颇具规模，但终因柯先生发觉而中断编纂，未能正式成书。柯先生严词训斥他不务正业，勒令停止编纂。章学诚自编《东周书》，虽属少年儿戏之作，但已经很不简单，显示出异于常人的史学才华。通过编书，他对史书体裁有所辨析，这是他成长过程中一件非常有意义的事，甚至影响到他一生的治学道路。

章学诚在编《东周书》时，自我感觉极佳，“自命史才，大言不逊，然于文字承用转辞助语，犹未尝一得当也”。柯绍庚告诉他：“文无古今，期于通也；时文不通，诗古文辞又安能通邪？”[①]不通时文，文字、语法尚且不能运用自如，

① 《章氏遗书》卷一七《柯先生传》。

却要用古文来编古史，怎么可能成功呢？柯绍庚的意见无疑是正确的，可惜章学诚当时没能领悟。

章镳虽说只是个知县，但在应城也算得上是头面人物。官舍中空闲的时候较多，前来拜会的宾客，见知县公子如此“不求上进”，但碍于面子，也常常违心地说些奉承话。涉世未深的章学诚，经常受到宾客夸奖，于是在一片阿谀声中暗自陶醉。县衙有位姓张的典史，他的侄子与章学诚是同学，天资驽钝，柯绍庚认为其根本不可能成才。章学诚见他还不如自己聪明，更加自命不凡。遇到春暖花开或是秋高气爽的日子，章镳常带着宾客、随从，一起骑马出游。每次游玩归来，章学诚总要附庸风雅，敷衍出一些诗词文章，引来一片廉价的赞叹声。成年后的章学诚追忆往事，常常为自己年轻不懂事而感到好笑。

当时的学风崇尚举业，老生宿儒推崇八股文章，将通经服古视为杂学，将诗古文辞视为杂作，认为士不通四书文，不得为通人。柯绍庚经常敦促他学习时文，以便早日在科举道路上出人头地，成为世人心目中的有用之才。章学诚根本听不进柯先生这一套，依然我行我素。17岁那年秋冬之际，他购得一部朱崇沐校勘的《韩文考异》，很是欢喜，而私塾有规矩，除了举业之书，其他杂书一律不准看。这难不倒章学诚，他将书藏匿在自己的书箱里，晚上坐在油灯下偷偷地看，尽管不能全部看懂，但仍旧爱不释手。

乾隆二十一年（1756），也就是章学诚19岁那年，章镳因疑狱判决失轻而被罢官。清代知县作为最基层的亲民官，掌管一县行政、钱粮、刑狱等，可以说是大小事务无所不包。这样的行政体制，要求地方官必须是全能型的，行政、司法、财政、教育乃至军事都应样样精通，实际上这样的人才几乎没有。像章镳这样出身进士的地方官，学非所用，用非所学。知县上有总督、巡抚、藩司、臬司、道台、知府等各级“牧官之官”，还得经常面对学政、军事、漕运、盐法等各专职衙门官员的督察，一部《吏部处分则例》就达四十七卷之多。知县公务稍有失误，便会导致参劾、罚俸、降级，甚至革职拿问。所以，清代官场流行一句俗语：“州县官如琉璃屏，触手便碎。”[①]断狱司法与征收钱粮是知县的两

① 〔清〕汪辉祖：《学治臆说》卷下《公过不可避》，中华书局1985年版，第39页。

大职责，关系到考核升迁，章镳不幸在这两方面都出了点问题。

“公门中好修行”是官员的座右铭，告诫衙门中人要行善积德。在传统的法制观念中，对恶有恶报的心理恐惧感，使得许多司法者为了避免遭报应，往往以救生为阴德，不肯轻易断人死罪，甚至曲为开脱。绍兴师爷就有“救生不救死”的准则，理由是死者不可活，而以生者抵罪，又杀一条人命，有损阴德。章镳在父亲欲刻《太上感应篇》而未成后，“习闻遗训，则欲作为注释，以广先生未尽之意”，“尝拟自出心裁，折衷经传子史，别为一家之书”[①]。可见，章镳也很相信因果报应。他在一次司法实践中，对被告判罪过轻，被劾罢官。

章镳被革职后，继任者发现仓库钱粮亏欠，就苛责他弥补。大概是章镳为官仁慈，征收钱粮时对百姓下不了狠手，以致有些亏空。继任知县纠缠不休，幸好夫人史氏及时解围。史氏颇有远见，知道丈夫一介书生，不屑敛财。在应城官舍，她做了一个木盒，将平时节衣缩食积攒的银钱存于其中，以备不时之需。这时刚好派上了用场，史氏打开木盒，内有1000多银两，可以弥补亏空。她对丈夫说：“妾知君，无我负人。……君一毡来，以一毡去；赋归去来，藏此有故。”[②]可见，史氏也是一个深明大义的人。

章镳老实厚道，为官清廉，做了五年知县，离任时竟然穷得连回乡的盘缠都没有。即使回绍兴，也无生计可图。迫不得已，一家人只能仍留居应城，全靠章镳先后在天门、应城等地书院讲学来维持生计。10多年之后，章镳因贫病交加而客死应城。他官声很好，深得百姓的爱戴，尽管不做官了，但当地士民仍很敬重他，亲附如家人，聘请他主讲书院。章镳死后，灵柩迁到北京，应城士子商贾到京城，都会带上土产去祭奠。后来修的《应城县志》，也将其列入《名宦传》。

章学诚在20岁以后，在学业上尤其是史学上有了很大长进。他曾总结道：

> 二十岁以前，性绝骙滞，读书日不过三二百言，犹不能久识；学为文

① 《章氏遗书》卷二九《刻〈太上感应篇〉书后》。

② 〔清〕朱筠：《笥河文集》卷一六《祭史孺人文》，嘉庆八年刻本。

字，虚字多不当理。廿一二岁，骎骎向长，纵览群书，于经训未见领会，而史部之书，乍接于目，便似夙所攻习然者。其中利病得失，随口能举，举而辄当。人皆谓吾得力《史通》，其实吾见《史通》已廿八岁矣。廿三四时所笔记者，今虽亡失，然论诸史于纪表志传之外更当立图，列传于《儒林》《文苑》之外更当立史官传，此皆当日之旧论也。惟当时见书不多，故立说鲜所征引耳，其识之卓绝，则有至今不能易者……乃知吾之廿岁后与廿岁前不类出于一人，自是吾所独异，非凡人生过廿岁，皆可一日而千里也。①

按照章学诚的自述，他在20岁后，在学识上突然开窍，前后几乎判若两人。尽管对于经训依旧未见领悟，于史部书籍却似心有灵犀，一点即通，其中的利弊得失，能信手拈来。在二十三四岁，他就能提出纪传体史书中应立图及立史官传这样的卓见，确实很有天赋。章学诚后来经常讲自己对于史学，“盖有天授”，“若天授神诣”。其实，除了有天赋外，章学诚的史学建树与他父亲的家教是分不开的。乾隆五十五年（1790），章学诚在给儿子的一封家信中，就谈了父亲对他学问文章的影响：

祖父（即章镳）生平极重邵思复文，吾实景仰邵氏而愧未能及者也。盖马、班之史，韩、欧之文，程、朱之理，陆、王之学，萃合以成一子之书，自有宋欧、曾以还，未有若是之立言者也；而其言不出于乡党，祖父独深爱之。吾由是定所趋向；其讨论修饰，得之于朱先生，则后起之功也，而根底则出邵氏，亦庭训也。

吾于史学，贵其著述成家，不取方圆求备，有同类纂。祖父尝辨《史记索隐》，谓“十二本纪法十二月，十表法十干”诸语，斥其支离附会。吾时年未弱冠，即觉邓氏《函史》上下篇卷，分配阴阳老少为非，特未能遽笔为说耳。

① 《文史通义新编新注》外篇三《家书六》，第823—824页。

又十五六岁时，尝取《左传》删节事实。祖父见之，乃谓编年之书仍用编年删节，无所取裁，曷用纪传之体分其所合！吾于是力究纪传之史而辨析体例，遂若天授神诣，竟成绝业，祖父当时亦诧为教吾之时，初意不及此也，而不知有开于先，固如是尔。

吾读古人文字，高明有余，沈潜不足，故于训诂考质，多所忽略，而神解精识，乃能窥及前人所未到处。初亦见祖父评点古人诗文，授读学徒，多辟村塾传本胶执训诂，不究古人立言宗旨。犹记二十岁时，购得吴注《庾开府集》，有"春水望桃花"句，吴注引《月令章句》云："三月桃花水下。"祖父抹去其注而评于下曰："望桃花于春水之中，神思何其绵邈！"吾彼时便觉有会，回视吴注，意味索然矣。自后观书，遂能别出意见，不为训诂牢笼，虽时有卤莽之弊，而古人大体，乃实有所窥。尔辈于祖父评点诸书，曷细观之！①

章镳平生最服膺清初浙东史学家邵廷采的学问，章学诚幼秉庭训，以邵廷采为偶像，立志写出一部像《思复堂文集》那样的著作。父亲的嗜好为史学，这对少年章学诚的影响是潜移默化的。《函史》为明代邓元锡仿郑樵《通志》而作，质量不高。章学诚虽然年纪不大，但也能像父亲一样，对史著的错误提出批评，指出邓元锡以阴阳老少来配合《函史》的上下篇，做法不妥。《庾开府集》中有"春水望桃花"一句，吴兆宜拘泥训诂，引《月令章句》云："三月桃花水下。"这个注释显然味同嚼蜡，意趣索然。章镳的评语则别开生面："望桃花于春水之中，神思何其绵邈！"这使章学诚深刻体会到，读书一定要有创见，不为训诂所束缚，才能领悟到作者的精神实质。做学问要成一家之言，后来成为他一生的治学宗旨。日后章学诚遍览书籍，不囿于支离破碎的训诂，能够识其大体。他治学能不受考据禁锢，在史学上卓有建树，家学渊源也是重要的原因。

章镳靠书院讲学维持生计，章学诚也渐渐长大了，思想开始成熟，体会到

---

①《文史通义新编新注》外篇三《家书三》，第819页。

生活的艰辛。他晚年回忆说："已而先君子罢县，贫不能归，因期学诚进取。学诚亦渐长，稍知人世艰难。反顾其业，未有可以应世用者，乃思先生之言，悔其晚矣。自后饥寒奔走，闻见稍广，学业粗成，又屡困棘闱，晚登甲第，痛先君子不及见也。自以迂疏，不敢入仕，文墨干人，前后奔走几三十年。"[①]章学诚的父亲与塾师都希望他好好攻读举业，走"学而优则仕"的道路，获得一个安身立命的稳定职业，这也是乾嘉时代知识分子普遍的人生价值取向。章学诚与众不同，从小就对八股时文不感兴趣，甚至深恶痛绝，但科举是进入仕途的敲门砖，父亲也没有给他留下丰厚的家产，他只能硬着头皮去应付科举考试。好不容易中了进士，却又放弃做官，养家糊口的压力始终是章学诚治学的后顾之忧，这就注定了他一生的颠沛流离。

① 《章氏遗书》卷一七《柯先生传》。

第三章　京师求学

从乾隆二十五年至三十三年（1760—1768）这八年间，章学诚四应顺天乡试，第二次落榜后，入国子监肄业。其间曾回湖北省亲，协助父亲编修《天门县志》。在京师求学过程中，他有幸成为朱筠门生，初识治学门径，从而确立了治学风格与志向。

顺天乡试落第

乾隆二十五年（1760），23岁的章学诚进京参加顺天乡试，这是他第一次离家远游。章学诚随父流寓湖北，也从未去过顺天府参加院试，他的生员资格不可能在这两地获得，只可能是捐了监生或贡生。捐监生、贡生需100余两银子，捐后可以参加顺天府或本籍乡试。现在所存的章学诚乡试、殿试资料，籍贯都是会稽，并非顺天大兴。章学诚经过河南开封府汜水县时，顺路拜访了县令陈执无。陈执无是章镳乾隆十八年任乡试房官时所取举人，因此款留旬日。章学诚来到北京后，参加了顺天府的乡试。

乡试是科举考试的第二级。乡试之年，称为大比之年，乡试都在秋季举行，所以也称秋闱。乡试每三年为一科，是为正科；遇有皇帝登基、寿辰等庆典而加科，是为恩科。如果庆典恰逢正科，就以正科为恩科，正科则提前或推后一年举行，也有正科、恩科合并的情况。北京顺天府乡试正副主考官，在协办大学士、尚书或副都御史以上官员中选派，监临官为府尹。各省乡试主考官，由翰林、进士出身的部院官充任，监临官由当地总督、巡抚充任。考生为本省生员、贡生、监生。顺天府乡试在京城东南隅崇文门内，各省考试地点在省城贡院。清代的乡试定于八月举行，共分三场。初九日为第一场，十二日为第二场，十五日为第三场。考前，编好座位号，出榜通知。每场考生均于考前一日领卷入场，考后一日交卷出场。考试内容是八股文，又称制义、制艺、时艺、时文、四书文等。乾隆五十二年（1787）规定，第一场试四书文三篇、五言八韵诗一首；第二场经文五篇；第三场策问五道，题问经史、时务、政治。乡试录取名额，按各省文风优劣、人口多寡、丁赋轻重而定，从百数十名至四五十名不等。乡试发榜在九月中旬，时值桂花盛开，故俗称桂榜。乡试考中者称举人，第一名解元，第二名亚元，第三、四、五名经魁，第六名亚魁，其余文魁。乡试发榜次日，设鹿鸣宴，宴请考官和新科举人，因席间歌咏《诗经・小雅》中的《鹿鸣》篇而得名。

九月乡试发榜，章学诚落第。乡试录取名额有限，竞争非常激烈，第一次乡试不中也很正常，章学诚失落了一段时间后，便也不放在心上。道墟镇章氏一族当时住在京城的就有100多家，族兄章垣业从曾祖开始迁至京师南城，至今已有四世。章垣业虽然家境贫寒，但与妻子荀氏看重宗族情谊，待客热情，道墟族人进京，多寓居其家。章镳会试、谒选与章学诚此次乡试，也都寄居他家。章学诚在这里，经常与好学的族孙章文钦、章守一以及章文钦的族侄章廷枫切磋学业，欢如兄弟。章廷枫，字汝楠，乾隆四十九年（1784）进士，曾任颍州府知府。有一次他们谈论养气炼识的要旨，章学诚提出了“学者只患读书太易，作文太工，义理太贯”[①]的主张。这是在说，学者要老老实实地读懂书，避免高谈阔论，离题万里。

在科举考场上初遭挫折的章学诚，在史学理论上已经能提出一些创见了。他认为纪传体除纪表志传之外，还应当立图；正史于《儒林》《文苑》之外，还应当立史官传。尽管由于他所涉猎的书籍有限，还不能旁征博引，但观点无疑是正确的。章学诚晚年编修《湖北通志》时，还对这一早年的观点作了论证：

① 《文史通义新编新注》外篇三《与族孙汝楠论学书》，第800页。

“夫经师有儒林之传，辞客有文苑之篇，而史氏专家，渊源有自，分门别派，抑亦古今得失之林，而史传不立专篇，斯亦载笔之阙典也。夫作史而不论前史之是非得失，何由见其折中考定之所从？昔荀卿《非十二子》，庄周辨关尹、老聃、墨翟、慎到之流，诸子一家之书，犹皆低昂参互，衷其所以立言，况史裁囊括一世，前人成辙，岂可忽而置之！”[①]

乾隆二十七年（1762），章学诚回到家乡会稽，不久，再次北上应顺天乡试。经过山东时，去滕县拜访了族婿任肇元。任肇元，字青来，浙江会稽湖村人，娶章学诚族侄女为妻，曾任户部令史、郯城典史，为官清廉。乾隆二十五年赴京，授滕县典史，与章学诚同寓章垣业家中，是以相识。第二次乡试，章学诚再次落第，同年冬天便进入国子监读书。

国子监肄业

国子监是清代国家最高学府，入监读书的，有廪生、增生、附生、五贡等名目，通称国子监生，官员有祭酒、司业及监丞、博士、助教、学正、学录、典籍、典簿等。国子监内肄业生，可以得到朝廷按月拨付的膏火银，基本生活有保证，但经济上并不宽裕。此外，肄业生还要承担繁重的学业，学习四书、五经、性理、诸子百家等，以备参加科举考试。国子监的学生分六堂上课，正义、崇志、广业三堂为初级班，学制一年半；修道、诚心二堂为中级班，学制一年半；率性堂是最高级别，学满三年后经过严格的考核才能进入。学习期间，考试种类繁多，成绩都计入年终的评定，不合格者给予降级、扣膏火银等惩处。

章学诚长期生活在父母身边，从未见过世面，生活阅历短浅。他又年轻气盛，不屑于学习制艺，结果在国子监中，到处碰壁，举步维艰。他后来回忆这段经历时说：

① 《文史通义新编新注》外篇六《〈湖北通志·前志〉传序》，第1030页。

> 始余入监舍，年方二十有五，意气落落，不可一世，不知人世艰也。然试其艺于学官，辄置下等，每大比，决科集试，至三四百人，所斥落者，不过五七人而已，余每在五七人中。祭酒以下，不余人齿，同舍诸生，视余若无物。每课榜出，余往觇甲乙，皂隶必旁睨笑曰："是公亦来问甲乙邪？"而以余意视祭酒而下，亦茫茫不知为何许人也。①

自父亲被罢官后，家境愈发贫困，章学诚读书条件艰苦，"所居门无扉，张芦箔一片，严冬睡醒，身没雪中。日惟麦饼两枚解馁，而攻苦愈锐"②。章学诚的学习成绩，总是在全国子监学生中排倒数，官员、同学大多看不起他。章学诚不愿意多花时间、精力去揣摩"法律若牛毛"的"举业文艺"，而是喜欢发表个人见解，自然不合国子监老师所好，名列榜末也就在情理之中。章学诚对此也不在意，依旧看自己喜欢看的书，写自己喜欢写的文章。他在国子监中，前后待了将近20年，同学数以千计，但真正的知心朋友只有曾慎与甄松年两人而已。

曾慎（1734—1783），字敬成，号麓亭，又号笃斋，湖南宝庆人。幼年丧父，19岁时只身去四川德阳村间教书。乾隆二十四年（1759）中四川乡试副榜，工书能诗，考官劝他游学京师，以广闻见，曾慎遂肄学国子监，考取八旗教习。不久，由京师返德阳完婚，授徒十五六年，成为当地名师，酉阳知州聘其课子。乾隆四十四年中举，后来两次会试落第，被德阳知县聘为书院讲席，一年后病卒。

甄松年（1733—?），字青圃，广东新宁人，学识渊博，淡泊名利，待人诚恳。乾隆三十年（1765）中举，三十四年起，任内阁中书舍人20年，五十四年中进士。60岁时，章学诚为其作《甄青圃六十序》。

乾隆二十八年（1763）二月，曾慎刚好搬到章学诚隔壁居住。一日，曾慎过来拜访，翻阅了桌案上的文稿，顿时对章学诚刮目相看，迟迟不愿离去。两

---

① 《章氏遗书》卷一九《庚辛之间亡友传》。

② 〔清〕沈元泰、王藩等纂：《道光会稽县志稿》卷十七《章学诚传》，成文出版社有限公司1983年影印本。

人一番交谈后，大有相见恨晚之感，于是挑灯夜语，引为知己。不久，章学诚又通过曾慎的介绍，结识了甄松年。甄松年工文善书，每次考试总是名列榜首，是国子监内有名的才子，同学中多有相从请业者。每次考试，榜未发，但连书吏、皂隶都知道，甄松年肯定名列榜首，章学诚则名列榜尾。在其他同学看来，曾慎、甄松年两位优等生，竟然与章学诚这个差生交好，究竟有何得益呢？他们实在难以理解，就不免说些风凉话。两人不予理睬，仍旧经常与章学诚一起探讨学问。尽管当时章学诚掌握的知识有限，难以旁征博引地阐发自己的观点，有些论点是凭直觉提出来的，但这些观点离后来成熟时期的学术思想已经相差不远。章学诚的见解，每次总能得到曾慎的肯定，曾慎同时也提醒他要稍洽于时。

乾隆二十八年（1763）夏，章学诚请假出都，回湖北省亲。九月，去陕西访游，在华阴祭奠东汉名臣杨震之墓。此行作《碑洞》《吊杨太尉墓》《望西岳歌》等诗，另有《祭汉太尉杨伯起先生文》。

在25岁、26岁这两年，章学诚一直忙着与志同道合的学友议论文章，激扬文字，记录下来的文稿“烂然盈箧笥”。乾隆二十八年（1763）九月，将文稿辑录为一卷，名之为《壬癸尺牍》。

参修《天门县志》

乾隆二十九年（1764），章镳在湖北天门县讲学。这年冬天，天门知县胡翼议修《天门县志》，请他主持编纂。章学诚刚好在父亲身边，不仅参与了编修工作，而且特地代父撰写了《修志十议呈天门胡明府》（简称《修志十议》）一文。他在该文自跋中说：“甲申冬杪，天门胡明府议修县志，因作此篇，以附商榷。其论笔削义例，大意与旧答甄秀才前后两书相出入。而此议前五条，则先事之事宜，有彼书所不及者；若彼书所条，此议亦不尽入，则此乃就事论事，而余意推广于纂修之外者，所未遑也。”[①]由此可见，这篇《修志十议》是专门

① 《文史通义新编新注》外篇四。

针对编修《天门县志》而作，未能在方志理论上充分发挥，其中见解与他所撰答甄秀才的前后两信相互发明。

《答甄秀才论修志第一书》（简称《第一书》）与《答甄秀才论修志第二书》（简称《第二书》）[①]，写于乾隆二十八年至二十九年间（1763—1764），内容是与甄松年讨论修志问题。甄松年当时受河北文安县令礼聘修志，来信向章学诚求教。《第一书》论六事，涉及义例、艺文、前志、立志科、直书、有裨风教等，其中“前志”一条，后来被他列为专目，“立志科”一条，后来发展成为《州县请立志科议》。《第二书》共论八事，其中第七事主张另立“文选”类，后来演变为方志三书中的“文征”。

这是章学诚初次论述方志的两篇文章，提出了不少重要理论，如：志乃史体，体裁宜得史法；艺文志不能以官吏诗文凑数；论断宜谨严；列女传非烈女传；等等。当然，由于他写信时年纪尚轻，阅历尚浅，有些提法并不妥当，后来经过实践，自己都作了修改。比如，他在《第二书》中讲过“史体纵看，志体横看”这样的话，后来被方志学界一些学者作了引申，认为“横排竖写”才是方志的主要特点。其实，章学诚后来再也没提过类似的观点，而是强调“仿纪传正史之体而作志”，否定了所谓的“志横史纵”之说。

在《第一书》篇末，章学诚还提出自己的志向：“大丈夫生不为史臣，亦当从名公巨卿，执笔充书记，而因得论列当世，以文章见用于时，如纂修志乘，亦其中之一事也。”

《修志十议》是章学诚早年论述方志理论的重要文章，为今后方志理论开了先河。在文章开头，他就提出了修志的二便、三长、五难、八忌、四体、四要，“拟乘二便，尽三长，去五难，除八忌，而立四体，以归四要”。所论十个问题，一议职掌，二议考证，三议征信，四议征文，五议传例，六议书法，七议援引，八议裁制，九议标题，十议外编。他认为，方志要重视写人物传，取舍贵辨真伪，不为生人立传；艺文编修，“一仿班《志》（班固《汉书·艺文志》）、刘《略》（刘歆《七略》），标分部汇，删芜撷秀，跋其端委，自勒一考”；“凡事属

① 《文史通义新编新注》外篇四。

琐屑，而不可或遗者”，“当于正传之后，用杂著体零星纪录”。这些论述，后来都成为章学诚方志理论的基础。

这部章学诚参与修撰的《天门县志》，于乾隆二十九年（1764）刊行，收藏于中国科学院图书馆、故宫博物院图书馆等处。国家图书馆藏有胡翼修、章镳纂《天门县志》二十四卷首一卷，1922年石印本。在《文史通义新编新注》外篇，还保留有章学诚代父所作的《〈天门县志·艺文考〉序》《〈天门县志·五行考〉序》《〈天门县志·学校考〉序》三序[①]。章学诚在《与族孙汝楠论学书》中说：“《天门志》呈览，中为俗人所改，所存才十之六七。著作之事，必自己出，即此亦见一端。”可见此志修成后，就被别人所篡改，现在流传的各种版本，当然已非原貌。他曾在《〈天门县志·艺文考〉序》中说：

> 近世多仿《国语》而修邑志，不闻仿《国风》而汇辑一邑诗文，以为专集。此其所以爱不忍删，牵率牴牾，一变艺文成法欤！夫史体尚谨严，选事贵博采，以此诗文拦入志乘，已觉繁多，而以选例推之，则又方嫌其少。然则二者自宜各为成书，交相裨佐明矣。至著作部目，所关至巨，未宜轻议刊置，故今一用古法，以归史裁。

章学诚在这里批评了时人将艺文志变成诗文选编的做法，这个观点，他在《第二书》中已经提出。那么，他自己参修的这部方志很可能已经另立“文征”。

朱筠门生

乾隆三十年（1765），28岁的章学诚第三次上京师，仍居于国子监中。这年甄松年中举人，后担任内阁中书舍人，居处离章学诚不远，朝夕时相往还。曾慎已回老家去了，章学诚在国子监中形单影只，心中无限惆怅。曾慎在家乡也成为举人，乾隆四十五年春进京会试，与章学诚、甄松年相聚，遂酒食谈宴，

① 《文史通义新编新注》外篇六。

彻夜不息，放浪形骸。

同年九月，章学诚第三次应顺天乡试。同考官沈业富将章学诚的文章大力推荐给主考官，遗憾的是，他仍然未被录取。

沈业富（1732—1807），字方谷，号既堂，江苏高邮人。乾隆十九年（1754）成进士，任翰林院编修，为官清正，不徇私情，与张曾敞、翁方纲、朱筠一起被并称为“四金刚”。他曾主持乾隆二十五年江西乡试、乾隆二十七年山西乡试，选拔了不少人才。沈业富任太平知府16年，后官河东盐运使。工行书，著有《味灯书屋诗集》《河东盐法调剂纪恩录》等。前后30年间，章学诚视其为良师益友，两人书信往来不断。章学诚南北往来，屡次过访沈业富，并常与其子沈在廷（字枫墀）讨论学术。

沈业富见章学诚落榜，深表遗憾，就聘请章学诚在自己府邸当塾师。沈业富精通史学，委托他校勘唐代杰出的史学评论家刘知几的名著《史通》。章学诚借此机会，一边从事铅椠，一边益力于学，首次接触并开始研读《史通》。与一般初习史学者不一样，章学诚并未对这部史学名著顶礼膜拜，亦步亦趋，人云亦云，而是注重独立思考并提出自己的见解。

他在乾隆五十五年（1790）所作《家书二》中，理直气壮地说：“吾于史学，盖有天授，自信发凡起例，多为后世开山。而人乃拟吾于刘知几，不知刘言史法，吾言史意[①]；刘议馆局纂修，吾议一家著述，截然两途，不相入也。”[②]

次年，章学诚又作有《读〈史通〉》，指出刘知几评论史书方面的不当之处，他说，“刘氏斟酌群言，扬榷史品，自宜知所别择，乃又从而实之曰：‘由是言《宋史》者，以裴《略》为上，沈《书》次之。’”“此岂情理之言哉！”“姑无论子野史笔文才，未闻可驾休文（沈约之字）而上，正使其书不愧荀、袁，亦与马、班诸书风马牛之不相及也”。[③]裴子野据沈约纪传体《宋书》删撰

---

① 在章氏著作中，“史意”与“史义”皆有出现，两者用法相近，只在内涵上略有区别。本书提法皆采章氏原著原文说法，尊重本意，不另行区分。——编者按

② 《文史通义新编新注》外篇三。

③ 《文史通义新编新注》外篇一。

而成编年体《宋略》二十卷，刘知几评价其价值在《宋书》之上，自然难以令人信服。

章学诚对自己的史才非常自信，“史部之书乍接于目，便似夙所攻习然者”[①]。他觉得头脑中的某些观点及看法，似乎与生俱来，并非传袭前人的成就。他强调了史法与史意、馆局纂修与一家著述的不同，同时表明自己在发凡起例上注重独特创新。

清代幕府盛行，除了行政职能外，不少幕府也从事学术文化活动。由于朝廷大力提倡“稽古右文”，因此上自朝廷大员，下至地方各级官员，广开幕府，纷纷网罗文人学士，致力于学术文化事业。幕府学人的来源，主要是落第或仕途不顺的贫寒士子，他们游幕，一方面是出于谋生的需要，另一方面也为求得一个安定的治学环境。他们为幕主编书著书，整理古籍，襄阅试卷，佐理文翰，诗酒酬唱。乾嘉时代，出现了一些重要的学人幕府，如朱筠、毕沅、谢启昆、曾燠、阮元等人的幕府。

乾隆三十年（1765），通过沈业富的引荐，章学诚结识了翰林院编修朱筠，这是他人生道路上的一个重要转折点，从此他的学术生涯发生了重大变化。

朱筠（1729—1781），字竹君，一字美叔，系出浙江萧山，曾祖入顺天府大兴县籍。乾隆十九年（1754）中进士，改庶吉士，授翰林院编修、侍读学士，历充福建乡试正考官、顺天乡试同考官、提督安徽学政。乾隆三十八年，朱筠奏请从《永乐大典》中采辑逸书，乾隆帝遂开四库馆。因公事不合程式，被降级解任。乾隆帝以其学问优长，仍命其任编修，在四库馆供职，充《日下旧闻》馆总纂官。后出任提督福建学政，任满回朝，病卒于京师。朱筠博闻宏览，藏书数万卷，碑版文字数千卷。其研经宗汉儒，诸史百家皆考证是非同异，又精金石文字之学。著有《〈十三经〉文字同异》《笥河文集》等。

朱筠是学者型官员，文坛领袖式人物，提议开馆校书第一人，奖掖人才，主持风会，先后从他游学的人有五六百人之多。戴震、王念孙、邵晋涵曾在他门下，因其揄扬而成名；汪中、黄景仁、章学诚、洪亮吉、李威、吴兰庭、杨

① 《文史通义新编新注》外篇三《家书六》，第823页。

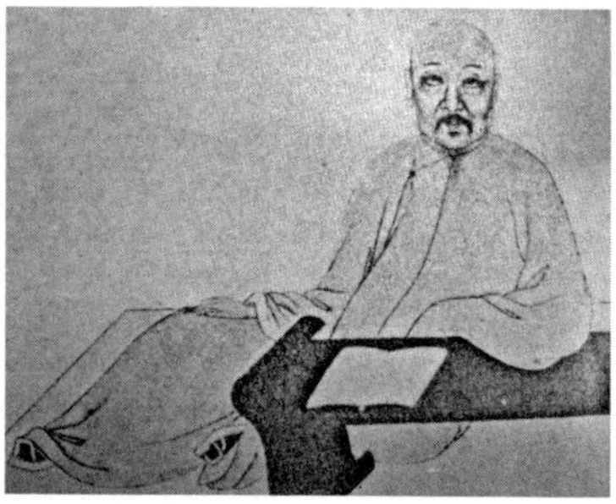

图3-1　朱筠画像
（据《清代学者象传》）

师曾、武亿等，常在幕府，有的达二三十年之久，受其影响而成学问。门下弟子尚有任大椿、钱坫、孙星衍、程晋芳、江藩、汪辉祖等著名学者，皆得其传授启发，治学有成。因此，姚名达在《朱筠年谱》序言中，高度评价了他对乾嘉学术的巨大贡献，指出："朱筠对于当时学风实有莫大的影响：他一面既提议开馆校书，造就了校书的环境；又复授徒养士，造就了养士的风气，所以他的确是乾嘉朴学的开国元勋，亦即朴学家的领袖。唯有他才可以笼罩当时一般学者，担当这个名义。"①

朱筠阅人无数，对章学诚是"一见许以千古"，从言谈中看出这位年轻人的学术观点颇具创意，假以时日，必成大器。他很器重章学诚，在生活上也及时给予帮助和照顾；章学诚也视朱筠为恩师，从他那里学到为人和治学的道理。章学诚向朱筠学习古文，朝夕过从，一日谈及时文，希望能有所赐教。哪知朱筠当即摇头道："足下于此无缘，不能学，然亦不足学也。"章学诚闻听此言，吃了一惊，只得实言相告："家贫亲老，不能不望科举。"朱筠实在不愿意看到这样难得的人才将时间、精力浪费在八股时文上，于是继续开导道："科举何难！科举何尝必要时文？由子之道，任子之天，科举未尝不得，即终不得，亦非不学时文之咎也。"②朱筠指出，整日揣摩时文，未必就能金榜题名，科举取士，衡量标准应该是考生的真才实学。"由子之道，任子之天"，充分发挥自己的专长，科举未尝不能成功。章学诚接受了恩师的建议，不再刻意研习时文，他在晚年曾写信劝告好友汪辉祖说：

令子爱读古书，足下怪其不为时墨，故得失学之名，以《病痕录》（汪辉祖自撰年谱《病榻梦痕录》）质之，良然甚矣！足下有如此贤子，而足

---

① 姚名达编：《朱筠年谱》序，商务印书馆1933年版。

② 《文史通义新编新注》外篇三《与汪龙庄简》，第695页。

下反屈折之也。读古何损于举业哉？弟生平不见考墨之卷，榜后下第，不但不敢随风而骂魁墨，且每科魁墨从未到眼，虽欲骂而无从也。然登第在四十外，则命使然。中间七应科场，三中、一荐、一备、二落，又何尝受读古之累哉！①

章学诚本来就不喜欢时文，虽然为了养家糊口，不能放弃科举考试，但从此也就听天由命，态度坦然。他觉得汪辉祖之子爱读古书，是件好事，也无损于举业。28岁的章学诚，已有两个孩子，远在湖北的一家老小，全靠父亲书院讲学为生。为了不辜负老师朱筠的殷切期望，他始终在学术道路上不懈努力。

乾隆三十一年（1766），29岁的章学诚在国子监待了一段时间，终因生活贫困而寄居到朱筠家中，住在日南坊李铁拐斜街北之撷英书屋。当时的朱家，学界名流云集，经常高朋满座，探讨学术。朱筠尤喜章学诚，总是将他带在身边，向别人作介绍。此时的章学诚年轻气盛，踌躇满志，常常会在公开场合发表议论，讲至意气风发之时，才猛然发现众宾客皆相顾愕然。每当这个时候，朱筠总是用欣赏的眼光鼓励他继续讲下去。在朱筠饮酒至高兴之时，章学诚常常向其进言，“力争不已”，举座为之不安，而朱筠依旧“谈笑自若”。这位忠厚的长者已经看出，章学诚是个很有前途的人才。由于朱筠的奖掖，章学诚在京城逐渐为学术界人士所知。

在朱筠门下，章学诚得以会晤学者名流，也结交了一些朋友，在学术交流切磋中获益匪浅，在学识上大有长进。他曾经谈道：“余自乾隆丁亥，旅困不能自存，依朱先生居，侘傺无聊甚。然由是得见当时名流及一时闻人之所习业。”②与他往来比较密切的学友，有邱向阁、吴兰庭、程晋芳、冯廷丞、蒋雍植等人。

冯廷丞（1728—1784），字均弼，自号康斋，山西代州人。乾隆十七年（1752）举人，以荫授光禄寺署正，历大理寺丞、浙江宁绍台道、福建台湾道、

---

① 《文史通义新编新注》外篇三《与汪龙庄简》，第695页。

② 《章氏遗书》卷一八《任幼植别传》。

江西按察使、常州知府、淮安知府、徐州知府、湖北按察使等，诰授通议大夫。为人急公好义，自持清苦但乐于助人。工诗文，尤熟《资治通鉴》，精通地理沿革、方域形势。他与章学诚交往20年，友情笃厚。

吴兰庭（1730—1801），字胥石，浙江归安人，乾隆三十九年（1774）举人。精于史学，著有《五代史记纂误补》四卷、《五代史考异》、《读〈通鉴〉笔记》等。同邑丁杰邃于经，与吴兰庭并有"丁经吴史"之誉。吴兰庭与章学诚探讨史学，颇有共同语言。

蒋雍植（1720—1770），字秦树，号渔村，又号待园，安徽怀宁人。入国子监，试取八旗教习。乾隆十六年（1751），皇帝南巡时召试献赋，蒋雍植名列第一，赐举人，授内阁中书舍人。乾隆二十六年进士，改庶吉士，充《平定准噶尔方略》纂修官。乾隆二十八年授职编修，充武英殿纂修官。历任乡试磨勘官、分教庶吉士、顺天乡试同考官、武英殿提调官。蒋雍植为人淡泊名利，精通训诂传注之学，有志于经世，关注国计民生。

程晋芳（1718—1784），字鱼门，号蕺园，江苏江都人。乾隆二十七年（1762），皇帝南巡，召试授中书。乾隆三十六年中进士，改主事，旋授吏部员外郎，参修《四库全书》，擢翰林院编修。家素殷富，喜读书，藏书五万卷，延揽四方名流。晚年贫困，卒于陕西巡抚毕沅署中。始为诗文，及官京师，从朱筠、戴震游，乃治经，笃守程朱。著有《毛郑异同考》《勉行堂文集》《勉行堂诗集》等。

章学诚后来回忆当年与蒋雍植及其他友朋交往情形时说："乾隆三十一年秋冬，始识君于朱先生座上，酒酣耳热，抵掌谈古今。方是时，朱先生未除丧，屏绝人事。学诚下榻先生邸舍，时时相过，若程舍人晋芳、吴舍人烺、大理廷丞及君，为燕谈之会。宴岁风雪中，高斋欢聚，脱落形骸，若不知有人世。"[①]朱筠的椒花吟舫环境优美，花草繁茂，藏书丰富，是聚会论学之所，程晋芳有诗云："良会匪豫测，偶访高斋过。……更招二三贤，皆所恒搜罗。（渔村前辈，及章、蔡两君皆笥河及门。）先辈述先世，钟山庙峨峨。章生有书癖，故纸环行

① 《章氏遗书》卷二一《〈蒋渔村编修墓志铭〉书后》。

窝。”[①]通过与学术界朋友的交流，阅览朱筠藏书，章学诚的视野逐渐开阔，学识也不断丰富。乾隆三十一年（1766）秋天，他给远在家乡会稽的族孙章汝楠写了一封信，就是后来收入《章氏遗书》中的《与族孙汝楠论学书》。这是章学诚早年的一篇重要文章，内容包括治学经历、学术思想、著作志向、处世态度等。信中讲道：

> 往仆以读书当得大意，又年少气锐，专务涉猎，四部九流，泛览不见涯涘，好立议论，高而不切，攻排训诂，驰骛空虚，盖未尝不憪然自喜，以为得之。独怪休宁戴东原振臂而呼曰：“今之学者，毋论学问文章，先坐不曾识字。”仆骇其说，就而问之，则曰：“予弗能究先天后天、河洛精蕴，即不敢读‘元亨利贞’；弗能知星躔岁差、天象地表，即不敢读‘钦若敬授’；弗能辨声音律吕、古今韵法，即不敢读‘关关雎鸠’；弗能考三统正朔、《周官》典礼，即不敢读‘春王正月’。”仆重愧其言！因忆向日曾语足下所谓“学者只患读书太易，作文太工，义理太贯”之说，指虽有异，理实无殊。充类至尽，我辈于四书一经，正乃未尝开卷卒业，可为惭惕，可为寒心！
>
> 近从朱先生游，亦言甚恶轻隽后生，枵腹空谈义理，故凡所指授，皆欲学者先求征实，后议扩充。所谓不能信古，安能疑经，斯言实中症结。仆则以为学者祈向，贵有专属，博详反约，原非截然分界。及乎泛滥渟蓄，由其所取愈精，故其所至愈远。古人复起，未知以斯语为何如也。要之，谈何容易！十年闭关，出门合辙，卓然自立以不愧古人，正须不羡轻隽之浮名，不揣世俗之毁誉，循循勉勉，即数十年，中人以下所不屑为者而为之，乃有一旦庶几之日。斯则可为知者道，未易一一为时辈言耳。

章学诚初入学界，在治学方法上也犯了年轻人的通病，总以为书读得越多

---

① 〔清〕程晋芳：《勉行堂诗文集》之《十一月四日同君弼司直、渔村前辈、章、蔡两文学，即笥河太史椒花吟舫，分体得五言》，魏世民校点，黄山书社2012年版，第450页。

图3-2 戴震画像
（据《清代学者象传》）

越好，便广泛涉猎四部九流，而又不求甚解；初通大意，便以为大功告成；泛泛地看了一些书，只是浮光掠影，便开始批评训诂之学，夸夸其谈，沾沾自喜。他在晚年曾回忆道："吾生二十许岁，亦颇好名，彼时只以己之所业欲得人赞赏尔，尚不至舍己之长，徇人所好，以干誉也。"[①]正当此时，他听到了著名学者戴震批评学术界的一句振聋发聩的"狂言"："今之学者，毋论学问文章，先坐不曾识字。"

戴震（1724—1777），字东原，安徽休宁人，清代著名学者、思想家、乾嘉朴学中皖派的代表人物。早年就学于江永，乾隆十九年（1754）避仇入都，名重京师学界。六试进士不第，往来奔走各地，曾入朱筠、朱珪等人幕府，修志编书。乾隆三十八年充四库馆纂修官，四十年授翰林院庶吉士，卒于任。戴震精通理学、经学、小学、声韵、训诂、天文、历法、算学和地学等，著述有《考工记图》《句股割圆记》《屈原赋注》《孟子字义疏证》等30余种，后人辑有《戴东原集》《戴氏遗书》《戴震全书》等。

乾隆三十一年（1766），章学诚特地到戴震京师馆舍登门求教，初次见面，戴震对自己的学术宗旨仅"粗言涯略"，这对章学诚后来的治学生涯却有着深远的影响。

戴震是乾隆时期杰出的唯物主义思想家，然而当时大家都只把他当作汉学大师来推崇，很少有人了解他深邃的哲学思想。章学诚与戴震会晤后，就深感外界的学术评价"不足以尽戴君"，"时在朱先生门，得见一时通人，虽大扩生平闻见，而求能深识古人大体，进窥天地之纯，惟戴可与几此。而当时中朝荐绅负重望者，大兴朱氏，嘉定钱氏，实为一时巨擘。其推重戴氏，亦但云训诂

① 《文史通义新编新注》外篇三《家书七》，第825页。

名物、六书九数，用功深细而已，及见《原善》诸篇，则群惜其有用精神耗于无用之地”。章学诚觉得戴震“能深识古人大体，进窥天地之纯”，非常佩服。为了纠正学界对戴震学术成就的误解，他“于当时力争朱先生前，以谓此说似买椟而还珠，而人微言轻，不足以动诸公之听”①。章学诚的做法虽然没有得到任何人的支持，但足以说明其洞察能力已在一些考据大家之上。

戴震认为，经典是用来载道的，要明道就必须通晓经典；经典是以文字记载的，通晓经典有赖于文字的考训。他强调文字训诂的重要性，主张治经必自语言文字之学起，由声音、文字求训诂，由训诂求义理。就是说，义理必须通过“以字通词，以词通道”的途径来获得。章学诚初闻学者“不曾识字”之说，大为震撼，也困惑不解，因此前去拜访。戴震以自己的治学经验告诉他，如果不精通语言文字，不掌握天文、地理、典制、历法、音韵、律吕等方面的基本知识，就不可能懂得《易经》《尚书》《诗经》《春秋》等经典的精义。戴震的话对章学诚触动很大，他想到自己连经书都尚未真正读懂，就高谈阔论，挥斥古今，实在感到惭愧。

后来，朱筠也表示甚为厌恶后生学子腹中空虚而好空谈义理，教导章学诚做学问要脚踏实地，先从征实做起，然后加以发展。假如不掌握古代历史，又凭借什么去对六经加以质疑呢？戴震与朱筠两位学者对基础知识与征实的强调，对年轻的章学诚转变治学风格的影响很大。从此，他治学由博返约，从泛览转至征实，慢慢走向成熟。有些学者只注意到后来章学诚对考据学的批评，就认为他看不起考据，是个空头理论家，这种看法是不成立的。虽然章学诚后来所写文章，确实大多为理论考辨之作，论史的重点也偏于史意，但他对征实工作却从不曾忽略，更不轻视。他在下面这封信中就指出：

学问之途，有流有别，尚考证者薄词章，索义理者略征实，随其性之所近，而各标独得，则服、郑训诂，韩、欧文章，程、朱语录，固已角犄鼎峙，而不能相下。必欲各分门户，交相讥议，则义理入于虚无，考证徒

① 《文史通义新编新注》外篇三《答邵二云书》，第683页。

为糟粕，文章只为玩物。汉唐以来，楚失齐得，至今嚣嚣，有未易临决者。惟自通人论之则不然，考证即以实此义理，而文章乃所以达之之具。事非有异，何为纷然？[①]

章学诚一贯强调义理、考据不可偏废，认为两者都是做学问所必不可少的。正是由于有了征实的基本功，他所建立的各种学术理论体系才不致流于空虚浮夸。随着岁月的流逝，章学诚已经年近30岁，尽管生活艰难困苦，他对于史学的酷爱，却与日俱增。他说：

家贫亲老，勉为浮薄时文，妄想干禄，所谓行人甚鄙，求人甚利也。顾又无从挟资走江湖，佘贩逐什一；而加之言讷词钝，复不能书刺干谒，坐此日守呫哔，余力所及，不得希古人之一二。闲思读书札记，贵在积久贯通，近复时作时辍。自少性与史近，史部书帙浩繁，典衣质被，才购班、马而下，欧、宋以前，十六七种。目力既短，心绪忽忽多忘，丹铅往复约四五通，始有端绪，然犹不能举其词，悉其名数。尝以二十一家义例不纯，体要多舛，故欲遍察其中得失利病，约为科律，作书数篇，讨论笔削大旨。而闻见寥寥，邈然无成书之期。况又牵以时文，迫以生徒课业，未识竟得偿志否也？他所撰著，归正朱先生外，朋辈征逐，不特甘苦无可告语，且未有不视为怪物，诧为异类者。意气寂寞，追忆曩游，不觉泪下。[②]

此时的章学诚寄人篱下，靠课徒为生，在这样的情况下，他立下著述之宏志，要对二十一家正史义例加以评论。他尤感读书札记，最重要的在于日积月累，融会贯通。因此，他节衣缩食，典衣质被，尽一切努力购得正史。他在《滃云山房乙卯藏书目记》里说："小子旅馆京师，嗜书而力不能致。然戊子以前，未有家累，馆谷所入，自人事所需外，铢积黍累，悉以购书。性尤嗜史，

---

① 《文史通义新编新注》外篇三《与族孙汝楠论学书》，第799—800页。

② 《文史通义新编新注》外篇三《与族孙汝楠论学书》，第800—801页。

而累朝正史，计部二十有三，非数十金不能致，则层累求之，凡三年而始全。”[1]他陆续添置齐全的二十三种正史，版本多达七八种，新旧、尺寸、刻工也参差不齐，称其为“百衲琴”。百十两银子的一套正史需要三年才买齐，可见他治学条件之艰苦，是同时代许多学者所不能比的。章学诚的视力差，科举时文、生徒课业、衣食生计，又牵涉不少精力，故不能全身心地投入史学研究。可他始终坚持学业，在京城数年，已将二十一史“丹铅往复约四五通”。正因为如此勤奋，他才能发现正史“义例不纯，体要多舛”，并立志要“遍察其中得失利病，约为科律”，“讨论笔削大旨”。

这时，族兄章垣业与他一起讨论编辑章氏宗谱之事。章学诚在《与族孙汝楠论学书》中也谈到此事：

> 所要《家谱义例》，允功大兄（即章垣业）手录支系，初完记序，碑版搜罗，尚未成帙。大约全城十五支以下，略疏源流，近自高曾，详绘谱牒，参取老泉（即苏洵）《谱例》，及邵念鲁序全氏《谱法》，微折其衷。至嘉言懿行、闲范逸事、遗书宗约之属，拟仿杂著体，区类为篇，以便省览。而行状传志、投赠诗文之属，则别辑为外篇，以附其后。俟略成卷轴，便当附寄商榷。

经过朱筠的指点，章学诚确立了治学“贵识古人大体”“重别识心裁”“辨章学术，考镜源流”的风格。章学诚相信“学者祈向，贵有专属”，只要沿着自己确定的发展方向，“不羡轻隽之浮名，不揣世俗之毁誉，循循勉勉，即数十年，中人以下所不屑为者而为之，乃有一旦庶几之日”[2]。他注重探讨文史理论，不拘泥于训诂、制度的研究，与当时风靡的考据风气格格不入，因此所写的文章多不合时好，除了“归正朱先生外”，只能落得“朋辈征逐，不特甘苦无可告语，且未有不视为怪物，诧为异类者”的结果。

---

① 《章氏遗书》卷二二。

② 《文史通史新编新注》外篇三《与族孙汝楠论学书》，第800页。

乡试中副榜

乾隆三十一年（1766），欧阳瑾任国子监祭酒。

欧阳瑾（1709—?），江西分宜人，雍正十年（1732）举人，次年成进士，选为翰林。历任兵部主事、刑部郎中、御史、提督学政、奉天府尹、户部侍郎，乾隆三十五年（1770）免官，次年又起为内阁侍读学士，悠游六七年，以年老致仕。欧阳瑾为官40余年，清廉正直，为人好学深思。

此时，章学诚在国子监已经四年，一直贫不知名，五经博士和六堂助教等教官以及同学皆视其若无物。欧阳瑾初到国子监，首擢章学诚第一名，六馆之士，一时惊诧哗然，但欧阳瑾认为“是子当求之古人，固非一世士也”，此后对章学诚更是青睐有加。乾隆三十二年（1767）秋，国子监开馆修志，诸生各以才智争奋，欧阳瑾独令章学诚专司笔削，让他发挥所长的同时，得到一些生活补贴。对章学诚而言，欧阳瑾就是识千里马之伯乐，故而在以后的日子里，章学诚一直很感激这位老师的知遇之恩。

乾隆三十三年（1768）二月，章学诚从朱筠家迁到垣业家。初七日，他写了《与家守一书》，信中说：

> 仆南北奔走，忽忽十年，浮气嚣情，消磨殆尽，惟于学问研搜，交游砥砺之处，不自知其情之一往而深，终不能已。……仆分手以来，自以落落不能与屠沽小儿作生活计，故所如不合，退卧朱筍河师撷英书屋，又一年矣。日月不居，坐成老大，去秋即拟屏摄一切，发愤为决科计，而太学志局初开，二三当事，猥以执笔见推，仆缘积困日久，聊利餐钱，枉道从事，非所好也。又笥河师被诏撰《顺天志》，亦属仆辈经纪其事，此非馆局之书，既不限年，又无牵掣，向与足下及让木辈抵掌剧谈、穷日不休者，颇得行其六七，为差慰矣。

经过近10年苦饥谋食、碌碌依人生活的磨练，章学诚已少了性格中“意气落落，不可一世”的浮躁之气，变得成熟稳重。国子监志局开馆，几位赏识他的当事打算让他担任执笔。官局修志，人事关系复杂，负责人意见不一，章学诚为了生计，主动要求参加。章学诚在信中还谈到，朱筠受诏撰《顺天府志》，他也受命“经纪其事”，大显身手，得行其志，心中十分快慰。

四月，章学诚暂停参修《国子监志》《顺天府志》，安心读书以待秋闱。九月，四应顺天乡试。朱筠和国子监司业朱棻元皆充任同考官。

朱棻元（1727—1782），字雨森，号春浦，浙江杭州人。乾隆十七年（1752）中举人，十九年成进士，改庶吉士，二十二年授翰林院编修，三十三年大考列优等，擢国子监司业。任职13年，爱才好士，充功臣馆及国史馆纂修，死后赠奉政大夫。

此次乡试，章学诚仅中副榜。他屡试不中，并非才学不好，而是学问不合时好，尤其不符合考官之所好，而他又从不作违心之论，屈己逢迎。关于此次落榜的真正原因，章学诚说：

> 戊子乡试，以国子生修《国子监志》，与国子长官争论义例，既不合矣，其秋主试，即此长官，发策即问监志义例。仆乃执所见以对，不稍迁就，长官初赏其文，后见策而抑至副榜。或咎仆以明知故犯，不知仆之生平，不能作违心之论，司衡鉴者，或好或恶，或无心而置之，或极意以赏之，则存乎时与命耳。仆与科举，无必得之技，亦无揣摩以求必得之心。[①]

章学诚在编修《国子监志》时，在义例上与国子监祭酒陆宗楷发生过争论，而此次乡试的主考官正是此人，所出的策论题目刚好就是关于《国子监志》的编修义例。对于陆宗楷修志一事，四库馆臣曾记载：“先是国子祭酒陆宗楷等辑《太学志》进呈，而所述沿革故实，滥载及唐宋以前，殊失限断，乃诏重为改定。”[②]可见，陆宗楷对修志是一窍不通。这时，章学诚若能投其所好，按照他

① 《文史通义新编新注》外篇三《与史氏诸表侄论策对书》，第804页。

② 〔清〕纪昀、陆锡熊、孙士毅等：《钦定四库全书总目（整理本）》卷七九《钦定国子监志》，中华书局1997年版，第1064页。

的观点作答，无疑会提高被录取的可能性。但章学诚“执所见以对，不稍迁就”。清代乡试分三场，阅卷实行糊名制度。陆宗楷很欣赏章学诚前两场所作文章，正准备录取，但见了他第三场的策论，与自己意见不合，就黜落为副榜。录取结束后，朱棻元在邻座见到章学诚言《国子监志》编修得失的策论，惊叹不已，责怪六馆师儒安得遽失此等人才。事后有朋友责怪章学诚何必“明知故犯”？章学诚却回答说，自己“口谈笔述，初无两歧，或出矜心，或出率意，详略正变，无所不有，然意皆一律，从无欺饰。与仆久相处者，闻仆所言，可以知仆应试之对；考官见仆之对，可以知仆所著之书。生平惟此‘不欺’二字，差可信于师友间也”[①]。在关系到前途命运的乡试中，明知主考官的观点，不但不去讨好迎合，反而坚持针锋相对，这是何等难得与不易！就这样，章学诚每次应考都是凭自己的真才实学，从不投机取巧，他的一生是言行一致的。

① 《文史通义新编新注》外篇三《与史氏诸表侄论策对书》，第804页。

第四章　文史校雠

章学诚在父亲去世后，将全家从湖北迁到京城。他全靠笔墨谋生，替人编书修志，先后参与编修《国子监志》与《乐典》。朱筠任安徽学政，章学诚随其到太平使院，立下文史校雠之志，开始撰写《文史通义》。在宁波道署，与戴震就修志问题展开辩论。他应和州知州刘长城之聘，编成《和州志》，可惜未能刊刻。

校编《乐典》

乾隆三十三年（1768）冬，章镳病逝于湖北应城。噩耗传来，章学诚悲痛万分，由于经济拮据，竟难以凑足盘缠前往奔丧，只能在京居父丧。从这年二月起，他就一直寄居在章垣业家，环境清静。垣业妻荀氏也在这年病故，终年54岁，章学诚满怀感激敬重之情，作《荀孺人行实》。荀氏育有二女，有一子早夭。章学诚依其生前遗愿，将妾曾氏所生第三子华绶过继给垣业为后。

乾隆三十四年（1769）三月间，章学诚租赁柳树井南朋友冯廷丞家的住房，以备家人从湖北迁居京师。由于生计艰难，章学诚曾于四月二十六日给朱筠写信，请求援助。信中说："匝月之后，便添十七八口，米珠薪桂，岁月甚长，而昨日均弼先生房金又见告矣。腐儒索米长安，计非官书三四门不能自活，吾师许之有日矣，而到手者乃无一处。此直生死之关，夫子大人当有以援之，乞勿迟迟待西江决而后索涸鲋于枯肆也。”[①]冯廷丞《敬学堂诗抄》云：“会稽狂客滞修门，迁俗频遭贝锦言。十口生涯困珠桂，三年老屋共朝昏。”[②]可见他这时养家糊口困窘之状。

章学诚赶赴应城，料理丧事毕，率全家扶灵柩搭乘湖北漕粮船北上。章镳生前嗜书如命，家贫不能多购书，主要是借书来抄，积累数千卷，极为眷爱。到湖北的10余年间，官俸、馆谷无多，藏书亦无增。此次章家由水路北上，书箱因船只漏水被浸，藏书不幸损失三分之一。六月，家眷抵达北京，安顿下来后，一家人便开始了在北京的生活。

父亲去世后，养家糊口的重担落到了章学诚一个人的肩上。在这以前，他还可以将馆谷所入，省吃俭用后，全部用于购买书籍，而此后，全家仅靠他一人以文墨维持生计，购书几乎成了一种奢望。捉襟见肘的贫寒境遇，简直令人难以想象。沉重的生活压力，对他今后的学术事业，无疑产生了不利影响。

此前一年，朝廷诏修《续通典》，章学诚也参与了其事，为乡试座师秦承恩校编其中的《乐典》部分。秦承恩（？—1809），字芝轩，江苏江宁人。乾隆进士，庶吉士，朱筠门生，历任陕西巡抚、江西巡抚、工部尚书、直隶总督等。

编《乐典》完全是征实的工作，难度很大。章学诚在《上朱先生书》中谈及此事，并希望得到老师的指点，他说：“现为秦芝轩师校编《乐典》，其歌舞杂曲、铙歌清乐诸条，吴本原稿直抄杜氏《通典》，而宋元以来，全无所为续者，此亦可谓难矣乎哉也焉而已。第此等歌曲乐府，史志不详，兼之源流派别，学诚亦不甚解。就杜氏原本所分，亦多与前史不合，不识宋元至明，究以翻阅何书为主？有何书可以参订？务望夫子大人俯赐检示一二种。馆书督催，过于索逋，乞吾师勿缓为祷。”年仅32岁的章学诚，学历不足，对乐典本就外行，现在要从事专门学问的研究考订，确实相当困难。因为既然是《续通典》，就不能照抄《通典》，而史志又多不详，这就必须从宋、元、明代的其他有关著作中搜集资料来进行考订。为了家人生活，他还是坚持做这项“督催过于索逋”的

---

① 《章氏遗书》补遗《上朱先生书》。

② 〔清〕冯廷丞：《敬学堂诗抄》之《武林晤章子实斋有怀京邸旧居》，咸丰十年刻本。

差使。乾隆四十八年（1783）底，《续通典》修成，章学诚还为秦承恩代拟了《续通典礼典目录》序。

正因为章学诚做了这个工作，所以后来在论学中，他一直认为考证是不可忽视的。他在《文史通义》外篇三《答沈枫墀论学》书中就曾指出："考索之家，亦不易易，大而《礼》辨郊社，细若《雅》注虫鱼，是亦专门之业，不可忽也。阮氏《车考》，足下以谓仅究一车之用，是又不然。治经而不究于名物度数，则义理腾空而经术因以卤莽，所系非浅鲜也。"

乾隆三十四年（1769），正值会试之年，章学诚结识了任大椿、陈本忠、汪辉祖三位学友。

任大椿（1738—1789），江苏兴化人，字幼植，一字子田。本年以第二甲第一名成进士，授礼部仪制司主事，寻移司简曹，充四库馆纂修官。工文辞，后治经史传注，精训诂，尤长于《礼》，审定《四库全书》经部提要。撰有《弁服释例》《深衣释例》《释缯》诸书，就古代礼制中的名物，详加考订。另著有《小学钩沉》《字林考逸》《吴越备史注》《子田诗集》等。任大椿从学于朱筠的时间早于章学诚，乾隆三十一年（1766），从江南寄新著《仪礼经传考订》到京，请老师指正，章学诚由此知其名。任大椿中进士后，两人始相识。

陈本忠（1726—1775），字伯思，先世苏州，移居昌平。本年亦成进士，历户部郎中、刑部郎中、提督贵州学政。性率真健谈，习拳勇，善于烹饪，学识渊博。事亲至孝，后遭父丧，从此一蹶不振，意气衰歇。章学诚侨居冯廷丞宅，陈本忠与冯廷丞是亲戚，故时过冯宅剧饮，与章学诚相识。章学诚久困场屋，心情郁闷，陈本忠为之排遣，常常畅饮纵谈，暂忘人世之忧。

汪辉祖（1731—1807），字焕曾，号龙庄，晚号归庐，浙江萧山人。他出身孤寒，佐理州县幕府多年，后中进士，曾任湖南宁远知县、道州知州。汪辉祖以乾嘉时代的名幕、循吏、学者著称于世，著有《佐治药言》《学治臆说》《元史本证》《史姓韵编》等。汪辉祖本年正月赴礼部会试，在朱筠家结交章学诚，他认为"实斋古貌古心，文笔朴茂，能自申所见"[①]。章学诚亦云："忆昔乾隆

① 〔清〕汪辉祖：《病榻梦痕录》卷上，乾隆三十四年条，台湾商务印书馆1980年版。

己丑，京师春暮，朱学士座，与子初遇。各倾所怀，款言情素，如车异辙，要归同路。”[①]从此以后，两人成为终生挚友，相交32年不衰。

乾隆三十五年（1770）二月，友人蒋雍植卒于京师。秋，朱筠为其作墓志铭，因为不久就要赴福建主持乡试，就嘱咐章学诚与钱大昕一起商议，斟酌修改墓志铭。

钱大昕（1728—1804），字晓徵，号辛楣，又号竹汀，江苏嘉定人。乾隆进士，历官少詹事、广东学政。乾隆四十年（1775）以后主讲钟山、娄东、紫阳等书院。被誉为“一代儒宗”，与纪昀有“北纪南钱”之称。学识宏富，治学面很广，于经史文义、音韵训诂、历法算术、地理沿革、典章制度，皆有精研。又长于史籍的校勘考订，撰有《廿二史考异》。有志重修元史，曾补撰《艺文志》《氏族表》，并以所得资料，撰成《元诗纪事》。还著有《十驾斋养新录》《潜研堂文集》等。

钱大昕年长章学诚10岁，又与其座师朱筠、沈业富为同榜进士，故与章学诚介乎师友之间。章学诚奉命带了墓志铭去拜访，钱大昕略商数语，不愿修改。章学诚只好自己动笔，按照朱筠的意思定稿，并作《〈蒋渔村编修墓志铭〉书后》。朱筠到福建后，给章学诚寄诗一首，问其是否有意成名山著作，对他寄予厚望。

族兄垣业编纂宗谱尚未成，请章学诚协助搜集资料。早在三年前的夏天，章学诚偶憩同族叔父章鉴家中。章鉴父亲两瞻先生，在康熙年间曾任正定府武强知县，颇有德政，去职后，县民刻其德政行世，户部侍郎许某与亲戚何垣都作序以赠。八月，章学诚抄录《武强德政序》与《何垣序》给垣业，并作《〈武强德政序〉书后》一篇，详细介绍章两瞻先生政绩，以备族谱编修之用。

---

① 〔清〕章学诚：《汪龙庄七十寿言》，载汪继壕等编：《汪辉祖行述》卷三，台北广文书局1977年影印傅斯年图书馆藏清刊本，第27页。

进退国子监志局

从乾隆三十二年到三十六年（1767—1771），章学诚一直以国子监生的身份参与《国子监志》的编修工作。然而在编纂过程中，与诸学官屡屡发生意见不合，很不得志。在志局，只有国子监司业朱棻元与国子监丞侍朝赏识他。

侍朝（1729—1777），字鹭传，又字鹭川，号补堂，江苏泰州人。乾隆二十五年（1760）进士，三十四年除国子监丞，后征为四库总校，改翰林院庶吉士，为人正直不阿。侍朝与章学诚本应是师生关系，但实际上是道义之交，相知深契。尽管有两位知己长官的支持，但章学诚最终还是选择离开志局。乾隆三十七年秋，他在《候国子司业朱春浦先生书》中解释了离开志局的原因，他说：

> 向者学志之役，小子以薄业从事编摩，初志谋食而已。先生独取其撰述，谓非一切碌碌所可辨者。因白之同官，咨之铨部，俾一官偿劳，使得尽其夙抱。既而当事虚公惜才，如定圃、瑶圃、确三先生，一时罢去，卒事不成。先生犹复惓惓小子，欲使卒业《则例》一书，为后日叙劳地。学诚用是喟然谢去，非无所见而然也。昔李翱尝慨唐三百年人文之盛，几至三代、两汉，而史才曾无一人堪与范蔚宗、陈承祚抗行者，以为叹息。……
>
> 每慨刘子玄以不世出之才，历景云、开元之间，三朝为史，当时深知如徐坚、吴兢辈，不为无人，而监修萧至忠、宗楚客等，皆痴肥臃肿，坐啸画诺，弹压于前，与之锥凿方圆，牴牾不入，良可伤也。子玄一官落拓，十年不迁，退撰《史通》，窃比元搡，盖深知行尸走肉，难与程才，而钓弋耕渔，士亦有素故耳。欧、宋之徒，不察古人始末，以为子玄工诃古人，而拙于用已。嗟乎！使子玄得操尺寸，则其论六家、二体，及程课铨配之法，纵不敢望马、班堂奥，其所撰辑，岂遽出陈寿、孙盛诸人下，而吴缜得以窃其绪论，《纠谬》致于二十有四也哉！向令宗、萧又使子弟族属，托监领之势，攘臂其间，颠倒黑白，子玄抑而行之，必将愤发狂疾，岂特退

而不校已耶！假而事非东观之隆，官非太史之重，以升斗之故，与睢盱一辈，进退其间，宜子玄所尤不屑矣。后之人或以致诮，何哉？夫人之相知，得心为上。

学诚家有老母，朝夕薪水之资不能自给，十口浮寓，无所栖泊。贬抑文字，稍从时尚，则有之矣。至先生所以有取于是，而小子亦自惜其得之不偶然者，夫岂纷纭者所得损益？

章学诚在信中列举了唐朝史家刘知几在国史馆的遭遇，抨击史馆监修的弊端。实际上，国子监像唐朝的萧至忠、宗楚客之类尸位素餐的权贵大有人在。他们执掌大权，依托监领之名，不学无术却自以为是，颐指气使，排挤打击真才实学之士。为人正直的章学诚，学术见解难以发挥，最后忍无可忍，拂袖离开了国子监，即使丢掉饭碗亦不足惜。

始著《文史通义》

乾隆三十六年（1771）二月，朱筠充会试同考官，邵晋涵会试第一，成进士。

邵晋涵（1743—1796），字与桐，又字二云，号南江，浙江余姚人。中进士后授编修，擢侍讲学士。邵晋涵长于经史，阮元称赞其“以醇和廉介之性，为沉博邃精之学，经学、史学并冠一时，久为海内所推”①。曾参与《续三通》《八旗通志》等书纂修，入四库馆，主持史部及其提要编纂。他还从《永乐大典》中辑录出《旧五代史》遗文，并博采《册府元龟》等书，使薛史与欧史并传。有志重修宋史，曾仿宋王称《东都事略》，辑《南都事略》以叙南宋史事，未成而卒。又为毕沅审定《续资治通鉴》，但此书付刻时未能据邵氏意见加以改正。经学著作有《孟子述义》，训诂学著作有《尔雅正义》，有《南江诗文钞》

① 〔清〕阮元：《研经室二集》卷七《〈南江邵氏遗书〉序》，四部丛刊本。又见嘉庆九年刊《南江邵氏遗书》。

等著述行世。邵晋涵与章学诚相识后，二人成为一生至交。

秋天，朱筠奉命提督安徽学政，学政署设在太平府治所当涂县。一时从游学者很多，如张凤翔、徐瀚、莫与俦等。八月十八日，章学诚与邵晋涵等人以学生身份，联车十二乘，随朱筠前往太平使院。路过山东滕县，章学诚道吊族婿任肇元。十一月二十八日，到达太平使院。十二月二十六日，与朱筠等人同游采石矶，登太白楼。

章学诚跟随朱筠学习文章，总是苦于无从下手，无题可做。邵晋涵往往列举前朝遗事，请朱筠与章学诚各试写传记，相互比较，以帮助他提高。邵晋涵检阅后发现，凡是文章中有涉及史学方面的问题，比如表志、记注、世系、年月、地理、职官等内容，章学诚总是不会出错。从此以后，两人相互论史，契合隐微。这类文章，有些还被保存了下来，如《景烈妇传》，朱筠的《笥河文集》卷一五中亦有，题目为《书烈妇景事》。

乾隆三十七年（1772），章学诚35岁。三月五日，跟随朱筠等人游青山，夜宿保和庵，在雨声中纵谈，念人生若浮，叹息此会之不易，翌日而返。夏间迂道返回浙江，访友人宁绍台兵备道冯廷丞于宁波道署，结识了冯邵、冯秋山两人。冯邵（1738—1789），字茂许，又字瑶罂，代州人。虚怀好学，专静善思，与章学诚为莫逆之交。诸人谈论学问文章，相得甚欢，“方是时，年力俱富，所遇俱不副所期，相见江湖，意气落落，坦怀言志，率多忆往期来”①。离开宁波后，章学诚顺路回故乡会稽，八月已回到太平使院。

章学诚一直将刘知几当作自己的学习榜样，刘知几在史馆不得志，便退撰《史通》。章学诚离开国子监后，也按自己的计划，开始撰写《文史通义》。他在秋天给朱棻元的信中讲道：“是以出都以来，颇事著述。斟酌艺林，作为《文史通义》。书虽未成，大指已见辛楣先生候牍所录内篇三首，并以附呈。先生试察其言，必将有以得其所自。”②所谓“辛楣先生候牍”，就是八月二十日给钱大昕的《上晓徵学士书》③。

① 《章氏遗书》卷一八《冯瑶罂别传》。

② 《文史通义新编新注》外篇三《候国子司业朱春浦先生书》，第753页。

③ 《文史通义新编新注》外篇三。

他在信中说：“取古今载籍，自六艺以降讫于近代作者之林，为之商榷利病，讨论得失，拟为《文史通义》一书，分内外杂篇，成一家言。虽草创未及什一，然文多不能悉致，谨录三首呈览，阁下试平心察之，当复以为何如也？”在这里，他表示要通过对古今著作进行校雠评论以形成一家之言，这是多么宏伟的著述目标！当时世俗风尚已产生流弊，面对这种情况，载笔之士多不思救挽，而是趋之若骛，情形就更加岌岌可危。力思救挽就必然要逆时趋，于是，章学诚决定“冒天下之大不韪”，撰写《文史通义》，与当时社会风尚形成针锋相对之势。

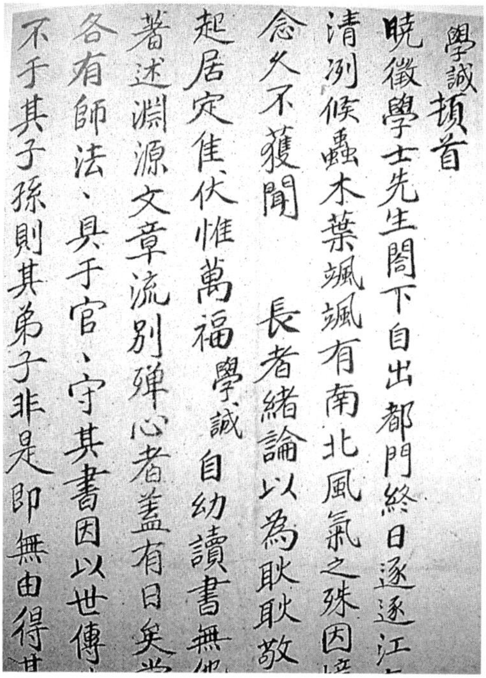
學誠頓首
曉徵學士先生閣下自出都門終日逐逐江
清洌候蟲木葉颯颯有南北風氣之殊因
念久不獲聞　長者緒論以為耿耿敬
起居定佳伏惟萬福學誠自幼讀書無
著述淵源文章流別殫心者蓋有日矣
各有師法、具于官、守其書因以世傳
不于其子孫則其弟子非是即無由得

图4-1　章学诚手札《上晓徵学士书》
（国家图书馆藏）

从作《与族孙汝楠论学书》至《上晓徵学士书》这七年间，他的学识日渐丰富，志向亦更加坚定，终于开始将《文史通义》逐步写出。这是他第一次向老师朱棻元提出著作目标，并向可能赏识他的当代大学者钱大昕请教，可惜并没有引起他们的注意。但《文史通义》的撰写，深得邵晋涵的赞誉，章学诚曾说：“君每见余书，辄谓如探其胸中之所欲言，间有乍闻错愕，俄转为惊喜者，亦不一而足。”[①]邵晋涵真正称得上章学诚学术上的知音，两人友情至笃终生。

章学诚同时写了《上慕堂光禄书》[②]。慕堂光禄即曹学闵（1719—1787），乾隆十九年（1754）进士，山西汾阳人，字孝如，号慕堂。历任光禄寺少卿、通政使司参议等，官至内阁侍读学士。为官清慎，著有《紫云山房诗文稿》。曹

① 《章氏遗书》卷一八《邵与桐别传》。

② 《文史通义新编新注》外篇三。

学闵是朱筠进士同年，故章学诚与其相识。章学诚在信中讲道："前返浙东，卜居城南琵琶山下，山水清绝，有水田竹林瓜园共数亩，鱼蔬粳酒所出，足给十口之家。老屋二十余间，去城市八九里许，缘僻处寡邻，业者贱售之，已竭蹶称贷购得矣。倘更有十亩可耕，余一二百金居积什一，则潘岳闲居奉母，虞卿穷愁著书，亦是终老。第归山之资，未知何日办竟，则波尘之命，信难强也。"夏天，章学诚在绍兴购买了城南琵琶山的一处农庄，计划让家眷从京师归里，因病了两个月，只得作罢。

这年冬，朱筠在徽州考核生员，章学诚与邵晋涵、黄景仁等相从校文。黄景仁（1749—1783），字仲则，又字汉镛，号鹿菲子，江苏武进人。善诗赋，工书，擅山水画，著有《两当轩集》《竹眠词》等，被乾隆间论诗者推为第一，文名远播。乾隆三十六年至三十七年间（1771—1772），章学诚的业师沈业富任太平知府，章氏在他那里逗留过一段时间，得识黄景仁，遂订交。朱筠督学安徽，招黄景仁入幕，后以武英殿书签例得主簿，再入陕西巡抚毕沅幕，病逝于沈业富河东盐运使官署中。黄景仁短暂的一生，也是在贫病愁苦中度过的，与章学诚很有相似之处。

章学诚在沈业富官署中，还结识了课其子读书的顾九苞。顾九苞（1738—1781），字文子，江苏兴化人。学识淹博，尤精于《文选》。乾隆四十四年（1779）应顺天乡试落第后，其试文辗转传入名臣梁国治手中，一时士子相与传诵，名声竟比本科解元还要响亮，使考官十分难堪。乾隆四十六年考上进士，忽疽发颈项，旬日病卒。章学诚常与顾九苞谈款连夕，顾氏曾写其父事迹，欲请章氏为父作传。传未写而讣闻已至，章学诚为不能完成朋友的托付而深感遗憾。

这时，徽州知府郑虎文为章学诚故人。郑虎文（1714—1784），字炳也，号诚斋，浙江秀水人。乾隆七年（1742）进士，授编修，出典河南乡试，三充顺天乡试同考官，两次充会试同考官，提督湖南、广东学政，历左赞善，致仕后主讲安徽紫阳书院10年，主讲杭州紫阳、崇文两书院5年。于学无所不通，衡文兼取众长。

郑虎文是朱筠的老师，乾隆三十一年（1766）夏，章学诚在北京，就是通过他的介绍，去休宁会馆拜访了戴震。郑虎文称章学诚有良史才，后来，章学诚还为他代作《沈母朱太恭人寿序》。

这时的清王朝正处于鼎盛期，乾隆大力提倡“稽古右文”，开馆纂修各种书籍，三次下诏征书。乾隆三十七年（1772）十一月，朱筠奏陈购访遗书及校核《永乐大典》意见折[①]，提出了搜访校录书籍的四条建议：其一，旧本抄本，尤当急搜；其二，中秘书籍，当标举现有者以补其余，翰林院所藏《永乐大典》一书，宜择取其中古书完者若干部，分别缮写，各自为书，以备著录；其三，著录、校雠当并重；其四，金石之刻、图谱之学，在所必录。

朱筠的建议迎合了乾隆讲求文治的心理，故乾隆在十二月就批示大臣议奏。次年二月，下令将《永乐大典》“详加别择校勘”，“择其醇备者付梓流传，余亦录存汇辑，与各省所采及武英殿所有官刻诸书，统按经史子集编定目录，命为《四库全书》，俾古今图籍荟萃无遗，永昭艺林盛轨”[②]。《四库全书》正式开馆编修，这项规模空前的文化工程，由此拉开序幕。朝廷特征戴震、邵晋涵、周永年、余集、杨昌霖五人入馆，赐官翰林。庞大的纂修机构中，集中了一大批硕学鸿儒，其中不少人是章学诚的师友，如朱筠、邵晋涵、周永年、翁方纲、程晋芳、任大椿等人。

据道光年间会稽进士沈元泰说，章学诚见到征书上谕，素知朱筠“慨然以复古自任，学诚因请搜访遗书，仿刘向《七略》，条别群书，各疏源委，学士遂有征书之奏，而四库全书之馆自此开矣”[③]。此说虽无确证，但后来章学诚在《朱先生别传》中，记叙了朱筠上书前有关征书的言论，当时章学诚正致力于校雠之学，朱筠与其商议应该在情理之中。朱筠征书奏折中的四点建议，在后来的章氏著述中皆有体现。

岁末，章学诚又返回会稽，住在道墟族兄孟育家。

乾隆三十八年（1773）正月初，章学诚从会稽去余姚，在邵晋涵家小住数

① 中国第一历史档案馆编：《纂修四库全书档案》，上海古籍出版社1997年版，第20—21页。

② 王重民辑：《办理四库全书档案》，乾隆三十八年三月二十八日谕，国立北平图书馆1934年排印本。

③ 《道光会稽县志稿》卷十七《章学诚传》。

日。邵晋涵见他非常推重从祖邵廷采，就请他校订《思复堂文集》，准备刊刻问世，然此事最终未成。章学诚又到宁绍台兵备道拜访了冯廷丞。

二月，由宁波过会稽、太平至和州，经朱筠的推荐，应其同年和州知州刘长城之聘，编修《和州志》。

这年春，章学诚作有《与严冬友侍读》。严冬友即严长明（1731—1787），字道甫，江宁人。师从方苞，赐举人，历任内阁中书、军机章京、内阁侍读。后辞官，入陕西巡抚毕沅幕，著有《毛诗地理疏证》《三经三史答问》等。章学诚在信中云：

> 别来惘惘，几两年矣。江湖浪迹，与京、洛风尘，意境不殊，每于物变时移，多一低徊惝恍尔。……皖江，足下旧游地也，风土人情，故自不恶。第武陵一穴，久为捷足争趋。邵与桐、庄似撰诸君，相守终年，竟无所遇，文章憎命，良可慨也。锁院校文，生计转促，以此悒悒，思为归计。正恐归转无家，足下能为我谋一官书旧生业否？……
>
> 日月倏忽，得过日多，检点前后，识力颇进，而记诵益衰，思敛精神，为校雠之学，上探班、刘，溯源《官礼》；下该《雕龙》《史通》，甄别名实，品藻流别，为《文史通义》一书。草创未多，颇用自赏，曾录内篇三首，似慕堂光禄，乞就观之，暇更当录寄也。

从这封信可知，他在近两年已经撰写《文史通义》多篇，并且已有“内篇三首”请曹学闵审阅。

与戴震辩论修志

乾隆三十八年（1773）夏天，章学诚第三次到宁波道署拜访冯廷丞，结果遇见了戴震。当时戴震年近50岁，主讲于浙东金华书院。冯廷丞以及冯邵、冯秋山等幕僚对这位学界权威奉若神明，毕恭毕敬地聆听其教诲，戴震也以一代宗师自居。

有人向戴震请教班固与司马迁的异同优劣，戴震搬出南宋史学家郑樵来讥讽班氏的言论，作为自己的创见。在戴震眼里，章学诚只不过是一位默默无闻的年轻后辈，谈论史学时，就盛气凌人地予以训导。而在章学诚看来，戴震简直不懂史学，对其言论难以苟同。又有人请教古文辞的学习之道，戴震夸口说："古文可以无学而能，余生平不解为古文辞，后忽欲为之而不知其道，乃取古人之文反复思之，忘寝食者数日。一夕忽有所悟，翌日取所欲为文者，振笔而书，不假思索而成，其文即远出《左》《国》《史》《汉》之上。"[①]虽然冯廷丞等人对戴震敬信有素，但闻听他"无学而能使文远出《左》《国》《史》《汉》之上"，总觉得有些难以置信。章学诚自认为生性驽钝，一向在古文辞方面下苦功，听戴震如此经验之谈，觉得他矫情虚荣，颇有自欺欺人的味道。

戴震刚刚修成《汾州府志》，见到章学诚的《和州志例》，很不以为然，说："夫志以考地理，但悉心于地理沿革，则志事已竟。侈言文献，岂所谓急务哉？"章学诚不甘示弱，当即进行反驳，认为："方志如古国史，本非地理专门，如云'但重沿革，而文献非其所急'，则但作沿革考一篇足矣，何为集众启馆，敛费以数千金，卑辞厚币，邀君远赴，旷日持久，成书且累函哉？且古今沿革，非我臆测所能为也。考沿革者，取资载籍，载籍具在，人人得而考之。虽我今日有失，后人犹得而更正也。若夫一方文献，及时不与搜罗，编次不得其法，去取或失其宜，则他日将有放失难稽，湮没无闻者矣。"[②]

戴震听了，转而环顾他人，说道："沿革苟误，是通部之书皆误矣。名为此府若州之志，实非此府若州也，而可乎？"

章学诚答道："所谓沿革误而通部之书皆误者，亦止能误入载籍可稽之古事尔。古事误入，亦可凭古书而正之，事与沿革等耳。至若三数百年之内，遗文逸献之散见旁出，与夫口耳流传，未能必后人之不湮没者；以及兴举利弊，切于一方实用者，则皆核实可稽，断无误于沿革之失考，而不切合于此府若州者也。"

---

① 《文史通义新编新注》内篇二《书〈朱陆〉篇后》，第133页。

② 《文史通义新编新注》外篇四《记与戴东原论修志》，第884页。

冯廷丞问道："方志统合古今，乃为完书，岂仅为三数百年以内设邪？"章学诚解释说："方志之修，远者不过百年，近者不过三数十年。今远期于三数百年，以其事虽递修，而义同创造，特宽为之计尔。若果前志可取，正不必尽方志而皆计及于三数百年也。夫修志者，非示观美，将求其实用也。时殊势异，旧志不能兼该，是以远或百年，近或三数十年，须更修也。若云但考沿革而他非所重，则沿革明显，毋庸考订之州县，可无庸修志矣。"冯廷丞听他说得很有道理，恍然大悟，点头称是。戴震很不高兴，当场拂袖而去。

第二天，戴震拿了自己编的《汾州府志》给章学诚看，说："余于沿革之外，非无别裁卓见也。旧志人物门类，乃有名僧，余欲删之，而所载实事，卓卓如彼，又不可去。然僧岂可以为人？他志编次人物之中，无识甚矣。余思名僧必居古寺，古寺当归古迹，故取名僧事实，归之古迹，庸史不解此创例也。"章学诚见他竟然有"不将名僧列之人类，名僧事实入于古迹"的"创举"，就提出质疑："古迹非志所重，当附见于舆地之图，不当自为专门。古迹而立专门，乃统志类纂名目，陋儒袭之，入于方志，非通裁也。如云僧不可以为人，则彼血肉之躯，非木非石，毕竟是何物邪？……削僧事而不载，不过俚儒之见耳。……无其识而强作解事，固不如庸俗之犹免于怪妄也。"[①]两人话不投机，不欢而散。

戴震认为修志只需详载地理沿革，不必"侈言文献"，只要沿革考订清楚，修志任务也就算完成了。此种观点，与方志的性质和修志目的显然不相符合。方志在长期发展过程中，已经形成了独特的功能与要求，那就是：存史、资治、教化。按照戴震的主张进行修志，自然达不到这种要求。故章学诚当面予以反驳，提出编修方志应当注意地方文献的搜集、整理与记载，因为方志如同古代诸侯国史，内容必须反映本地的历史和现实，特别是后者，否则何必兴师动众，耗费人力、物力与财力？只是考地理之沿革，一两个人就足以完成，这种志书的价值何在？无论在当时还是今天来看，章学诚的主张都更胜一筹。他们争论的焦点，看来不过是方志的性质与内容，但实质上反映了他们各自的治学方法

① 《文史通义新编新注》外篇四《记与戴东原论修志》，第885—886页。

和学术宗旨。实施戴震主张，其结果就是将当时考据学家那种专务考索、轻视当代文献、埋头书本、不问现实的不良学风带到修志领域。方志资料如果都来自古籍，内容自然“厚古薄今”，不能反映当下社会情况。章学诚本着“经世致用”的观点，认为一方之志，要“切于一方之实用”，既要为当政者起借鉴作用，又要对社会风俗人心起到教育作用，当然也必须为国史编修提供资料。

戴震长于考据，对写史修志并不是很内行，只强调地理沿革，不重视地方文献。从争论的内容和观点来看，章学诚显然优于戴震。面对名震天下的学术权威，章学诚没有半点奉承恭维之态，反复与其辩驳较量，充分体现了他执着追求学术真理的品格。

章学诚由宁波返回和州，途经杭州，听说戴震与吴颖芳谈话间，痛诋南宋史家郑樵的《通志》。吴颖芳（1702—1781），字西林，号树虚，浙江仁和人。博览群书，著有《吹豳录》《说文理董》《音韵讨论》《文字源流》《临江乡人诗集》等。

他们两人诋毁郑樵的谈话，在学术界引起不小的震动。章学诚见这样一位很有创见的史家，遭到考据学家们的百般指责，感到愤愤不平，便撰《申郑》予以反驳。据华东师范大学图书馆藏庐江何氏抄本《章实斋文史通义》，该篇又题为《书友人拟续通志昆虫草木略叙后》。这篇文章上溯司马迁、班固，下辨《文献通考》，肯定郑樵“发凡起例，绝识旷论，所以斟酌群言，为史学要删”。他驳斥有些学者少见多怪，“而徒摘其援据之疏略，裁剪之未定者，纷纷攻击，势若不共戴天”。他还告诉人们，“郑君区区一身，僻处寒陋，独犯马、班以来所不敢为者而为之，立论高远，实不副名”。①可见，评价他人时只有设身处地，方能得出中肯的结论。

编修《和州志》

在和州修志时，章学诚见各部正史列传人名错杂，不便于检索，于是令人

① 《文史通义新编新注》内篇四《申郑》，第249—250页。

将《明史》列传人名依韵编为一卷，各篇人名重复互见者，注于其下。他原来还想编一部全史人名录，但因为需耗费的精力过大，只得作罢。

乾隆三十八年（1773）九月，朱筠试士安庆，为弟子徐瀚所误，因某生员欠考捐贡事，被降三级。乾隆以其学问尚优，由二等侍读学士降为编修，调四库馆供职，并总办《日下旧闻考》纂修事。继任安徽学政为秦潮（1743—1798），字步皋，号端崖，进士，历任翰林院庶吉士、乡试正考官等，工诗文。

乾隆三十九年（1774），章学诚撰成《和州志》四十二篇。这是他第一次用自己的方志理论进行实践，全书纪、表、图、书、传一应俱全，如皇言纪、官师表、选举表、氏族表、舆地图、田赋书、艺文书、政略、列传（人物、阙访、前志）等。其中，政略亦属列传，胡适《章实斋先生年谱》将它作为一种体裁，实为误解。政略记载地方官的政绩，其性质就是“名宦传”。他还采录州中文辞典雅的文献，辑成《和州文征》八卷，计有奏议两卷，征述三卷，论著一卷，诗赋两卷。

章学诚将志稿进呈秦潮，秦潮看后却很不满意，认为和州辖含山县，而志仅详州而略县。诸如此类，意见多不合，章学诚往复辩解也无济于事，志事遂中废。三月，章学诚只好将志稿删存为二十篇，名曰《志隅》，今存于《章氏遗书》外编。《和州志》原书全貌今已不可得见，所幸有不少内容因他书转载而得以保存了下来。有学者发现，《历阳典录·补编》就转录了章学诚《和州志》的若干残篇，并指出：

> 《历阳典录》初修于乾隆五十六年（1791），刻于嘉庆二十三年（1818）。道光九年（1829），陈廷桂又取10年来续录者刻为《补编》六卷，附诸前录之末，并于同治六年（1867）重刊行世。北京图书馆、中国科学院图书馆和哈佛燕京图书馆等均藏有同治六年刊本。按同治六年所刊《历阳典录·补编》，其所引录的章学诚《和州志》佚文可分为两类：一类系收录他人的著述，另一类则系章学诚本人的撰作。
>
> 前者包括：“明汪四论”所著《焦（竑）先生祠记》（见《历阳典录补》卷二《古迹二》），“明太祖”所撰《封和州城隍灵护王制》（《历阳典录

补》卷二《古迹三》)，和“本朝徐来”所作《湖村遣兴》诗（《历阳典录补》卷六《艺文十》)。

后者包括：章学诚所撰和州沿革，从“《夏书》曰”至“成祖永乐元年以京师为南京，和州直隶如故”止（《历阳典录补》卷一《沿革》)；以及章学诚所撰《罗春玉传》(《历阳典录补》卷三《人物三》)、《马如蛟传》、《成性传》、《吴渠传》、《陈万谟传》、《叶肇梓传》、《陈志传》、《林谦传》、《叶长川传》、《孟恩谊传》、《巫慧传》、《张基尉传》、《王铊传》、《沈恒传》(《历阳典录补》卷三《人物四》)，以及《马如蛟妻传》、《徐贞女传》、《张氏传》、《倪贞女传》、《贞女汤世璞传》、《张贞女传》、《庆氏张世玉传》、《戴氏张经妻传》、《黄氏严敬妻传》、《王氏罗易简妻传》、《安氏汤嗣孟妻传》、《水氏张弧妻传》、《罗氏鞠廷薰妻传》、《吴氏张进妻传》、《张氏（农家女）传》(《历阳典录补》卷四《人物五》)。

上述同治六年刊《历阳典录·补编》所引章学诚《和州志》残篇共计三十三篇，一万余字。每篇篇末均注明引自“章学诚《和州志》”。除《成性传》外，其所引均为刘承干本《章氏遗书》、高志彬本《章氏遗书》和史城本《章学诚遗书》所未收。①

章学诚在《〈和州志·志隅〉自叙》中说：“志者，史之一隅，州志又志之一隅也。……郑樵有史识而未有史学，曾巩具史学而不具史法，刘知几得史法而不得史意，此予《文史通义》所为作也。《通义》示人，而人犹信疑参之。盖空言不及征诸实事也。《志隅》二十篇，略示推行之一端。能反其隅，《通义》非迂言可也。”这是在说，《和州志》完全是根据他自己的史学理论编纂的，《和州志》的体例、内容和编纂方法都体现了他的史学理论。

现今残留的《和州志》二十篇，若是单从记载和州地方资料的角度来说，确实无多大价值，但若从方志编修理论的角度来研究，则《和州志》不仅体现了章学诚的方志理论，而且反映了他丰富的史学思想。

① 周生春、胡倩：《〈章学诚遗书〉佚文补录》，《浙江社会科学》2005年第1期。

章学诚在《〈和州志·舆地图〉序例》中，详细论述了图谱之学的发展演变及其在史书和方志中的地位与价值，指出“图象为无言之史，谱牒为无文之书，相辅而行，虽欲缺一而不可者也”①。他认为图表的作用不可忽视，无论是在编修方志还是撰修国史中图表都不可缺少。

在《〈和州志·艺文书〉序例》中，他详细论述了艺文志的源流、发展及其作用。他认为作艺文志，在于“辨章学术，考镜源流”。可是当时方志的艺文志，一般仅是选载诗文，故他认为“州县志乘艺文之篇，不可不熟议也”，不是随便搜集一些诗文，便可称为艺文志。“典籍文章，为学术源流所自出，治功业绪之所流传，不于州县志书为之部次条别，治其要删，其何以使一方文献无所缺失耶?”这就足以说明，他对方志中艺文志作用的评价很高。

更为可贵的是，章学诚还另外编选了《文征》，这在方志史上是前无古人的。他看到当时很多方志，“或胥吏案牍，芜秽失裁；或景物题咏，浮华无实”，实际上“似志非志”，不伦不类。于是他创立了“文征”，这样，作为主体的志书就显得简明，“词尚体要”，“有典有法，可诵可识”。这部志书另立《文征》，正是他为实践方志分立三书而迈出的第一步。

《和州志》的每种体裁或每一组成部分，都必冠以序言或小序，叙述其历史演变及学术价值，这是此前方志所不多见的。特别是章学诚又将方志视为史书，因此每一部分都从史学角度进行论述。如《文征》之前，有一篇序言，论述该志书另立《文征》的意义、依据和要求，而在每个组成部分之前又有小序。如《征述》一门小序曰：“《征述》者，记传序述志状碑铭诸体也。其文与列传、图、书互为详略。盖史学散而书不专家，文人别集之中，应酬存录之作，亦往往有记传诸体，可裨史事者。萧统选文之时，尚未有此也。后代文集中兼史体，修史传者，往往从而取之，则《征述》之文，要为不易者矣。”其设置之目的和意义，一目了然。

方志编修延续1000多年，从来没有人为以往的修志者立传，因此，章学诚在《和州志》中，特地创立了《前志列传》。在这个列传之前，他写了一篇长

---

①《文史通义新编新注》外篇四《〈和州志·舆地图〉序例》，第905页。

序，论述纪传体史书应当立“史官传”，而每部方志则应立“前志列传”。有了前志列传，人们便可以得知某地方志的编纂源流，以及每部志书的利弊得失，既可吸取前人修志的经验教训，又可以做到对前人成果的尊重。不过，章学诚认为，州县志书要作好此传，“有难叙者三，有不可不叙者三，载笔之士，不可不熟察此论也”。章学诚在《〈和州志·前志列传〉序例下》中，对此有详尽的论述。他说：

州县志书，论次前人撰述，特编列传，盖创例也。举此而推之四方，使《春秋》经世，史氏家法，灿然大明于天下，则外志既治，书有统会，而国史要删可以抵掌言也。虽然，有难叙者三，有不可不叙者三，载笔之士，不可不熟察此论也。

何谓难叙者三？

一曰书无家法，文不足观，易于散落也。……外志规矩荡然，体裁无准，摘比似类书，注记如簿册，质言似胥吏，文语若尺牍，观者茫然，莫能知其宗旨。文学之士，鄙弃不观，新编告成，旧志遽没；比如寒暑之易冠衣，传舍之留过客，欲求存录，不亦难乎！

二曰纂修诸家，行业不详，难于立传也。……州县志书，不过一时游宦之士，偶尔过从，启局杀青，不逾岁月；讨论商榷，不出州闾。其人或有潜德莫征，懿修未显；所游不知其常，所习不知其业，等于萍踪之聚，鸿爪之留。即欲效文苑之联编，仿儒林之列传，何可得耶？

三曰题序芜滥，体要久亡，难征录例也。……州县修志，尤以多序为荣，隶草夸书，风云竞体；棠阴花满，先为循吏颂辞；水激山峨，又作人文通赞。千书一律，观者索然，移之甲乙可也，畀之丙丁可也。尚得采其旧志序言，录其前书凡例，作列传之取材，为一书之条贯耶？凡此三者，所为难叙者也。

何谓不可不叙者三？

一曰前志不当，后志改之，宜存互证也。……穷经之业，后或胜前，岂作志之才，一成不易耶？然后人裁定新编，未必遽存故录，苟前志失叙，何由知更定之苦心，识辨裁之至当？是则论次前录，非特为旧志存其姓氏，亦可为新志明其别裁耳。

二曰前志有征，后志误改，当备采择也。……史家积习，喜改旧文。……不存当日原文，则三更其手，非特亥豕传讹，将恐虫鱼易体矣。

三曰志当递续，不当迭改，宜衷凡例也。……区区州县志乘，既无别识心裁，便当述而不作。乃近人载笔，务欲炫长，未窥龙门之藩，先习狙公之术，移三易四，辗转相因，所谓自扰也。夫三十年为一世，可以补辑遗文，搜罗掌故；更三十年而往，遗待后贤，使甲编乙录，新新相承，略如班之续马，范之继班，不亦善乎？……乃竟粗更凡目，全录旧文，得鱼忘筌，有同剽窃，如之何其可也？

凡此六点，真可谓经验之谈。其中许多意见，今人修志亦当认真借鉴思考。如："新编告成，旧志遽没"问题；一志多序，使序文成为"千篇一律"的装饰品现象；"喜改旧文"，使前志原文无征问题；"粗更凡目，全录旧文"，"有同剽窃"现象；等等。这些现象和问题，在今天修志工作中，亦常有所见，不能不引起重视。编纂新志，势必要参考旧志，以便汲取其长处，弥补其不足，做到继承基础上的创新。可是以上这些情况的出现，却令人失望，使得修志工作的根本无法做到继承与创新。章学诚提出在新志中设立前志列传，以妥善处理继承与创新的关系，既不埋没前人之功绩，又可体现出新志的创新和别裁，这的确是一个了不起的创见。由此也可以看出，章学诚正是在修志实践中，不断发现问题，研究解决办法，总结经验教训，然后把它提炼为具有普遍意义的理论的。

《志隅》二十篇，不仅是研究章学诚方志理论的重要著作，也是探讨他的史学思想不可多得的资料。《〈和州志·艺文书〉序例》也可看作后来《校雠通义》的初稿，代表章学诚初次形成了系统的目录学思想，还可以从这一年到乾隆四十四年（1779）写成《校雠通义》的六年中看出他目录学思想的发展变化。

章学诚在和州编方志时，知州的刑名师爷金友莲是绍兴府山阴人，两人朝夕相见论文。秋天，两人结伴乘船同返浙江参加乡试。一路上，泛姑溪，渡高淳巨浸，晓浮莺脰湖，月夜过江苏虎丘，经嘉兴、吴兴到杭州。乡试发榜，章学诚下第，过会稽，抵宁波，在冯廷丞道署过冬。

第五章　挟策谋生

章学诚在京城两年，始终找不到谋生之业，生计极其艰难，唯有师友交游之乐能暂解生活忧苦。在戴震去世后，章学诚出于学术公心，对其作了中肯的评价。这期间，他乡试、会试连捷，却因不合时好，放弃仕途，也无缘四库馆修书。章学诚后来又到永清谋职，编成《永清县志》。

困居北京

乾隆四十年（1775）春天，冯廷丞迁台湾道，一时宾客云散。章学诚有意北上，顺道到山阴馥泉山蒋五式的山庄盘桓数日。清代绍兴府八县盛产师爷，尤其以会稽、山阴两县为多，素有“无绍不成衙”之称。蒋五式就是一位刑名师爷，天性孝友，为人真诚，常以幕中所入急人之难。乾隆三十八年夏，他们相识于宁绍台道署，同乡加同是天涯游幕人，故有相知之感。蒋五式叙述先世敦睦家风，并拿出父亲与季父行略，请章学诚作家传，几年后，章学诚作有《蒋河南先生家传》。

章学诚回到绍兴，正赶上宗族人春社，便与族人共同祭祀土神，热闹了一番。五月，他校编了《章格庵遗书》，并作了序。

秋天，章学诚在江浙一带谋生艰难，只得回到北京。这时，随着交游的日渐增广，所需开销不断增加，他的家境亦愈加贫寒，举家迁至金鱼池陋巷。他说，“乾隆四十年乙未，余自江浙倦游，复返京师，亲老家益贫，挟册谋生，未有长计”，“自乙未入都，交游稍广，余僻处穷巷，门不能迎长者车，四方怀才负异之士，多见于故学士大兴朱先生筠家”[1]。

章学诚生活穷愁困苦，但与友朋的交游乐趣使他暂时忘却了严酷的现实。除了邵晋涵、任大椿、侍朝、裴振、洪亮吉等老朋友外，又新结识了胡士震、沈棠臣、陈以纲、乐毓秀、张羲年、周永年等人。每逢闲暇之时，大家欢聚一堂，切磋谈笑，倒也不亦乐乎。

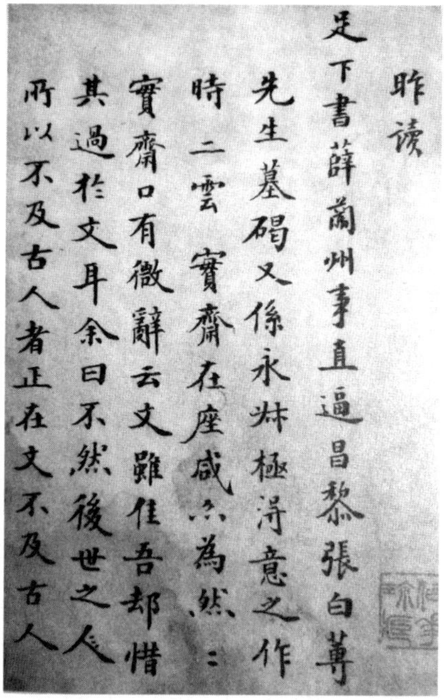
昨讀
足下書薛蘭州事直逼昌黎張白蕣
先生墓碣又係永叔極得意之作
時二雲實齋在座咸亦為然然
實齋口有微辭云文雖佳吾却惜
其過於文耳余曰不然後世之人
所以不及古人者正在文不及古人

图5-1　任大椿致史蔺生书札

任大椿性孝友，家境贫寒而好学，原任礼部主事，为有时间研究学术，竟主动请求担任清闲而不重要的职位。这年，他已被征为四库馆纂修，借此机会，博览群书，考订著述。章学诚前去拜访，见任大椿卧病在床，仍忙于编辑《字林》，桌案文稿狼藉。

章学诚撰《文史通义》之《言公》篇，自注云：“李陵答苏武书，人疑伪作，非也。当是南北分疆，有南人羁北，事类李陵，不忍明言，拟此书以见志耳。”任大椿对此一再首肯，说：“今人皆重考订，而泥行墨，必斥君无稽也。”当时章学诚的《文史通义》为世所诋，而任大椿能不拘于名物，对其做法表示赞同，所以两人颇有共同语言。

任大椿在致友人史蔺生的信中写道：

昨读足下《书薛兰州事》，直逼昌黎；《张白莼先生墓碣》，又系永叔极得意之作。时二云、实斋在座，咸亦为然。然实斋口有微辞，云：“文虽佳，吾却惜其过于文耳。”余曰：“不然！后世之所以不及古人者，正在文

① 《章氏遗书》卷一九《庚辛之间亡友传》。

不及古人。”先圣云：“言之不文，行之不远。”实斋之言误矣！实斋见解甚高，笔下正坐欠文耳。[①]

史蔺生，生卒年不详，名兆兰，字苍言，蔺生似号，顺天宛平人，朱筠弟朱珪表侄，监生，曾官盐课大使，与朱筠门下众学者交往密切。朱锡庚在其所抄本章学诚《和州志》有跋语云：“乾隆五十五年，岁次庚戌春三月十有四日，大兴朱锡庚阅校一通。此本从同县史苍言借得，命工抄录，已三年于兹矣，置之未暇校正。”章学诚在《改订史苍言所撰会稽陈君墓碣并铭》中说：“宛平史盐场乐善好学，工古文辞。”

对于撰写人物传记，章学诚注重内容，反对刻意雕琢词藻，他指出：“古人何尝不治文乎？所恶于学文者，谓其但知捶章炼句，形貌以求古人，识者所不取耳。”[②]任大椿致史蔺生的这封信提供了章学诚与友朋切磋学问的生动情形，可知章氏识见甚高，持论独特。

侍朝时任四库总校，章学诚因其馆舍聚书多而经常造访，并与其馆客相熟。

胡士震，生卒年不详，字东表，号竹岩，元和人。乾隆二十七年（1762）举人，考授翰林待诏。侍朝延请了20余人校书，由胡士震总理全局。章学诚找不到谋生之处，侍朝为之筹划数周，胡士震也时为出谋划策。

沈棠臣，生卒年不详，浙江归安人，优贡生，候选训导而未任。长于小学，虚心好学。侍朝聘其校书，而沈棠臣也借此扩充闻见。章学诚在侍朝家中，认识了年逾古稀的沈棠臣，两人相得尤深。章学诚常冬夜到侍朝家拜访，与众人聚首畅谈，淋漓恣肆，极一时之兴会。

陈以纲（1732—1781），字立三，又字竹厂，浙江海宁人。绩学工文，名闻江浙。曾授经于山东曲阜孔氏，著《战国策编年》《大戴礼注》《武成日月表》等。当时陈以纲授馆于庄通敏家，与侍朝家相去不远，故时相走动。乾隆四十三年（1778）夏，章学诚推荐他馆于永清县令周震荣，教其二子读书。

---

① 陈烈主编：《小莽苍苍斋藏清代学者书札》，人民文学出版社2013年版，第225—226页。

② 《文史通义新编新注》外篇三《与朱少白论文》，第769页。

裴振（1746—1795），本年中进士，后教授奉天，迁蒙城知县，擢亳州知州，乾隆五十五年（1790）免官，五十八年为官沈阳。乾隆三十五年，章学诚侨家京城柳树井冯廷丞旧居，与裴振家衡宇相望，往来密切。此番重逢，两人常冬夜围炉，品酒论文，至深夜方罢。

乐毓秀，生卒年不详，山西人，顺天府生员，屡试不遇，因弃举业，肆力诗古文辞以自娱。他卜居柳树井裴振家，与章学诚居处仅两百步远。裴振曾以章学诚之文示乐毓秀，乐毓秀煮酒邀请章学诚过访论文。乐毓秀之子乐武，以诸生从裴振学举子业，章学诚也与他结交。

程瑶田（1725—1814），字易畴，号茸荷，安徽歙县人。乾隆三十五年（1770）举人，选嘉定教谕，嘉庆元年（1796）举孝廉。阮元任浙江巡抚，聘其修《杭州府学乐器考》。后因仕途不顺，返故里，闭门著书。早年与戴震、金榜同为江永的学生，精名物礼制及天文历算。著述甚丰，有《通艺录》《禹贡三江考》《宗法小记》《沟洫疆理小记》《琴音记》等。乾隆四十三年，章学诚推荐顾九苞至编修何思钧家为塾师，在何府与程瑶田相识，探讨学问，互出著述，共相叹赏。

张羲年（1737—1778），字淳初，号潜亭，浙江余姚人。乾隆三十年（1765）拔贡生，官於潜训导，俸满保举以知县用，请留四库馆效力，赐国子监助教衔，充四库馆纂修官。工文好学，乾隆四十二年中顺天乡试举人，次年下第，特赐一体殿试，届期疾作，寻卒。章学诚认识张羲年于邵晋涵家，称其能急人所难，待友忠诚。两人常在陈以纲馆舍见面，商榷论文。

章学诚认识邵晋涵之初，就想结识他的朋友周永年，乾隆四十年（1775）在京，通过邵晋涵介绍，终于在藉书园相识。

周永年（1730—1791），字书昌，号林汲山人，山东历城人。乾隆三十六年（1771）进士，授翰林院庶吉士，散馆授编修。在四库馆编辑兵、农、历算诸类书，又从《永乐大典》中，辑宋元遗书十余种。乾隆四十四年任贵州乡试典试官。周永年数十年竭尽全力藏书，聚书十万卷，以“藉书”名其园，供人阅览传抄。博学贯通，精通礼制，不喜著书，淡泊名利。

周永年知道章学诚擅长辨章学术、考镜源流之学，就请他为藉书园藏书目录作序。章学诚欣然从命，作《〈藉书园书目〉叙》。在序中，他称赞周永年聚书意在流通的良苦用心，讲道，“周君尝患学之不明，由于书之不备；书之不备，由于聚之无方，故竭数十年博采旁搜之力，弃产营书，久而始萃”，“而使学者于以习其业，传抄者于以流通其书”。此外，他还讲了当时学术界存在的流弊，指出：“群书既萃，学者能自得师，尚矣；扩四部而通之，更为部次条别，申明家学，使求其书者可即类以明学，由流而溯源，庶几通于大道之要，而有以刊落夫无实之文词，泛滥之记诵，则学术当而风俗成矣。斯则周君之有志而未逮，读其书者不可不知其义也。”[①]章学诚在京城，与邵晋涵、周永年往来密切，“困踬少欢，过二君辄忘忧苦，能作竟日谈宴”[②]。

冬初，去河北涿州看望族兄垣业的次女，仲冬再往，则从女因所嫁非人，已经抑郁病卒。后来，章学诚专门作了《章氏二女小传》，对她的不幸遭遇，深表同情。此年冬，为《刘忠介公年谱》作序。

章学诚在京城，始终困扰他的一个问题就是谋职。他的要求并不高，有一个可以养家糊口的较为稳定的职业就很满足了。这时他的学术思想渐趋成熟，文笔亦纵横自如，可惜家庭负担重，使他无法安心从事心爱的文史校雠之业。早在太平使院，他就四处拜托友人帮忙谋职，然而，结果多不尽如人意。后来朱筠失官左迁，对章学诚而言亦不啻为重大打击。

朱筠弟子李威此年与章学诚相识，后曾作《从游记》，其中讲道：“及门章学诚议论如泉涌，先生乐与之语。学诚姗笑无弟子礼，见者愕然，先生反为之破颜，不以为意。”[③]章学诚性格比较开朗，生活上不拘小节，又喜发议论，即使在朱筠面前也是如此。朱筠对于这样一位不尊师重道的弟子，不仅毫无责怪之意，反而破颜为笑，师生关系的亲密无间可见一斑。朱筠不仅是他的人生导师，同时也可以说是他的衣食父母，一直对他照顾有加，朱筠的失官，使他生活更无着落。乾隆四十一年（1776），章学诚援例授国子监典籍。国子监典籍只是从九品的文职京官，相当于国子监图书管理员的差事，俸禄微薄，当然不可

① 《文史通义新编新注》外篇二《〈藉书园书目〉叙》，第514页。

② 《章氏遗书》卷一八《周书昌别传》。

③ 〔清〕李威：《从游记》，载朱筠：《笥河文集》卷首。

能养活他的一家。

这年秋，章学诚打算到畿辅拜访蠡县县令梁梦善、曲阳县令周震荣，请他们帮忙谋职。朱筠因弟子张方理家在清苑，熟悉畿辅情况，就嘱咐他为章学诚筹划。章学诚的另一位老师朱棻元，也给周震荣写信推荐他。

张方理，生卒不详，浙江山阴人，乾隆三十六年（1771）举人，后中进士，历仕山东、湖北，皆有政声，改官甘肃。

梁梦善是章学诚故交，生卒年不详，字兼士，浙江钱塘人，是已故东阁大学士梁诗正之弟。乾隆十八年（1753）举人，官至蠡县知县。梁梦善在县署热情接待章学诚，并为他准备了去曲阳的行装。

周震荣（1730—1792），字青在，号筤谷，浙江嘉善人。乾隆十七年（1752）举人，授江南青阳知县，移合肥。乾隆四十一年迁永清知县，后任永定河南岸同知。为官精干廉洁，热情豪爽，好读书、藏书，喜结交文人学士。官永清时，学者盈门，往复讨论，县衙有如名山讲社。著有《周礼萃说》《两汉三国姓名记》。

周震荣当时以清苑县丞身份，署曲阳县令。章学诚说明来意，并呈上自己的文章。周震荣正在宴请宾客，匆匆接待，无暇省文。他的幕友徐芗坡在旁，取章学诚之文一再翻阅，觉得很有见地，于是大力向周震荣推荐。周震荣从此开始赏识章学诚，结为深交。

徐芗坡（1738—1779），字泽农，松江人。乾隆三十年（1765）拔贡生，久客京师，屡试不中，抑郁而终。

周震荣旋调任永清知县，后来章学诚屡馆畿辅，至于携家自随，其间悲欢离合，并遭遇疾患与家人死丧，周震荣和他休戚与共达12年之久。周震荣借阅章学诚《和州志》志稿，不慎遗失，其中一些佳传遂不可复得。

乾隆四十二年（1777）春，由于周震荣的推荐，章学诚主讲于定州之定武书院。开讲之初，章学诚订立《教诸生识字训约》，教导学生要“通经服古”，“文字之学，当以《说文》为主”，“音韵之书，《广韵》最为近古”，“训诂之学，当以《尔雅》为宗”。[1]他教授诸生与秀童，教学成效显著。五月，周震荣又延请他去主修《永清县志》，这样，章学诚教了几个月书，就离开了书院，在十月下旬，写有《与定武书院诸及门书》。

这年秋天，章学诚又一次入京应顺天乡试。幸运的是，这次的主考官是梁国治。

梁国治（1723—1787），字阶平，号瑶峰，又号丰山，浙江会稽人，乾隆十三年（1748）状元，历任国子监司业、都察院左副都御史、安徽学政、吏部左侍郎、山西冀宁道、湖南按察使、江宁布政使、湖北巡抚、湖广总督、户部尚书、东阁大学士等，卒赠太子太保，谥“文定”。梁国治为官多有建树，博学多闻，著有《敬思堂文集》，人称“读书宰相”。

与以前的那些迂腐考官大为不同的是，梁国治平生最厌恶经生墨守经义，将书束之高阁并高谈阔论的行为。他发策博问条贯，杂以史事，以观其抱负。有如此主考官，亦算是章学诚之大幸。榜发，章学诚中举。谒见时，梁国治对他说：“余闱中得子文，深契于心。启弥封，知出吾乡，讶素不知子名，询乡官同考者，皆云不知。闻子久客京师，乃能韬晦如是！”[2]可见，他对这位同乡后辈甚为赏识。

章学诚从23岁第一次应乡试直至40岁中举，前后共18年，经历七次考试。这七次乡试分别是乾隆二十五年、二十七年、三十年、三十三年、三十五年（恩科）、三十九年、四十二年。乾隆三十六年乡试，因在随朱筠去安徽的途中而未参加，前后二中副榜、一荐、一备、二落，终于如愿以偿。

章学诚几年前认识的朋友洪亮吉，此时也在北京。洪亮吉（1746—1809），字君直，一字稚存，号北江，晚号更生居士，江苏阳湖人。洪亮吉幼孤家贫，由其母督学成才，尝入朱筠幕。乾隆年间中进士，授编修，旋官贵州学政。嘉庆初年充咸安宫总裁，寻入值上书房。因上书直陈朝政得失，被遣戍伊犁，旋特旨释回。既归，因自号更生居士，专意著述。于学无所不窥，精通经学，长

---

① 《文史通义新编新注》外篇二《定武书院教诸生识字训约》，第630—631页。

② 《章氏遗书》卷二一《〈梁文定公年谱〉书后》。

于诗，尤精舆地之学。著有《春秋左传诂》《公羊谷梁古义》《汉魏音》《补三国疆域志》《东晋疆域志》《十六国疆域志》，纂有《乾隆府厅州县图志》，其余诗文集有《晓读书斋杂录》《通经表》《伊犁日记》《天山客话》《北江诗话》《更生斋诗文甲乙集》等。

图5-2　洪亮吉画像
（据《清代学者象传》）

洪亮吉的《北江诗话》中有一首赠章学诚诗，大约作于此年，诗云：

自君居京华，令我懒作文。
我前喜放笔，大致固不淳。
君时陈六艺，为我斧与斤。
不善辄消除，善者为我存。
仪征有汪中，此事亦绝伦。
藐视六合间，高论无一人。
前者数百言，并致洪与孙。
勖其肆才力，无徒嗜梁陈。
我时感生言，一一以质君。
君托左耳聋，高语亦不闻。
（君与汪论最不合）
君于文体严，汪于文体真。
笔力或不如，识趣固各臻。
别君居三年，作文无百幅。
以此厚怨君，君闻当瞪目。①

洪亮吉时常感念章学诚在学识上对他的启发帮助，但对于他那种乖戾的文

① 〔清〕洪亮吉：《卷施阁诗》卷八《有入都者偶占五篇寄友》，乾隆六十年刻本。

人脾气，又无可奈何。由于章学诚在学识观点上与汪中最为不合，曾不遗余力地对其抨击一番，所以当洪亮吉要与他谈论汪中时，章学诚便以自己左耳甚聋，拒绝交谈。章学诚生性耿直好辩，有时不免意气用事。

评价戴震

乾隆四十二年（1777）五月二十七日，戴震在北京去世。戴震在当时被推为学界第一人，一代巨擘陨落，让章学诚深感惋惜。章学诚29岁时在京城，曾到休宁馆舍拜访戴震，这是他们第一次见面；36岁时又在宁波道署相遇，还就修志问题进行过辩论。戴震生前早已是公认的朴学大师，而章学诚当时还是无名小辈，给戴震留下的印象似乎并不深，戴震留传下来的文章中，几乎不曾涉及章学诚。所以，戴震对章学诚的人品学识评价如何，今天已不得而知。章学诚则自称是“真知戴氏”第一人，现存章学诚著作中论及戴震的文字很多。戴震的学问一直为他所赏识，并且对他早年的学业产生过较大的影响。尽管后来因为学术分歧，章学诚多次批评戴震，但他是真正了解戴震学术精义的，并作出了比较中肯的评价。

章学诚对戴震的批评，主要在以下三个方面：

首先，批评戴震夸大考据学的作用。考据是人文社会科学研究的一种必要手段，考据的成果是做学问的基础，但不是学术研究的最终目的，对于它的作用，应当给予恰如其分的评价。章学诚曾精辟地指出，考据是做学问过程中不可缺少的“功力”，但其本身并不是学问。可是戴震在当时不恰当地夸大了它的作用，宣称：“今人读书，尚未识字，辄目训诂之学不足为。其究也，文字之鲜能通，妄谓通其语言；语言之鲜能通，妄谓通其心志；而曰傅合不谬，吾不敢知也。”[①]还举例说：“诵《尧典》数行，至‘乃命羲和’，不知恒星七政所以运行，则掩卷不能卒业；诵《周南》《召南》，自‘关雎’而往，不知古音，徒强以协韵，则龃龉失读；诵古《礼经》，先‘士冠礼’，不知古者宫室、衣服等制，

① 〔清〕戴震：《戴东原集》卷三《尔雅注疏笺补序》，乾隆五十七年刻本。

则迷于其方，莫辨其用；不知古今地名沿革，则《禹贡》《职方》失其处所。”[①]他认为，对六书、训诂不作研究，古代典章制度不搞清楚，就没有读五经的资格。因此，他指责当时读书人不重视考据，不识字，连经书中文字的读音、意义都不懂，还谈什么学术研究。戴震提出了“由字以通其词，由词以通其道”的治学方法，认为学者们只有通过这一考据途径，才能求得学问。章学诚对戴震的这些主张，逐条加以驳斥。他指出：

> 六书小学，古人童蒙所业，原非奇异。世远失传，非专门名家，具兼人之资，竭毕生之力，莫由得其统贯。然犹此纠彼议，不能画一，后进之士，将何所适从乎？或曰：联文而后成辞，属辞而后著义，六书不明，五经不可得而诵也。然则数千年来，诸儒尚无定论，数千年人不得诵五经乎？故生当古学失传之后，六书七音，天性自有所长，则当以专门为业；否则粗通大义而不凿，转可不甚谬乎古人，而五经显指，未尝遂云霾而日食也。[②]

也就是说，六书、七音作为专门学问，可由少数专业人员去研究，一般人只粗通大意，并不会妨碍对五经的诵读和理解。况且，即使那些“专门名家”，“犹此纠彼议，不能画一”。如果说“六书不明，五经不可得而诵”，那么“数千年来，诸儒尚无定论，数千年人不得诵五经乎？”至于古代典章制度，同样属于“专门绝业”，更不能“以此概人”。“必如其所举，始许诵经，则是数端皆出专门绝业，古今寥寥不数人耳，犹复此纠彼讼，未能一定，将遂古今无诵五经之人，岂不诬乎！”[③]寥寥数语，就把戴震危言耸听的言论批驳得淋漓尽致。章学诚还列举历史事实，辛辣地讽刺道：“孟子言井田封建，但云大略；孟献子之友五人，忘者过半；诸侯之礼，则云未学；爵禄之详，则云不可得闻。使孟子生后世，戴氏必谓未能诵五经矣！马、班之史，韩、柳之文，其与于道，犹马、

① 《戴东原集》卷九《与是仲明论学书》。

② 《文史通义新编新注》外篇二《〈说文字原〉课本书后》，第579页。

③ 《文史通义新编新注》外篇三《又与正甫论文》，第807页。

郑之训诂，贾、孔之疏义也。戴氏则谓彼皆艺而非道，此犹资舟楫以入都，而谓陆程非京路也。”[①]章学诚反对戴震片面强调考据的观点，这些批评无论在当时还是现在来看，都是正确的。

其次，批评戴震在学术道德上“心术未醇”。《文史通义》内篇二《书〈朱陆〉篇后》开头就说：“戴君学问，深见古人大体，不愧一代巨儒，而心术未醇，颇为今日学者之患，故余作《朱陆》篇正之。”《朱陆》为“正戴”而作，论述戴学为朱学的正传，而文中隐去其名，故写作时间当在戴震去世以前。章学诚所说的戴氏“心术未醇”，主要是指“其笔金玉而言多粪土”[②]。

他认为戴震某些言论荒诞离奇，生平口谈，“与钦风慕名而未能遽受教者，则多为恍惚无据，玄之又玄，使人无可捉摸，而疑天疑命，终莫能定”。“其于史学义例，古文法度，实无所解，而久游江湖，耻其有所不知，往往强为解事，应人之求，又不安于习故，妄衿独断。”比如“僧僚不可列之人类”与“一夕而悟古文之道，明日信笔而书，便出《左》《国》《史》《汉》之上”[③]这样的论调，“冀耸人听，而不知妄诞至此，则由自欺而至于欺人，心已忍矣”[④]。

章学诚本人一贯讲求言行一致，自谓“生平从无贰言歧说，心之所见，口之所言，笔之所书，千变万化，无不出于一律。著书命世，廷对飏言，科举进身，上书干谒，同志述怀，以至与初学言，答鄙夫问，或庄或谐，或详或略，或浅或深，言有万殊，理无二致。自谓学问之中，即此亦可辨人心术。”他认为戴震“力作狡诡”，“平日言行相违”，“由其笔著之书，证其口腾之说，不啻相为矛盾。既以对甲之言，证之辨乙之语，亦多不似一人”，“直甘为真小人矣！”[⑤]

章学诚对戴震最不满的还是他“忘本”，认为“戴君学术，实自朱子道问学而得之”，“偶有出于朱子所不及者，因而丑贬朱子，至斥以悖谬，诋以妄作，

① 《文史通义新编新注》外篇三《又与正甫论文》，第807—808页。

② 《文史通义新编新注》外篇三《答邵二云书》，第684页。

③ 《文史通义新编新注》外篇三《家书六》，第823页。

④ 《文史通义新编新注》内篇二《书〈朱陆〉篇后》，第133页。

⑤ 《文史通义新编新注》外篇三《与史余村》，第686—687页。

且云：‘自戴氏出，而朱子侥幸为世所宗已五百年，其运亦当渐替’”。戴震竟然企图取朱子而代之，“口谈之谬，乃至此极，害义伤教，岂浅鲜哉！”[①]因此，在章学诚看来，戴氏“心术不正，学者要须慎别择”[②]。嘉庆二年（1797），章学诚还指出：

> 戴君之误，误在诋宋儒之躬行实践，而置己身于功过之外。至于校正宋儒之讹误可也，并一切抹杀，横肆诋诃，至今休、歙之间，少年英俊，不骂程、朱，不得谓之通人，则真罪过，戴氏实为作俑。其实初听其说，似乎高明，而细核之，则直为忘本耳。
>
> 夫空谈性理，孤陋寡闻，一无所知，乃是宋学末流之大弊。然通经服古，由博反约，即是朱子之教。……至国初而顾亭林、黄梨洲、阎百诗皆俎豆相承，甚于汉之经师谱系。戴氏亦从此数公入手，而痛斥朱学，此饮水而忘其源也。[③]

章学诚批评戴震饮水忘源，其实批得不完全对。戴震抨击程朱理学，揭露理学“以理杀人”，比“以法杀人”更残酷，这正是他在思想领域的突出贡献。章学诚在《朱陆》等文章中，确实存在替朱熹辩解之辞，反映了他的封建卫道思想。

第三，批评戴震在地方志编修问题上的观点。他们在宁波道署曾当面进行过针锋相对的论战，事后，章学诚写了一篇《记与戴东原论修志》，记述了当时两人争论的要点。戴震是清代修志界中地理派的代表人物，讲究考索地理沿革，埋头古书，轻视当代文献。章学诚则是文献派的代表人物，认为一方之志，既要对社会起教育作用，又要能为国史编修提供材料，“考古固宜详慎，不得已而势不两全，无宁重文献而轻沿革耳”[④]。就此争论而言，章学诚的主张显然要比

---

① 《文史通义新编新注》内篇二《书〈朱陆〉篇后》，第133页。

② 《文史通义新编新注》外篇三《与史余村》，第686页。

③ 《文史通义新编新注》外篇三《又与朱少白书》，第783页。

④ 《文史通义新编新注》外篇四《记与戴东原论修志》，第884页。

戴震更胜一筹。

在戴震去世十几年后，章学诚还想对其学问作客观公正的评价，并且专门写了申辩文章，但最后还是担心社会舆论的压力太大而不敢示人。他曾对邵晋涵说："惟仆知戴最深，故勘戴隐情亦最微中，其学问心术，实有瑕瑜不容掩者。已别具专篇讨论，箧藏其稿，不敢示人，恐惊曹好曹恶之耳目也。"[①]又在给史余村的信中说："仆自为世道计，别有专篇，辩论深细，此时未可举以示人，恐惊一时之耳目也。"[②]写好文章，不敢公开示人，可见当时对戴震误解的习惯势力有多大。章学诚强调史德并身体力行，追求学术公德，无论是抨击汉学、宋学的弊端，还是对当代学术权威们的褒贬，凭的都是自己的公心。所以，他能做到"爱而知其丑，憎而知其善"，既不向权威折腰，也不会抹杀他们的成就，始终能坚持己见。当时人们对戴震学术仍旧公论未定，众说纷纭，有感于此，章学诚指出：

> 近三四十年，学者风气，浅者勤学而暗于识，深者成家而不通方，皆深痼之病，不可救药者也。有如戴东原氏，非古今无其偶者，而乾隆年间未尝有其学识，是以三四十年中人，皆视以为光怪陆离，而莫能名其为何等学；誉者既非其真，毁者亦失其实，强作解事而中断之者，亦未有以定其是也。[③]

他又在《文史通义》内篇二《书〈朱陆〉篇后》中谈道：

> 戴君下世，今十余年，同时有横肆骂詈者，固不足为戴君累；而尊奉太过，至有称谓孟子后之一人，则亦不免为戴所愚。身后恩怨俱平，理宜公论出矣。而至今无人能定戴氏品者，则知德者鲜也。

---

① 《文史通义新编新注》外篇三《答邵二云书》，第683页。

②③ 《文史通义新编新注》外篇三《与史余村》，第686页。

他一再申明，自己批评或者称赞戴震，都是出于学术公心，都是为了让人们真正领会戴震学术之真谛。在当时，“诵戴遗书而得其解者，尚未有人，听戴口说而益其疾者，方兴未已，故不得不辨也”[①]。他明知“所见既深，所言必少所可，而所以见怪于世人者亦必益多”[②]，却仍然主动肩负起评定戴震学术地位的职责，自己“无私心胜气，世道人心所系，名教大义所关，盖有不得已于中者，非好辨也”[③]。章学诚一再表明自己批评戴震，不是因为戴震生平不赏识自己而予以报复，而是如爱美玉者，“攻其瑕而瑜乃粹矣”，“欲人别瑕择其瑜”[④]。

由于学术见解上的分歧，章学诚对戴震的批评确实不少，但他对戴震的学术造诣也表示赞扬推崇，总的说来，他对戴震褒大于贬。

清代朴学至戴氏而始大成，至戴氏诸弟子——段玉裁、王念孙等人而始光大。戴氏对于朴学，功不可没。章学诚充分肯定戴震学界第一人的地位，指出：“近日言学问者，戴东原氏为最。以其实有见于古人大体，非徒衿考订而求博雅者也。”[⑤]戴震不仅是一位深通训诂名物的考据学家，而且与那些“无所为而竞言考索”者大不相同，“其所考订与所发挥，文笔清坚，足以达其所见”[⑥]。当时“众所推尊”的，仅在其“训诂解经”方面，有人还指责“戴震东原言考证岂不佳，而欲言义理，以夺洛、闽之席，可谓愚妄不自量之甚矣”[⑦]。章学诚却敏锐地察觉到戴震的学术贡献并不单纯在考据，他也不单纯是一位“汉学大师”，其“说理之文，则多精深谨严，发前人所未发，何可诬也！”[⑧]戴震所著《论性》《原善》诸篇，“其实精微醇邃，实有古人未发之旨”[⑨]，“于天人理气，实为发前人所未发者，时人则谓空说义理，可以无作，是固不知戴学者也”[⑩]。《论性》《原善》等文章都是反映戴震学术思想的重要论文，当时的人们指责它

①④⑧《文史通义新编新注》外篇三《答邵二云书》，第684页。
② 《文史通义新编新注》外篇三《与史余村》，第687页。
③《文史通义新编新注》外篇三《与史余村》，第686页。
⑤《文史通义新编新注》外篇三《又与正甫论文》，第807页。
⑥《文史通义新编新注》外篇三《答沈枫墀论学》，第715页。
⑦〔清〕姚鼐：《惜抱轩尺牍》卷五《与陈硕士》，清同治年间刻本。
⑨《文史通义新编新注》外篇三《又与朱少白书》，第783页。
⑩《文史通义新编新注》内篇二《书〈朱陆〉篇后》，第132页。

无用，章学诚却不断向人推荐，极力赞扬。因此，胡适曾指出，“先生对于戴震的学问，确有卓绝的了解”，“先生平日深恨当时学者误把‘功力’看作学问，见了‘学问’反不认识，反以为不如‘功力’，故他能为戴氏抱不平”[1]。

章学诚还认为，戴震做学问学于古，既不蔑古，又不拘泥于古，具有独创精神。章学诚读了戴震的《郑学斋记》后，对其学术观点作了很高的评价：

> 戴君说经不尽主郑氏说，而其《与任幼植书》，则戒以轻畔康成，人皆疑之，不知其皆是也。大约学者于古，未能深究其所以然，必当墨守师说。及其学之既成，会通于群经与诸儒治经之言，而有以灼见前人之说之不可以据，于是始得古人大体而进窥天地之纯。故学于郑而不敢尽由于郑，乃谨严之至，好古之至，非蔑古也。乃世之学者，喜言墨守，墨守固专家之习业，然以墨守为至诣，则害于道矣。[2]

戴震说经，不专主郑玄之说，在给任大椿的信中，却告诫他不要轻易怀疑郑学。章学诚在这篇读后感中，批评了任大椿“未能深有得于古人而遽疑郑学”的偏谬，赞扬戴震“好学深思”。章学诚在学术上向来贵发明创造，反对墨守陈言、因袭旧说的治学态度。文中即说，做学问，与其“安坐而得十之七八，不如自求心得者之什一二”。戴震“学于郑而不敢尽由于郑”，正是其高明之处。总的来说，章学诚对戴震的学术成就，肯定大于否定，褒扬大于贬斥。他对戴震的批评，是基本符合戴震的实际情况的，尽管有些地方批评过激，言辞也不够恰当，但总的精神还是“攻其瑕而瑜乃粹”，不是“恶语中伤”的诽谤。

高中进士

乾隆四十二年（1777）五月，章学诚到永清修志，总算有个谋生之业，捉

---

① 胡适：《章实斋年谱》，姚名达订补，商务印书馆1934年版，第41页。

② 《文史通义新编新注》外篇二《〈郑学斋记〉书后》，第581页。

襟见肘的穷困日子暂告一段落。由于家眷在京城，章学诚不时回去探望。这年冬，结识了罗有高。

罗有高（1733—1779），字台山，江西瑞金人，理学家。乾隆三十年（1765）举人，精小学，工文章，作品有诗六十首，散文百篇，八股文十篇。传世之作主要有《尊闻居士集》八卷。精通佛学，与彭绍升、汪缙同为当时著名的居士。

章学诚听邵晋涵、冯廷丞介绍，早就得知罗有高为人忠信、善写文章，因此很想与他结交，而罗有高在邵晋涵那里看了章学诚的论文，也恨不得马上与他面谈，可惜两人之前一直没机会相见。这年冬，罗有高来北京参加会试，数次登门拜访章学诚未果，章学诚偶从永清回京，得知此事，马上赶赴其寓舍。两人相见恨晚，冬寒夜长，挑灯拥炉，谈论竟夕而无倦意。罗有高为人真挚，有一天，章学诚之子贻选去拜访，罗有高虽然自己囊中羞涩，旅舍无粮，但见到贻选衣衫破旧，仍送给他100文钱。

乾隆四十三年（1778）春，冯廷丞因失察江西文字狱而获罪罢官，逮刑部，不久免罪，授府同知，听用江南。章学诚闻讯从永清入京，时常与罗有高一同去看望他。章学诚思想中有唯物主义的倾向，不太相信虚幻的神佛世界。当时京城士大夫中非常流行禅学，成为一种时尚，编修周永年对此钻研最深，最为渊博。一般的寺院方丈、讲僧，他都不放在眼里，唯独对于罗有高的禅学修养非常佩服，两人颇为投契。罗有高外表文弱，面貌清癯，坚持长斋。章学诚有次劝他吃肉，遭到拒绝后，便存心要戏谑一番，故意问道："佛氏言人死为羊，羊死为人。信乎君所食者，来生则反报乎？"罗有高给予肯定回答，于是，章学诚又问："然则贫欲求富，但当杀掠豪贾；贱欲求贵，但须劫刺尊官。来生反报，必得富贵身矣。"①罗有高一时倒真被难住了，想不出反驳之语，只能对章学诚不相信他的言论深表遗憾。章学诚每每在罗有高与冯廷丞、冯邵等人谈论禅学甚为投机之时，掺杂以戏谑之语，引得众人哄笑而罢。

乾隆四十三年（1778）三月，章学诚参加会试。此科会试正考官为大臣于

① 《章氏遗书》卷一九《庚辛之间亡友传》。

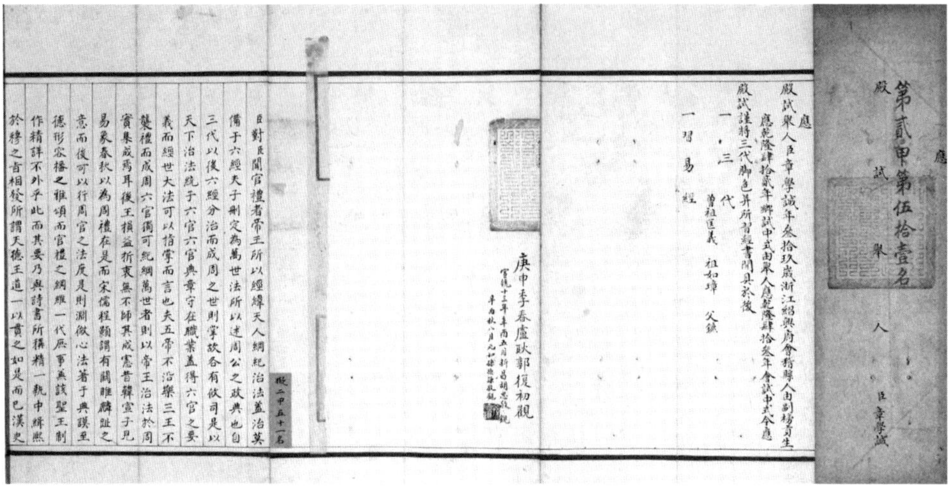
第貳甲第伍拾壹名
應
殿試舉人
臣章學誠

應
殿試舉人臣章學誠年叁拾玖歲浙江紹興府會稽縣人由副榜貢生
應乾隆肆拾貳年鄉試中式由舉人應乾隆肆拾叁年會試中式今應
殿試謹將三代脚色并所習經書開具於後
一 三代 曾祖匡義 祖如璋 父鑣
一 習易經

庚申季春盧耿郭復初觀

殿二甲五十一名

臣對臣聞官禮者帝王所以經緯天人綱紀治法蓋治莫
備于六經夫子刪定為萬世法所以述周公之政典也自
三代以後六經分治而成周之世則掌故各有攸司是以
天下治法統于六官六官典章守在職業蓋得六官之要
義而經世大法可以指掌而言也夫五帝不沿樂三王不
襲禮而成周六官備可紀綱萬世者則以帝王治法於周
實集成焉耳後王損益折衷無不師其成憲昔韓宣子見
易象春秋以為周禮在是而宋儒程顥謂有關雎麟趾之
意而後可以行周官之法度是則淵微心法著于典謨至
德形容播之雅頌而官禮之綱維一代庶事兼該聖王制
作精詳不外乎此而其要乃與詩書所稱精一執中緝熙
於穆之旨相發所謂天德王道一以貫之如是而已漢史

图5-3　章学诚殿试卷（部分）

敏中（1714—1780），江苏金坛人，历任军机大臣、文华殿大学士、上书房总师傅等要职，又充四库馆、国史馆、三通馆正总裁，所以章学诚称其为“金坛相公”。榜发，于敏中特奏其名，章学诚考中二甲五十一名进士。他后来记述此事，得意之情溢于言表：

> 先茅连拔自丁戊，文章遇合如通神。
> 前后司衡矜荐剡，叠蒙圣主春风颔。
> 佳话流传播缙绅，风尘耳目争睗睒。[①]

章学诚殿试卷现为天津博物馆所藏国家一级文物，绍兴章学诚故居陈列有复制品。此殿试卷一折十三开，墨笔手书。正文为应试的八股文，有八开篇幅，共70行。墨卷后有曼殊震钧、沈曾植、刘承干等人于清末民初鉴赏时的签字钤章。章学诚殿试卷内容丰富，弥足珍贵，全文如下：

应殿试举人臣章学诚，年三十九岁，浙江绍兴府会稽县人。由副榜贡

① 《章氏遗书》卷二八《丁巳岁暮书怀投赠宾谷转运因以志别》。

生应乾隆四十二年乡试中式，由举人应乾隆四十三年会试中式，今应殿试，谨将三代脚色并所习经书开具于后，三代：曾祖匡义、祖如璋、父镳。习《易经》。

臣对臣闻：《官礼》者，帝王所以经纬天人，纲纪治法。盖治莫备于六经，夫子删定为万世法，所以述周公之政典也。自三代以后，六经分治，而成周之世，则掌故各有攸司，是以天下治法统于六官，六官典章，守在职业。盖得六官之要义，而经世大法可以指掌而言也。夫五帝不沿乐，三王不袭礼，而成周六官，独可纪纲万世者，则以帝王治法于周实集成焉耳！后王损益折衷，无不师其成宪。昔韩宣子见《易·象》《春秋》，以为周礼在是，而宋儒程颢谓："有《关雎》《麟趾》之意，而后可以行《周官》之法度。"是则渊微心法，著于典谟；至德形容，播之雅颂。而《官礼》之纲维一代庶事，兼该圣王制作，精详不外乎此，而其要乃与《诗》《书》所称精一执中、缉熙于穆之旨相发。所谓天德、王道一以贯之，如是而已。汉史载诸儒治经，皆能以所专业推衍及乎天人之际，切磋究之，并有征效可观，斯则穷经之致用、儒术之会通也。钦惟皇帝陛下，乾行不息，离德正中，统六气以时乘，抚五辰而熙绩，固已群生罔不在宥，六合式奠清宁者矣。而犹睿虑周详，广询博采，进臣等于廷而策之。以教化所由立，士习所由端，期载籍以无轶无讹，返风俗于惟淳惟朴。臣学术浅陋，自知培塿之埴，何补泰山，涓滴之流，奚裨沧海。顾尝窃慕古人学守专门，言无旁出之义，而推《官礼》微指，有可以备千虑之一得者，敢不殚竭其愚？

伏读制策有曰：教民以实不以名，而归要于督抚大吏董属化导，使百姓得以迁善远罪。此皇上勤求治理，尧舜之用心也。臣谨案《周官》，大司徒掌土地之图与万民之数，盖养民之官也。其六十官属之书，乃曰教典，夫五礼六乐领在宗伯者，司徒周知民数，乃用以敷五典而扰万民，然则天下之牧民者，皆有教民之责者也。乐正、大胥之属，仅司庠序也。是以一乡一遂之长不称为长，而称乡师、遂师，意可知矣。后世司牧养者，惟知簿书期会，而猥以教化之事，专在学校师儒，则失父母斯民之义矣。夫刑政有一成之格，而教化无一定之程，是以文诰教令之繁、章程故事之设，未尝无教化之原、淑世善民之政。而牧民者惟以成法行之，以谓是足以应律令而已，则未合圣制所云“教民以实不以名”者矣。夫民之视牧宰为趋向，犹属僚之视大吏为趋向也。为督抚者，诚能正己董属，不为条教具文，属吏之才略见长者，苟无实效在民，虽才必黜；其或悃愊无华而实效在民，虽拙必扬。劝赏不必加于众，而风尚于斯一变易焉。则士敦廉让，民知礼教，庶几答宵旰勤求之至意欤！

制策又以士为民望，而有鉴于前代门户之积习，欲使学者内笃潜修，外杜私党，且以绝弊于未萌，懿哉！

圣谟洋洋，诚亿万年无疆之福也。臣惟地官师氏掌以三德教国子，而保氏申之以六艺，此知古人先德行而后文艺也。至于学校教士之法，惰游垂缕之儆，乡遂移置之惩，皆止于戒不受教，而未闻有门户朋党之禁者。则以《官礼》之法，事领专官，学士皆习业于掌故，如学《易》筮人、学《书》外史、问《乐》司成、问《诗》太师之类，未尝有私门之传授，私家之论议也。夫官不侵职，师不紊传，学者闻见皆出于一，则人心虽异，推所学而皆同是，偏陂不中之见无从而生，而门户党朋之渐何自启哉！今以士之肄业归于学校，而有司得以绳其愆恶，学臣得而正其文辞，立法如是，亦云足矣。顾前代之弊，或由聚徒讲学而流为门户党议，盖非立法之所能预禁者。欲杜弊于未萌，固莫如端好尚、绝畸邪，而使学术人心出于一也。盖门户之弊成于形迹之太分，而其端乃起于意见之微判。诚于言辞意象之间，逆折于未然，知几于先事，则学术归醇正而风俗称大同矣。

制策又以前代藏书部次孰轶孰传、孰优孰劣，而因虑及于《四库全书》之网罗有放失、校雠有舛讹焉。

臣按《周官》，外史实掌达书名于四方，而小行人出使，以五书入献，则是中朝典籍掌之外史，而四方之书，采自行人。事有专司，部次亦有一成之法，所谓同文之治也。西京、石渠之藏，刘歆始为《七略》，然叙群书流别，必云出于古人官守，是犹六典之遗意。荀勖《中经新簿》则以《史记》次于诸子之后，阮孝绪始以经典、传记、子、兵、文集冠《七录》，而经史子集之体具矣。夫《七略》为著录之原，而六艺又为《七略》首篇，是编书必当求端于此。如诏诰奏议本于书仪注，职官本诸礼之类，则四部之史本《春秋》，而集之辞赋本《诗经》，其余亦可以类附者也。著录能明流别，其疏浚《官礼》遗法、掌故习业之原，而因以通乎大道之要，是刘歆为最优，《七略》以后，则各有得失者也。至传者，其书具在，轶者若《崇文阙目》，例亦精也。然有名传而实失传者，毋论伪托，即篇目不阙，而他书称引为今本所无，如《风俗通》《水经注》者亦多矣。又有名轶而实未轶者，毋论三礼目录轶而存于三礼，《文选》姓氏轶而存于《文选》之类，即散篇缀集古轶之书，其类例大可广矣。我皇上右文稽古，整齐《四库全书》序目提要，明道之宗也；校勘缀辑，厉学之功也；缮抄刊布，流通之义也，岂前代所当拟乎？

制策又以重熙累洽，人民由俭入奢，而以典礼法度所不及绳者，使导之还淳而返乎朴。

臣惟天官冢宰制国用，而司会质一岁之成，司徒则周知民数而定其九职之任。其制度典章，极其大小繁缛之数，而未有畴及闬闾日用之细者。盖自天子以至齐民，职业定而奢俭不得以意为重轻也。然礼总大纲而俗随时易，其势遂有不得不然而习焉，罔察者是又不可以不计也。盖天下惟法度所不得为而遂不为者，其流弊必甚。诚使亲民长吏以身化之，使为坊表，不如世之所谓劝农桑、崇本业，以虚文为导民也。则上有好下必有甚，身先之教，捷于影响，庶几仰体圣天子保泰持盈之至意也。

夫风教正于上，士气端于下，载籍文而理，民俗质以淳，推其兴理致化之原，通乎建官设典之义，以古准今如符契焉。夫师古者贵知通变，择言者不废刍荛，皇上恢治益思治之规，扩安愈求安之量，行之日渐，起而有功国家，亿万祀无疆之休在此矣！臣草茅新进，罔识忌讳，干冒宸严，不胜战栗陨越之至。臣谨对。

章学诚的殿试卷，史料价值很高。如关于其生年，他在《任幼植别传》中云："君与余同乾隆三年戊午（1738）生。"[①]《会稽偁山章氏家乘》卷五《克毅公像记》云："乾隆庚午（1750），余年十三。"而《乾隆戊子顺天乡试易经三房同门姓氏录》载："章学诚，字实斋，号少岩，行六，庚申年（1740）九月二十九日申时生。"殿试卷载，"应殿试举人臣章学诚，年三十九岁"。他在乡试、殿试中都写自己为庚申年（1740）生，故意减去两岁，这是清代举子履历年龄例行减少之惯常做法，导致年龄有官年与实年之别。汪辉祖《病榻梦痕录》卷下载："抚军问余年岁，余对曰：'履历五十一，实年五十八。'"再如关于他肯定《四库全书》的编纂，他认为"整齐《四库全书》序目提要，明道之宗也；校勘缀辑，厉学之功也；缮抄刊布，流通之义也"。从试卷中，还可以看出他的策论所体现的政治主张、学术思想与平日一致，并未曲意逢迎。

章学诚参加科举考试屡败屡战，历尽坎坷，没想到最后乡试、会试连捷，而且两次策论都被主考官赏识特奏，会试卷甚至得到乾隆帝"纯正之谕"，一时名声大振。考生们、戚友们皆谓其有秘本拟策，纷纷前来讨教，弄得他哭笑不得。上一年秋天乡试散场后，章学诚拿出所写试文，科举之士皆大笑为怪，只有朋友陈本忠特别叹赏，谓久与相交，不知其乃能为此。等到发榜，章学诚的文章果然最受主考官赏识。有人称道陈本忠的鉴别能力，他却说："应举之文，不自展拓，而以主司得失为怀，心术不可问矣。"[②]后来章学诚在《与史氏诸表侄论策对书》中，同样也论述了科举考试策对全凭平日才学积累，根本不存在什么秘诀，又以亲身经历说明这种考试具有很大偶然性，考官识鉴水平也高低不一，因而有真才实学的学者未必都能考中。"精学之士"以及那些"学蕴于中而自然流露于策对者"不易受赏识，那些善"作违心之论"的人反倒容易被录取。[③]

高中进士，几十年的奋斗目标终于实现，本来应该是一件非常值得庆贺的大喜事，但章学诚高兴之余，反倒变得惘然起来。他原来的想法是一定要走上仕途，获得薪资来养活家小。经历了20多年艰苦生活的历练，章学诚已经变得

---

① 《章氏遗书》卷一八。

② 《章氏遗书》卷一八《周书昌别传》。

③ 《文史通义新编新注》外篇三《与史氏诸表侄论策对书》。

成熟稳重。他对科场的得失也已不太介怀，曾说：“科第自是君家旧物，偶然得之，虽亦足以快意，然亦何必振矜如非常之获。”[①]从一次次的考试中，他终于明白，自己的为人与学问，都与社会潮流格格不入。倘若真的谋了个一官半职，肯定衣食无忧，但将不得不为五斗米折腰，从此混迹于官场，放弃自己的学术研究甚至理想信念，这将会比生活饥寒交迫更令人痛苦。新科进士，照例到吏部挂号，等待铨选。不久，章学诚母亲史氏去世，服丧期满，他就开始四处奔波，“自以迂疏，不敢入仕”[②]。

与章学诚同时中进士的挚友，还有周榘、张维祺等人。

周榘（？—1788），字晴坡，江苏常熟人。曾任武清知县，后移官繁华之地，旋被吏议，又丁内忧，寻卒于济宁旅次。

张维祺，生卒年不详，字云湄，又字吉甫，山东胶州人。历肥乡、大名知县，擢河间府同知。

六月初六，朱筠50岁生日，在京师众弟子齐集祝寿，推举章学诚为恩师作《屏风题辞》。章学诚述其师论文之旨云：“有意于文，未有能至焉者。不为难易，而惟其是，庶几古人辞达之义矣。而平心迎拒，侔色揣称，其余事也。而其要乃在于闻道，不于道而于文，将于求一言之是而不可得者。”[③]在朱锡庚《大兴朱氏家乘》中有《笥河夫子暨德配王恭人五十初度屏风题词代章学诚撰》[④]一文，内容与《朱先生五十初度屏风题辞》几乎相同，仅有一些地方稍作修改。

章学诚在永清修志，又结识了唐风池、钱诏两位朋友。

唐风池（1738—1784），字掌丝，浙江嘉善人。家贫，游学京师，累试不遇。以工书选入四库馆缮书，叙劳当得县主簿或州吏目，未铨而卒。时馆永清，课周震荣第三子，后职司文墨。有史才，曾编《史记》《汉书》《后汉书》人名韵编，便于稽检，惜未竟其业。章学诚谓其有君子之风、为人随和，乐于与之

① 《章氏遗书》卷二九《与王春林书》。

② 《章氏遗书》卷一七《柯先生传》。

③ 《章氏遗书》卷二三《朱先生五十初度屏风题辞》。

④ 朱锡庚辑：《大兴朱氏家乘》，上海图书馆藏抄本。

交往。

钱诏（1734—1788），字西亭，会稽人。早岁为诸生，以家贫习幕于保定，时为周震荣襄理簿书。钱诏虚心好学，待章学诚甚厚，曾向他请教古文辞。

永清地处京畿，周震荣有一次带着章学诚、陈以纲等人进京，在行馆置酒，宴请友朋。除章学诚、陈以纲等人外，参加者还有王念孙、邵晋涵、任大椿、周永年、吴兰庭、刘台拱、史致光、章廷枫等人，聚会甚欢。

王念孙（1744—1832），音韵训诂学家。字怀祖，号石臞，江苏高邮人。乾隆四十年（1775）进士，官永定河道、御史等。精通音韵训诂，所撰《广雅疏证》《读书杂志》《古韵谱》，校正文字，阐明古义，多有创见发明。

刘台拱（1751—1805），字端临，一字江岭，江苏宝应人。乾隆举人，官丹徒训导，教书著述终身。擅长经学、天文、律吕、六书、九数、声韵之学，尤精三礼，著有《论语骈枝》《荀子补注》《汉书拾遗》《端临先生文集》等。

史致光（？—1828），字余村，号葆甫，浙江山阴人。拔贡生，乾隆五十二年（1787）状元，翰林院修撰，曾任湖北乡试正考官、云南知府、盐法道、贵州按察使、贵州布政使、福建巡抚、云贵总督。为官体察民情，多有政绩。年迈入京，授都察院左都御史，乞病告归，卒于家。史致光是章学诚的弟子，两人在永清常相聚。他经常抄录研读章学诚著作，后来章学诚反而要从他那里获得遗失之文章。章廷枫是章学诚族侄，邵晋涵弟子，后中举人，官知县。史致光、章廷枫在科举考试上，深受章学诚影响，也绝不为揣摩之文。

在朱筠寿宴上，章学诚虽“家无宿舂粮，而意气若五陵年少，及时行乐，腾踔不自禁也”[①]。与朋友一起喝酒论文，是章学诚人生一大快事，使他暂时忘却生计的艰难。然此宴会以后，朋友们聚散分合不定，有些不幸病故，章学诚为此撰写了不少亡友传记，以寄托哀思。

---

① 《章氏遗书》卷一九《庚辛之间亡友传》。

无缘四库馆

这时，朝廷编纂《四库全书》的活动正如火如荼地进行着，名士济济，齐集京师。从乾隆三十八年（1773）四库开馆，到五十二年《四库全书》缮写完毕，历时整整14年，前后参与编纂并正式列名的文人学者达到360多人。章学诚师友，如朱筠、侍朝、翁方纲、程晋芳、邵晋涵、周永年、任大椿、张羲年等人，均在四库馆任职，并做出重要贡献。奇怪的是，章学诚始终未参与其事，是他自己不愿入馆效力还是不能入馆？如果说编纂《四库全书》是办官差，平民百姓一般不能入馆，但章学诚在中了举人、进士后依旧与四库馆无缘，这是出于何种原因？朱筠、戴震、翁方纲三人在四库开馆后，共同聘请擅长校雠的浙江归安人丁杰入馆校勘，丁杰虽非正式馆员，却也能以私人资格助理馆事。章学诚有那么多师友在四库馆中，有些还身居要职，并且都了解章学诚的学问与生计困难情况，为什么不推荐他入馆呢？

从章学诚本人来说，他是愿意甚至向往入四库馆的。对他而言，入馆既可以发挥自己的学术专长，还可以解决最迫切的生计问题。章学诚的挚友汪辉祖曾经谈到，“己丑初至京师，词馆诸公从容茶话，论艺手谈，羸马敝车，风裁高雅。自壬辰四库馆开，奔忙日甚，规模亦复奢丽”，“今撤馆已久，而既奢不能复俭”，“公车庆吊，公分向止银三钱、五钱，最厚不过二金。今则五钱仅见，二金亦为常事”。[①]从四库馆臣豪奢的生活作风中可以推断，如能入馆，养活一家当不成问题。所以，乾隆四十年（1775），章学诚从江浙北返。在京师困居两年多时间，朱筠、侍朝等人为他多方谋划生计，章学诚究竟有没有向他们提出推荐入馆的请求，他们有没有推荐，这些情况已不可知，但章学诚始终未能进馆确是事实。对于四库修书，章学诚始终予以关注，在他留下的著述中，有不少评论修书得失利弊的文字，从中亦可管窥其不能入馆的原因。

章学诚在《朱先生别传》中讲道：“适诏求遗书，先生欣然谓得行其志，且

① 《病榻梦痕录》卷上，乾隆五十一年条。

曰：'此为非常盛典，必当人用专长，书明识职，然后沿流溯本，可得古人大体，而窥天地之纯。'因上书具言条例，优诏报可，于是遂开四库之馆，用人不次，而功名之士，莫不斐然若有杨、刘雠校之思矣。……是时词学小臣，借四库晋阶历跻通显者，肩背相望。"[1]对四库馆搜罗保存文献、汇聚人才之功，章学诚进行了充分肯定。对于四库开馆而引起考据之风盛行的局面，章学诚则颇有微词。他在记叙周永年、邵晋涵二人学行时指出：

> 乙未入都，二君者方以宿望被荐，与休宁戴震等特征修四库书，授官翰林，一时学者称荣遇。而戴以训诂治经，绍明绝学，世士疑信者半。二君者皆以博恰贯通，为时推许。于是四方才略之士，挟策来京师者，莫不斐然有天禄石渠、句《坟》抉《索》之思。而投卷于公卿间者，多易其诗赋、举子艺业，而为名物考订，与夫声音文字之标，盖骎骎乎移风俗矣。[2]

在《答沈枫墀论学》中，他又讲道，"今天子右文稽古，三通、四库诸馆以次而开，词臣多由编纂超迁，而寒士挟策依人，亦以精于校雠，辄得优馆，甚且资以进身，其真能者，固若力农之逢年矣。而风气所开，进取之士，耻言举业"[3]。章学诚看到，四库开馆修书鼓励以校雠、考订取士之风，不仅阻隔了真才实学之士进身之路，而且导致考据学风靡一时。他一向反对材料的堆积和脱离实际的考据工作，在《邵与桐别传》中谈道：

> 自四库征书，遗籍秘册荟萃都下，学士侈于闻见之富，别为风气，讲求史学，非马端临氏之所为整齐类比，即王伯厚氏之所为考逸搜遗。是其研索之苦，襞绩之勤，为功良不可少，然观止矣！至若前人所谓决断去取，各自成家，无取方圆求备，惟冀有当于《春秋》经世，庶几先王之志焉者，则河汉矣！

---

① 《章氏遗书》卷一八。

② 《章氏遗书》卷一八《周书昌别传》。

③ 《文史通义新编新注》外篇三。

章学诚在这里肯定整理文献工作“为功良不可少”，但认为其充其量只是“整齐类比”“考逸搜遗”的工作，绝不是“决断去取，各自成家”的学问。当时学者将“名物考订”“声音文字”等“功力”当成大学问，考据竟成了学界主流，这是开馆修书在引领学术风气方面的弊端。章学诚在政治上感觉迟钝，只从纯学术角度来评价四库修书利弊，而忽略了学术活动背后的政治动机。

乾隆纂修《四库全书》是以继承刘向校书的事业为号召的，其实醉翁之意不在酒，真正目的有两个。一是对天下书籍进行一次彻底的严格的政治审查，修改、取缔或焚毁所谓颠倒是非、违碍悖逆等不利于统治的著作。二是拉拢士人学子，牢困其心志，让他们远离政治，钻到故纸堆中去搞考据。章学诚所批评的盛极一时的考据学风，正是统治者所希望看到的。章学诚政治嗅觉不敏锐，当然就不能从政治立场上认识这一问题。他之所以不能入馆，恐怕也与其治学风格逆时趋而进大有关系。

一方面，章学诚的学问与四库学术路径相左。他擅长理论思辨，考订、校勘、缮写等工作的确非其所长，而当时的四库修书需要的正是这类考据人才。章学诚承认自己在读古人书时，“高明有余，沈潜不足，故于训诂考质，多所忽略，而神解精识，乃能窥及前人所未到处”①。此外，四库馆总纂官纪昀与其他占据领导地位的馆臣，都是对宋学不满的，《四库全书总目提要》言及宋学或宋儒时，往往挟持成见。所以，确实如梁启超所说：“四库馆就是汉学家的大本营，《四库提要》就是汉学思想的结晶体。”②章学诚对汉学、宋学的利弊虽都有客观的评论，但在旁人看来，他当然不属于汉学阵营。他曾在一封家书中谈道：“至论学问文章，与一时通人全不相合。盖时人以补苴襞绩见长，考订名物为务，小学音画为名，吾于数者皆非所长。”③他研究的史学义例、校雠心法，当时几乎无人问津，自己也被“一时通人所弃置而弗道”，“知己落落，不过数人，又不与吾同道”，“爱我如刘端临，见翁学士询吾学业究何门路，刘则答以不知，盖端临深知此中甘苦，难为他人言也”。④翁学士是指翁方纲（1733—1818），字

① 《文史通义新编新注》外篇三《家书三》，第819页。

② 《中国近三百年学术史》，第27页。

③④ 《文史通义新编新注》外篇三《家书二》，第817页。

正三，号覃溪，时任内阁大学士，也是四库馆重要的纂修官，负责校阅图书、撰写提要。刘台拱知道章氏学术不会被翁方纲欣赏，干脆就不介绍了。从这里也可以看出，章氏学问确实不合四库馆臣所好。

另一方面，章学诚为人正直，富有学术公心，遇到错误的言论就想纠正，并且坚持己见，决不会屈己徇人。因此，“所撰著，归正朱先生外，朋辈征逐，不特甘苦无可告语，且未有不视为怪物，诧为异类者”[①]。在章学诚生前，其学问不为人所知，著述仅在师友间交流，名气并不大，“一时通人亦多不屑顾盼”，真是“人微言轻”。编纂《四库全书》是乾隆帝亲自抓的文化工程，先后颁发了三十多条旨谕，题诗达五十九首，禁毁书籍三千一百多种，销毁书版八万块以上，督责之严，前所未有。章学诚在政治上很单纯，为人又倔强，甚至有些偏执，不懂人情世故，很容易得罪人。他的独立思考精神，不为时风所囿的远见卓识，倔强的个性，不幸成为入馆的绊脚石。他在编《国子监志》《和州志》时，就与上司意见不合。即使能进入四库馆，凭他的学问与个性，与上司或同僚意见不合甚至闹翻也几乎不可避免。在文网森严的时代，章学诚假如从事这样政治性极强的文字工作，将是很危险的。他的师友们正因为了解他，所以才懂得推荐其入馆所要承担的政治风险，稍有不慎就会误人误己。

正是由于以上多种因素，章学诚在以后也没能参与任何朝廷的修书活动。他提到：“庚子、辛丑之间，《四库全书》将竣，而馆阁被命特修之书，若《开国方略》《满洲源流》《职官表》《河源考》之类，指不胜屈，皆欲趣成，以入四库著录。馆阁撰述需人，翰林稍知名者，一人常兼数馆。又借才外曹。若进士、举、贡、诸生未得官者，或借以超资换阶，纷然竞赴。”[②]在其他人争着入馆阁修书时，章学诚仍旧与此无缘，在外四处奔波，挟策谋生，这是其学问、个性造成的必然结果。

① 《文史通义新编新注》外篇三《与族孙汝楠论学书》，第801页。

② 《章氏遗书》卷一八《周书昌别传》。

纂修《永清县志》

乾隆四十二年（1777）五月至四十四年七月，章学诚应周震荣之聘，主持编纂《永清县志》。周震荣待他甚好，不仅在生活上关心照顾，还在修志上提供一切便利。在人员配备上，动员了县学教谕，训导、举人、生员约50名，书吏约15名，来协助他修志。后来章学诚追述这段经历时说：

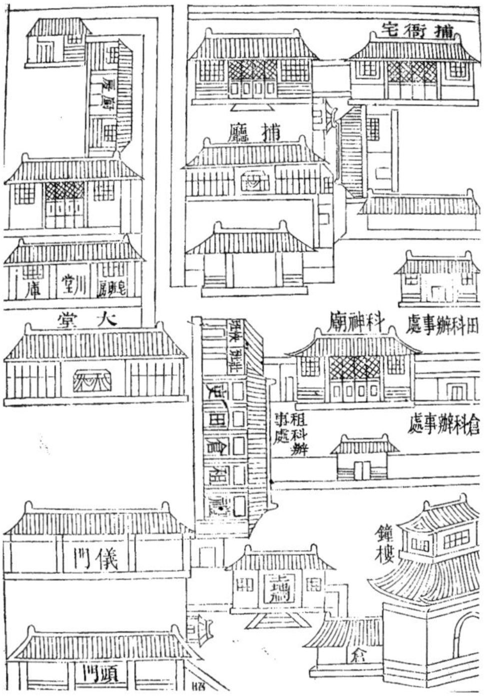

图5-4　《永清县志》县署图

> 丁酉、戊戌之间，馆余撰《永清志》，以族志多所挂漏，官绅采访，非略则扰，因具车从，橐笔载酒，请余周历县境侵游，以尽委备。先是宪司檄征金石文字上《续通志》馆，永清牒报荒僻，无征久矣。至是得唐、宋、辽、金刻画一十余通，咸著于录。又以妇人无阃外事，而贞节孝烈录于方志，文多雷同，观者无所兴感，则访其见存者，安车迎至馆中，俾自述生平。其不愿至者，或走访其家，以礼相见，引端究绪，其间悲欢情乐，殆于人心如面之不同也。前后接见五十余人，余皆详为之传，其文随人变易，不复为方志公家之言。①

这一自述表明，章学诚编修方志，不仅重视搜集现有的各种文献，而且注

① 《章氏遗书》卷一八《周筤谷别传》。

重实地调查。西汉司马迁在撰写《史记》前，进行过多次长途漫游，足迹几遍全国，他考察历史遗迹，搜集文物资料、遗闻轶事，这是《史记》能成为千古名作的重要因素。章学诚继承司马迁的实践精神，编修方志不闭门造车，而是遍历永清县境访问、考察、采访，搜集文字与口述资料，了解风俗民情，这就使他编纂的方志更富有现实意义。

《永清县志》修成，凡五体，共二十五篇，另有《文征》五卷。《永清县志》体例与《和州志》大同小异，同时反映了章学诚方志编纂思想的一些变化。现将两志类目对照如下。

《和州志》：皇言纪、官师表、选举表、氏族表、舆地图、建置图、营汛图、水利图、田赋书（其中尚有四书，名佚）、艺文书、政略、列传（人物、阙访、前志）、文征。

《永清县志》：皇言纪、恩泽纪、职官表、选举表、士族表、舆地图、建置图、水道图、吏书、户书、礼书、兵书、刑书、工书、政略、列传（人物、阙访、前志）、文征。

可以看出，《永清县志》在具体分类和称呼上有所变化，说明章学诚修志不拘名号，而重在求实用。编修过程中又从实践出发，有内容则写，无内容则缺。例如《永清县志》未列《艺文书》，田赋归于《户书》之内，《文征》五卷包括奏议、征实、论说、诗赋、金石各一卷，这与《和州志》亦略有不同。他非常欣赏为史学家作传的做法，指出："史家著作成书，必取前人撰述汇而列之，所以辨家学之渊源，明折衷之有自也。"[1]所以，在编修方志时也注重为旧志写传，《和州志》与《永清县志》都有《前志列传》。当时永清县所存的旧志仅康熙年间所修的一部，章学诚在《永清县志·前志列传》中对这部旧志作了这样的介绍：

> 万一蘍，江南丹徒人，康熙十二年，以举人任永清知县。于十五年与训导乔寯定著《永清县志》，为十一篇，凡十五卷。一曰天文，二曰地理，

① 《文史通义新编新注》外篇五《〈永清县志·前志列传〉序例》，第985页。

三曰建置，四曰图考，五曰职官，六曰选举，七曰人物，八曰赋役，九曰祀典，十曰文籍，十一曰词赋。文辞多不雅训，难垂典则。然创始之难，自古已然，要其搜剔固已勤矣。

在这简单的叙述之后，又将这部旧志原有的四篇序文也收录于后。这样，人们看了，便可得知旧志的作者简况、志书体例、主要内容、价值地位等情况。

在《永清县志》的编修过程中，他还随时总结经验，加以改进，关于表的使用便是一例。他在《〈永清县志·选举表〉序例》中说："表有有经纬者，亦有不可以经纬者。如永清岁贡，嘉靖以前，不可稽年甲者七十七人，载之无格可归，删之于理未惬，则列叙其名于嘉靖选举之前，殿于正德选举之末，是《春秋》归余于终，而《易》卦终于《未济》之义也。史迁《三代世表》，于夏泄而下，无可经纬，则列叙而不复纵横其体，是亦古法之可通者矣。"[①]这就说明，他遇到难题时，能以历史理论为依据予以合理解决，为丰富方志理论作了贡献。

章学诚在《永清县志》卷八《水道图三》中，记载了永定河的沿革变迁，并绘制了十一幅修建堤防工程图，为后世防汛提供借鉴。值得一提的是，该县志记载："（乾隆）二十八年，添筑越埝，自永清小荆垡起，至武清黄花店止，四十九里一百二十八丈。"21世纪初，当地修建公路，就是依据《永清县志》记载的这条堤坝建成的，志书中的堤坝起止地点、长度与实地完全一致。

长期以来，受正史的影响，方志中的"列女传"大多变成了"烈女传"。章学诚在《〈永清县志·列女列传〉序例》一文中，对此提出了严厉的批评。他既评论了列传分合编次的意义，又追述了史书设立"列女传"之渊源，指出：

列女之名，仿于刘向，非烈女也。曹昭重其学，使为丈夫，则儒林之选也；蔡琰著其才，使为丈夫，则文苑之林也。刘知几讥范史之传蔡琰，其说甚谬，而后史奉为科律，专书节烈一门；然则充其义例，史书男子，

① 《文史通义新编新注》外篇五。

但具忠臣一传足矣，是之谓不知类也。

西汉刘向撰《列女传》一书，范晔在《后汉书》中也特立了《列女传》，这在史学发展上是一大进步，是史学思想上的一大创新。范晔设立《列女传》的指导思想，是要“搜次才行尤高秀者，不必专在一操而已”，只要是对国家做出贡献的才华出众的女子，都可以入传。不料此举竟一直受到封建正统史家的批评和讥讽，从唐代刘知几直至清代史家，历代史家不断对此加以指责。面对这一现象，章学诚早在《答甄秀才论修志第二书》中就据理予以驳斥，他说：

列女名传，创于刘向，分汇七篇，义近乎子；缀《颂》述《雅》，学通乎《诗》；而比事属辞，实为史家之籍。班、马二史，均阙此传。自范蔚宗《东汉书》中，始载《列女》，后史因之，遂为定则。然后世史家所谓列女，则节烈之谓，而刘向所叙，乃罗列之谓也。节烈之烈为列女传，则贞节之与殉烈，已自有殊；若孝女义妇，更不相入，而闺秀才妇、道姑仙女，永无入传之例矣。夫妇道无成，节烈孝义之外，原有稍略；然班姬之盛德，曹昭之史才，蔡琰之文学，岂转不及方技伶官之伦，更无可传之道哉！刘向传中，节烈孝义之外，才如妾婧，奇如鲁女，无所不载；即下至施、旦，亦胥附焉。列之为义，可为广矣。自《东汉》以后，诸史误以罗列之列为殉烈之烈，于是法律之外，可载者少，而蔡文姬之入史，人亦议之。今当另立贞节之传，以载旌奖之名。其正载之外，苟有才情卓越，操守不同，或有文采可观、一长擅绝者，不妨入于列女，以附方技、文苑、独行诸传之例，庶妇德之不尽出于节烈，而苟有一长足录者，亦不致有湮没之叹云。

这一批驳，可谓击中要害，既然男子在史书列传中可分儒林、文苑、忠臣等类，不同类型均可入传，那么为何女子只能被写入节烈一项呢？难道有才华有贡献的女子就不能入传吗？从史学渊源看来，列女传之建立，本意并非烈女，具有贞节事迹的妇女固然要写，而才华出众如班昭、蔡文姬等也该入传。这样就澄清了正史中列女传的性质之误，自然也就为方志列女传的编写指明了方向，那就是“苟有才情卓越，操守不同，或有文采可观、一长擅绝者”，都可被载入列女传。

章学诚将列女传的理论付诸方志编修实践，摈弃了志书程式化的烈女传做法，记载了节孝、贤淑、才慧、贞烈等各种类型的妇女事迹。他对永清旧志的妇女传记很不满意，认为“旧志不为传体，直是贞节花名卯簿耳。后人又何观耶？且其措语尤不雅驯，大率略取请旌文牒中骈丽勘语，强注花名之下耳，浮文无实，难备汗青”[①]。通过实地调查访问，并结合文献资料，他笔下的永清妇女形象就显得生动逼真了起来。如《列女列传》中的第一位妇女刘氏，矢志抚养遗腹子，而公婆二伯为了霸占她的财产，百般逼嫁，残酷虐待。章学诚写道：

> 自是诟谇凌折之殆无虚日。会天大寒，北风厉甚，刘方夜襁孤儿，操纺绩业。其姑突入其室辱詈之，命婢汲水注其床，灭其灯火，且曰：“吾以观尔之冰操也。”破室漏风，床上地下冰厚寸许。夫有女弟，年始十六，闻事急，踉跄而至。刘衣著水，铮纵如被介胄，婴儿已噤不能啼。小姑为绷著怀中，以肤温之，乃得少苏。二人呵嚣气相昫，踯躅终夜。迟明，姑排闼入，见其女与刘四足陷层冰中，急不得拔，且怒且怜之，携其女去。其后姑将毒刘，小姑辄身先之，夜必持被就刘宿，姑无如之何，威虐为之少杀。伯仲私计贿牙人，将强纳之里中恶少年。小姑闻以告刘，刘挟利刃自防曰：“仓卒有变，终以是为归尔。”

在这里，章学诚抓住主要情节，具体细致地描绘人物的活动，刘氏的坚贞不屈，张母的凶狠残忍，小姑的善良忠厚，人物形象栩栩如生，个性鲜明，避免了方志列女传千人一面的程式化书写。

乾隆四十四年（1779）七月，《永清县志》修成，章学诚即到顺义拜访周震荣。周震荣大喜过望，忙设宴款待，并邀请众宾客为之庆贺。后来，周震荣在为章学诚《庚辛之间亡友传》所作的跋中回忆说：

---

① 《章氏遗书》外编一二《永清县志七 · 列女列传第八》。

辛丑（应为“己亥”）孟秋，余于役顺义，得与两君（指张维祺、周枈）相比。实斋自京来视余，余置酒邀与相见。时《永清志》新成，余出示坐客。两君色然，若不肯让余独步者，争延实斋，实斋已就相国梁师之约，未之诺也。两君遂各就其所治，采缀成书。云湄（张）大名，晴坡（周）获鹿，皆旧所官之地也。

云湄之书，实斋已为订定，晴坡因移剧，旋被吏议，又丁内忧，书虽成，深藏箧中，未尝以示人。其除广东曲江知县，戊申七月也，将行，余询之，晴坡曰：“我闻之实斋矣。”余曰：“实斋云何?”晴坡曰：“实斋云，志者志也，其事其文之外有义焉，史家著作之微旨也，国史所取裁也，史部之要删也。序人物，当详于史传，不可节录大概，如官府之点卯簿；载书籍，当详其目录、卷次、凡例，不可采录华词绮言，如诗文之类选册本；官名、地名，必遵一朝制度，不可假借古称；甲子、干支，必冠年号，以日纪事，必志晦朔；词赋膏粉，勿入纪传，文乡里以桑梓，饰昆弟以埙篪，苟乖理而惑义，则触讳于转喉。”①

由此可见，章学诚的方志理论在当时颇具影响力，张维祺、周枈争相聘请他去修志，但因其已与座师梁国治有约，未能答应，两人甚为遗憾。从章学诚所写的《为张吉甫司马撰〈大名县志〉序》可以看出，张维祺所撰《大名县志》是按照章氏方志理论而作。周枈所修之志，同样也得到了章学诚的理论指导。可见，章学诚的方志理论，并不像有些学者所说的，在其生前无人问津。

① 《章氏遗书》卷一九《庚辛之间亡友传》附周震荣《书〈庚辛之间亡友传〉后》。

第六章　主讲书院

从乾隆四十六年（1781）开始，章学诚度过了长达七年的奔波讲学生活，先后主持肥乡清漳书院、永平敬胜书院、保定莲池书院、归德文正书院。在长期的教学实践中，章学诚积累了丰富的经验，并且撰写了多篇阐述教育理论的文章，提出了许多真知灼见，大大丰富和发展了传统的教育理论。

肥乡清漳书院

乾隆四十五年（1780）冬，章学诚从梁国治家辞去塾师一职。时近年关，一家十五六口寄居北京，嗷嗷待哺，寒衣无着。曾慎来京参加会试，甄松年寓居东城，章学诚与这两位国子监老友常为酒食谈宴，苦中作乐。曾慎也因为生活拮据，欲投奔鱼台知县，甄松年置酒夜饯，章学诚岁事方窘，第三女又得病，席间一直心绪不宁。不久，家人来告女儿病危，遂匆匆告辞。岁末，他的三女儿就在贫病交加中夭折，境况十分凄凉。

好不容易熬过严冬，乾隆四十六年（1781）对于章学诚来说，又是极为不幸的一年。他在京城找不到活儿，三月到河南找旧交邵洪谋事。邵洪（1743—1811），字海度，号双桥，浙江鄞县人。乾隆三十年钦赐举人，三十六年中进士，历任吏部员外郎、知府、按察使、布政使、巡抚等，官至吏部右侍郎。此时，邵洪刚任河南学政，旋即调为吏部郎中。章学诚此番前往投靠，没料想竟受到冷遇，不仅邵洪不帮忙，其僚属还加以讥讽侮辱。章学诚见老友如此刻薄无情，不雪中送炭，反而雪上加霜，只得伤心北归。

闰五月，章学诚从开封回京，顺路到直隶大名府南乐县衙拜访同学邱向阁。邱向阁既是其国子监同学，也是朱筠的门生，乾隆三十二年（1767）顺天乡试中举，与章学诚一起受到座师秦承恩的器重，他们相识四五年，也是知心朋友。邱向阁在官舍中仿古画舫，构轩一间，四面一览无余，作为宴会休息场所。他记得老师朱筠曾说过："学者读书求通，当如都市逵路，四通八达，无施不可，非守偏隅一曲，便号通才。"于是篆书"通达"二字匾文，挂在轩中，以为"通达"就是成为通才之路。章学诚对老师的这句话却有着不同理解，当即在画舫中特作《通说为邱君题南乐官舍》（简称《通说》）一篇，指出，如果不"善究其旨"，"'四通八达，无施不可'之说，适足为学者患"。他还引用孟子"尧舜之知而不遍物"之说，认为："薄其执一而舍其性之所近，徒泛骛以求通，则终无所得矣。惟即性之所近，而用力之能勉者，因以推微而知著，会偏而得全，斯古人所以求通之方也。然则学者不患不知通之量，而患无以致通之原。"[①]意思是，治学不能泛泛求通，要根据自己的兴趣与能力，把专与博结合起来，最后才会取得成功，这正是他治学的经验之谈。

告别邱向阁，章学诚继续北行，不幸途中遇上一伙强盗，所有行李都被抢走，包括所带44岁以前的文稿也荡然无存！如果被盗贼抢去的仅仅是些行李铺盖，章学诚完全能够承受得住，但耗费几十年心血撰成的著作文章，也全被抢劫一空。这种精神上的沉重打击，对于任何一位学者来说，都称得上是灭顶之灾了。他后来追记道：

> 余自辛丑游古大梁，所遇匪人，尽失箧携文墨，四十四岁以前撰著，荡然无存。后从故旧家存录别本借抄，十得其四五耳。……但己亥著《校雠通义》四卷，自未赴大梁时，知好家前抄存三卷者，已有数本，及余失去原稿，其第四卷竟不可得。索还诸家所存之前卷，则互有异同，难以悬断，余亦自忘真稿果何如矣。遂仍讹袭舛，一并抄之。戊申，在归德书院，

① 《文史通义新编新注》外篇一《通说为邱君题南乐官舍》，第494—495页。

别自校正一番，又以意为更定，则与诸家所存又大异矣。然则今存文字，诸家所抄，宁保与此稿本必尽一耶？①

后来他虽从故旧家存录的别本中借抄，并取名为《辛丑年抄》，但十成之中，也仅留下四五成。如今留存下来的章学诚著作，44岁以前的专篇极少，大多是些应酬文字，唯有《金君行状书后》，论择辨史料方法，很有价值。可见这次遇盗，文稿损失实在惨重，真是章学诚学术生涯中的一场浩劫！自此以后，每有所撰，他必留副本，以防遗忘丢失，而对于师友中喜爱他文章的人，章学诚也多抄寄一份请他们保存，其中以周震荣及章学诚最得意的门人史致光抄藏文章最多。

遇盗以后，章学诚仅穿着短葛衣，狼狈地跑到直隶广平府肥乡县衙投奔同年张维祺。张维祺方远出，他的父亲介村先生热情接待章学诚，将他安顿下来。张维祺回来后，见他身处患难，及时伸出援助之手，聘请他担任清漳书院院长，主持讲席。章学诚在县衙住了半年多，书院收入菲薄，一家生活仍十分困难，实在是进退两难。介村先生常请他喝酒论文，章学诚已不像以前那样意气风发，而是借酒浇愁，长吁短叹。

章学诚在清漳书院讲课，采用启发式教学法，对学生循循善诱。他拟定的《清漳书院会课策问》云：

问古人教敩，启发是资。请业之际，先问尔所谓达；侍坐之余，则云盍各言志。诸生亦有抑郁未伸，惮于一日之长者欤？诸生有志于学，其意甚盛，顾所谓学者，特举业耳。农夫岂为出疆舍其耒耜？士无恒产，举业等于治田，谁谓诸生不当治举业哉？顾仕非为贫，学业不专为举业。敢问诸生读书之始，亦有志所欲为？抑既习举业，因文别有窥见，遂觉所业如是，而所志固有不止于是者欤？……诸生自反平日必有入识最先而程功较易者；经于何道最有关心？史于何事最所惬愿？高山景行，所言正不必今

① 《章氏遗书》卷二九《跋酉冬戌春志余草》。

日之所已能者也。举业将以应科目也，假使诸生亦已登进士第，无所事举业矣，遂将束书而不观耶？亦将尚有不能自已者耶？无妨预定言之，将欲为诸生商榷其善否也。即以举业而论，敢问何所讲求？何所师法？……向者于何致功？平日亦有怀疑不决，欲就请质而无从者欤？院长愿悉与闻，将为诸生效他山之错焉。

从这道策问可以看出，章学诚教书得法。他不是以师道自居，盛气凌人地向学生灌输知识，而是以平等的态度，开展启发式、研讨式教学，善于提问，并鼓励学生积极思考。更为可贵的是，在学习目的上，他指出治举业也是理所当为，但“仕非为贫，学业不专为举业”，做学问应该还有更远大的目标，那就是有所作为。再如他提出四书大义策问六道，同样也是用自己的读书经验去启发学生思考，如第一道云：

问《论语》记言之例：夫子所言，皆称“子曰”；其有对君之言，则称“孔子”。说者谓君臣之际，记者致其谨严。然耶？否耶？《颛臾》一篇不皆对君之言，而皆称孔子，岂有说欤？①

再如第五道云：

问孔门之教，言行相符。弟子亲承，有疑斯问。……诸贤毕世懿修，乃不足当时文家之一吷，则是今之工时文者，其见地乃贤于圣门诸弟子耶？蓄疑久矣，敢请诸生解之。②

从这些策问中既可见章学诚自己读书善疑，亦可知他倾向于从启发学生思考和疑问的角度切入教学，强调学生应扬长避短，选择最有发展前途的求学门径，然后努力发挥，这也正是他在《通说》中所谓“即性之所近，而用力之能

①② 《章氏遗书》卷二二《清漳书院会课策问四书大义六道》。

勉者”的意思。作为书院主讲，章学诚确实起到了传道、授业、解惑的作用。

六月二十六日，朱筠在北京逝世。噩耗传来，章学诚悲痛万分，在住处设立恩师灵位，跪地痛哭祭拜。自29岁拜在朱筠门下以来，章学诚得到他多方面的热情关怀，朱筠称得上是章学诚的人生与学术导师。在学术上，他指点章学诚要“由子之道，任子之天”，发挥自己的专长，并将他引入了学术界；在为人方面，教导他自立之道，使他渐渐走向成熟；在生活上，每当章学诚经济困窘时，朱筠总是及时伸出援手，甚至让他在自家食宿。第二年三月，朱筠下葬，章学诚应其子之邀作墓志铭时，仍不免痛哭失声。在《朱先生墓志铭》中，他给予老师很高的评价：“有所述作，心契乎理，手请于心，如不得已；懔于所奉，承而布之，不可意为加损，余力所至，神明变化。绚春拭秋，纤缕钜拓，陶冶万象，不为一律，并能令气之至符心之初。呜呼至矣！有宋欧阳氏以来，未有能媲者矣！”[①]10年后，章学诚又满怀深情地作《朱先生别传》，其中讲道：

> 先生清旷不涉世事，然其所执，威不可惕，利亦弗能动矣。雅好学问文章，收招后学，称诱借誉，不免已汰。至于标榜声名，树立门户，则避去惟恐不速，尝谓学近乎名，不可为学；文苟有意于传，即已不足传矣。……先生之言，经纶用世，远矣而疏，未试于事也。山水诗酒，宾客文章，情所托矣，非其性也。坚忍有执，弗为势力转移，得所性矣，非其所自命也。先生盖以无用为用者也，人弃我取，独为于举世所不为者，将以矫世励俗，而恶夫汲汲于为名者也。虽时有所过，然闻其风者，往往若消其鄙吝焉。

章学诚称赞恩师淡泊名利，“坚忍有执，弗为势力转移”，无论是为人、做官，还是治学，都无所唯阿，即使与内阁首辅刘统勋意见不合，也能执善以争。他称赞老师有倔强独立的品格，自己又何尝不是如此呢？

---

① 《章氏遗书》卷一六。

章学诚在肥乡已滞留半年时间，谋天津、保定讲席落空，肥乡、永年两县议论修志而当局财政拮据，一时也无定论。无奈之下，章学诚也顾不得颜面，致书梁国治、邵晋涵等多方师友求助，其中十月间给座师梁国治的一封求援信写得最为悲戚：

> 学诚前此仓皇出都，不得已之苦衷，已悉前启。兹则驰驱半载，终无所遇，一家十五六口，浮寓都门，嗷嗷待哺，秋尽无衣，数年遭困以来，未有若此之甚者。
>
> 目今留滞肥乡，至于都门内外，一切糊口生涯，无论力不能谋，且地处僻远，消息亦无从刺访。当此水火急迫之际，不得仰望长者知己一为拯援，先生当不以为躁也。学诚自蒙拂拭，幸得大贤以为依归，妄自诩谓，稍辨菽麦，不甘自弃。又自以为迂拘，不合世用，惟是读古人书，泾渭黑白，差觉不诬。若不逼于困苦饥寒，呼吁哀号，失其故态，则毛生颖故投囊，张仪舌犹在口，尚思用其专长，殚经穷史，宽以岁月，庶几勒成一家。其于古今学术，未必稍无裨补。若使尘封笔砚，仆仆风霜，求一饱之无时，混四民而有愧，则不过数十寒暑，便无此身，以所得之甚难而汩没之甚易，当亦长者之所恻然悯惜者也！……俾小子得以一席，栖身十年，卒业门墙之下，未必遽无表见也。夫干谒贵人，热中躁进，小子窃所深耻。惟是水火求拯，饥寒呼救，伊古豪杰，有时不免。是以敢作再三之渎，以冀终有所成，庶几不辜三沐之雅意耳。情溢辞蹙，不知所裁，惟冀鉴其迹而原其心，小子幸矣。[1]

这封催人泪下的书信，反映出他极端困苦的生活处境和文史校雠的远大理想。章学诚的迫切愿望是“得以一席，栖身十年”，有个相对稳定的职业，能解决一家人的温饱问题。这样，就能免去后顾之忧，“用其专长，殚经穷史，宽以岁月，庶几勒成一家”，在学术研究上作出贡献。人生短暂，他请求梁相公看在

---

① 《文史通义新编新注》外篇三《上梁相公书》，第790—791页。

自己有学术专长的分上，帮忙找个谋生之处，使他不必为了生活而奔波挣扎，白白浪费大好光阴。然而世事艰难，此信寄出后如石沉大海，梁国治似乎一时也爱莫能助，没能及时提供任何实质性的援助。河南遇盗以后的几年中，章学诚的生活和职业都极不稳定，东奔西走谋职业。然而，尽管生活条件恶劣，他还是矢志不渝地进行文史校雠的研究著作工作。学术研究的乐趣，成为精神支柱，他在艰苦的生活环境下，仍可做到乐在其中，甚至达到“饥之可以为食，寒之可以为衣”的境界。

乾隆四十六年（1781）冬，张维祺移官大名，章学诚也离开肥乡，一起到大名，年底辞归北京。乾隆四十七年三月，乾隆皇帝前往东陵谒拜后回京，途中要游览盘山，周震荣作为京畿县令奉命治道迎驾。章学诚失业在家，心情郁闷。因此，周震荣邀他出来一起环山治道，游览散心。盘山在蓟州西北，山势雄伟险峻，峰峦秀丽清幽，名胜古迹众多，历史上被列为中国十五大名胜之一，以“京东第一山”驰名中外。盘山下建有一座皇家园林，名为“静寄山庄”。乾隆皇帝曾32次游历盘山，为盘山写下了一千三百六十六首诗词，发出了“早知有盘山，何必下江南”的感叹。章学诚到盘山，只见群山雪后初晴，阳光照耀，远近山坡桃李盛开，庐舍点缀其间，满眼春色。周震荣兴致极高，大摆宴席，邀同僚10余人共同畅饮，觥筹交错，吟诗作词，后遍游山间名胜。章学诚也被欢乐的气氛所感染，沉浸于美景之中，忘了家中次日已无米下锅的窘况。

周震荣遗稿《四寸学残存》中有一封《上李观察书》，作于此年，李观察即时任通永兵备道李调元。李调元（1734—1802），字羹堂，号雨村，学者、藏书家。乾隆二十八年（1763）进士，历任吏部主事、广东乡试副主考、吏部考功司员外郎、广东学政、直隶通永兵备道。著述达一百三十余种，辑刊大型丛书《函海》《续函海》等。《上李观察书》云：“章进士来，仰知阁下将撰《史籍考》。”信中对于《史籍考》的编撰体例、结构等做了较全面的阐述。据学者推断，章学诚得知李调元正在编刻《函海》，于是向他提出编撰《史籍考》的设想，并代周震荣写信推荐自己。[①]章学诚是《史籍考》编撰的最初提出者与设计

① 李金华：《章学诚与〈史籍考〉编纂新论》，《南开学报（哲学社会科学版）》2023年第4期。

者。章学诚的动机，是想借官员之力实现自己的学术理想，同时也满足谋生的需要。

永平敬胜书院

不久，章学诚主讲直隶永平府敬胜书院。敬胜书院在治所卢龙县城内，乾隆十二年（1747）由当时的知府卢见曾创建。这一次，章学诚将全家迁到书院，从此，家人就跟随他过着漂泊不定的穷愁困苦生活。他偶尔到京城，一般都住在老朋友曾慎家。

卢龙县靠近山海关，能够交流切磋的学者极少，章学诚起初僻处书院，孤寂无聊。幸好他后来又结识了一些当地官员，如抚宁知县凌世御、经历袁汝琈、迁安知县乔钟吴、昌黎知县刘嵩岳、滦州知州蔡薰，他们不时游历山川，诗酒酬唱，谈论文章性命，意气相得。这些官场朋友时常过访书院，前呼后拥，门庭若市，超过自书院建立以来迎候任何一位院长之盛况。在这些朋友中，他与凌世御、蔡薰两人交情尤其深厚。

凌世御（1727—1786），字书巢，浙江钱塘人。乾隆三十六年（1771）进士，曾任江南知县，因有政声而改官抚宁知县。移任临榆，因故免官，寻起补房山知县，又改任长垣县，积劳成疾而卒。为人诚挚，为官刚正不阿。

章学诚是在游盘山时结识凌世御的，不久凌世御改官临榆。乾隆四十八年（1783）秋，乾隆帝东巡盛京归来，就住在临榆。章学诚前去拜访，凌世御正为接待皇帝而忙得晕头转向，但仍旧特地为学诚置酒接风，谈及刘歆《七略》与后世著录诸家同异，商榷流别，弹劾利病，至夜分始罢。乾隆四十九年，凌世御遭诬告免官，寻补房山知县，两人再次相见，执手恳谈，深感聚散无常。次年夏，凌世御到府城章学诚寓所，纵谈经义。是年，章学诚代为校定凌世御业师叶氏的遗稿，刊印后名《叶鹤涂文集》，并作序。

蔡薰（1729—1788），字涵斋，四川安岳人。初以府照磨听用江南，迁为上元知县，善断疑狱。以失囚小过免官，复起知县，迁滦州知州。又被同官牵连，遭小人陷害中伤，拟大辟。乾隆特原其情，囚保定监狱五年，出狱逾年，病逝于旅舍。

蔡薰因族父蔡时田与章学诚父亲为乾隆七年（1742）同榜进士，所以与学诚一见如故。蔡薰有意聘章学诚修《滦州志》，取来旧志给他参考，后因下狱而未果。后来章学诚作了《书〈滦志〉后》，批评此志荒唐，竟采用《春秋》经传的形式，“矫诬迂怪，颇染明中叶人不读书而好奇习气，文理至此，竟不可复言矣”①。乾隆五十年，章学诚从永平到保定，访蔡薰于监狱，回想旧游，百感交集，涕泪纵横。没想到，这是他们最后一次见面。

在敬胜书院，章学诚在教学过程中发现学生的功底较差，文章写得支离冗蔓，几乎没什么可取之处。他们平时就诵读一些经书，参考一些浮薄时文。讲课内容稍微深奥一些，他们就错愕不能对，而且不屑于学习。为了纠正这种陋习，使学生能很好地学习古代文学名篇，章学诚精心编选了一部教材。他选取古人撰述中“于典籍有所发挥，道器有所疏证，华有其文，而实不离学者”②，删约百篇，编成《文学》一书，以劝诱蒙俗。

在《〈文学〉叙例》中，章学诚告诉学生，“文之与学，非二事也”，“学立而文以生”，“文者因学而不得已焉者也”。这是在说，自身的学识水平是根本，文章只是反映学问的一种形式，“后世科举取士，固欲征人之学，顾学得于心而无可显明，乃以有所得而不能已于辞说者，咸使可观于文，于是定为制度”。然而士子往往舍本逐末，“舍学而袭于文，利禄之途，习而忘返”，整日揣摩文章如何合于时好与程式，“是则古人学征于文，而后人即文为学，其意已大谬矣”。他批评当时的不良学风，“经传束置高阁，诸子百家，莫能举其名数，即名世传家文艺，亦无从窥津涯焉。询其所学，惟是强识一经，粗忆三数百篇浮薄时文，颠倒首尾，剽掠形似”，根本不是即文为学之业。针对书院学风弊端，章学诚特地编选《文学》，并且介绍了此书的优点：

文则诸生肄业及之，而所谓文者，屏去世俗所选秦、汉、唐、宋仅论

① 《文史通义新编新注》外篇六。

② 《文史通义新编新注》外篇二《〈文学〉叙例》，第529页。

词致不求理实之文，而易以讨论经史、辨正典章、讲求学术之文，诸生诚能弃去默诵三数百篇猥滥时文之功，而易为熟读百篇文学之功，则力不加劳，而收效不可以道里计矣。经书文艺，得此典赡，而不取给于类编杂纂之散漫也；策对经解，得斯识断，而不取给于策括墨选之庸猥也。其文则汉人之淳质，六朝之藻绘，唐人之雅丽，宋人之清疏，体咸备也，附以评论，引而不发，所以待人之自得也。志举业者，得其润色，已足异于众矣。倘因文而思学，因学而求读古人书，因以进于古人之学，十室之邑，必有忠信，以望兴起焉者。夫是以为文学，亦谓姑即文以言学云耳。①

当时的书院教学完全围绕科举考试进行，应付考试的方法也是死记硬背经书，模仿时文，练习写八股文章，章学诚对这种教育现状很不满。从《文学》的编选原则来说，他希望学生从古文中汲取精华，切实提高学识水平，培本固基。这样的学习方法不仅可以应付科举，更重要的是可以激发做学问的兴趣，为日后学业打下坚实的基础。

乾隆四十八年（1783）春天，章学诚在北京寓所大病一场，奄奄一息。好友邵晋涵闻讯，急忙用车将学诚载至家中，请来医生精心调治。两人平日难得见面，章学诚在病中百无聊赖，正好借此机会与邵晋涵一起研讨学问，白天时间不够，每至夜半时分。邵晋涵恐学诚疲惫，常劝他早点休息，而学诚却越谈越兴奋。邵晋涵有志重修《宋史》，章学诚说："俟君书成后，余更以意为之，略如《后汉》《晋史》之各自为家，听决择于后人。"邵晋涵见学诚也有意编撰《宋史》，就询问写作方略，章学诚回答说："当取名数事实，先作比类长编，卷帙盈千可也。至撰集为书，不过五十万言，视始之百倍其书者，大义当更显也。"邵晋涵听后说："如子之约，则吾不能，然亦不过参倍于君，不至骛博而失专家之体也。"由此看来，两人在编修史书上都主张简约，反对繁冗。章学诚长子贻选是邵晋涵的学生，曾经指出："先师深契家君专家宗旨之议，故于《宋史》主于约驭博也。"章学诚还问其立言宗旨，邵晋涵回答说："宋人门户之习，

① 《文史通义新编新注》外篇二《〈文学〉叙例》，第529页。

语录庸陋之风，诚可鄙也。然其立身制行，出于伦常日用，何可废耶。士大夫博学工文，雄出当世，而于辞受取与、出处进退之间，不能无箪豆万种之择，本心既失，其他又何议焉？此著《宋史》之宗旨也。”[①]章学诚见他以维持“宋学”为宗旨，勉励之余，期望他“以班马之业而明程朱之道”。

章学诚病愈后，仍旧回永平敬胜书院讲学。五月下旬，写有《与乔迁安明府论初学课业三简》。“乔迁安”即迁安知县乔钟吴，生卒年不详，字云门，上海人，进士，为官清廉，所至建设书院，振兴文教。章学诚在信中介绍了为《说文解字》编韵的方法，以方便读经传时检索。乔钟吴有三个儿子，章学诚作有《乔氏三子字说》。乔钟吴虽请了塾师，仍不时向章学诚求教教学方法。章学诚认为启蒙教育，当读经解史论，建议：“学问大端，不外经史，童蒙初启，当令试为经解史论。经解须读宋人制义，先以一二百言小篇，使之略知开合反正，兼参之以贴墨大义，发问置对，由浅入深，他日读书具解亦易入也。”[②]章学诚指出，史论须读前四史之论赞，这些论赞作为教材，在篇幅、结构、文辞上都很恰当，不可不熟读。

周震荣亦课子读书，与章学诚信件往来，商讨课蒙书编法，今存章氏两信，作于此年夏秋两季。章学诚主张“童幼初启，先入为主”，反对从时文入手，“所选文字，不尽取轻快流利一路，拟取《诗疏》为制举之权舆，史赞为古学之底蕴”[③]。周震荣认为章学诚要求过高而不切实际，主张先易后难，取坊刻古文选本编成蒙书。两者对比，章学诚从培养学生素养入手，眼光长远，自然稍胜一筹。

章学诚在敬胜书院，对学生的水平与学习态度都不满意，曾说：“此间生徒，难与深言。”[④]“此间生徒，迩日心气稍定，要自求益者，十中不二三焉”，“此间课期，间出论题，诸生多为八股款式，去其破承而加以粗率，真使人闷绝

① 《章氏遗书》卷一八《邵与桐别传》。

② 《文史通义新编新注》外篇三《与乔迁安明府论初学课业三简》，第737页。

③ 《文史通义新编新注》外篇三《答周筤谷论课蒙书》，第732页。

④ 《文史通义新编新注》外篇三《答周筤谷论课蒙书》，第731页。

也！”[1]可见，他在永平教书并不如意。

七月至八月间，学生都去应顺天乡试，偌大个书院，顿时冷清下来。章学诚借此空闲，补撰《文史通义》内篇，撰写《言公》上、中、下三篇，以及《诗教》上、下两篇。自七月初三至九月初二，共得《文史通义》草稿十篇，总共两万多字。草稿写得疏朗清楚，遇到需要改动较多的地方，便用粉黄涂掉旧迹，重新书写。他还用五色笔逐篇自为义例，加以圈点，每章写完后，还标注早晚时节以及风雨阴晴气候。这样做的目的是，“庶他日展阅，并忆撰著时之兴会，而日月居诸，岁不我与，则及时勉学之心，亦可奋然以兴。若其著述之旨，则得自衿腑，随其意趣所至，固未尝有意趋时，亦不敢立心矫异。言惟其是，理惬于心，后有立言君子，或有取于斯焉”[2]。在这十篇当中，今唯有《言公》《诗教》共五篇尚可查考。

《言公》三篇是章学诚的得意之作，主要说明古人立言，在于明道，所以为公，未尝据为私有的道理。上篇开头就提出：“古人之言所以为公也，未尝矜于文辞而私据为己有也。志期于道，言以明志，文以足言。其道果明于天下，而所志无不申，不必其言之果为我有也。”古代学术界的确如此，比如先秦典籍，往往没有作者姓名，一部《诗经》中，绝大部分是无名氏的作品。先秦诸子著作，不少是出于其门生、宾客及其子孙后代之手。可到了后世，学术成为追逐名利的工具，被人占为私有，所以章学诚在中篇指出：“世教之衰也，道不足而争于文，则言可得而私矣；实不充而争于名，则文可得而矜矣。”下篇为赋，论述各种文体之公。[3]

《诗教》两篇主要阐述古代文体的演变，提出了不少重要观点。他认为“古未尝有著述之事”，“至战国而文章之变尽，至战国而著述之事专，至战国而后世之文体备，故论文于战国，而升降盛衰之故可知也。战国之文，奇邪错出而裂于道，人知之；其源皆出于六艺，人不知也。后世之文，其体皆备于战国，人不知；其源多出于《诗》教，人愈不知也。”这是在说，从文学史角度来看，

---

① 《文史通义新编新注》外篇三《与乔迁安明府论初学课业三简》，第735、737页。

② 《章氏遗书》卷二九《癸卯〈通义草〉书后》。

③ 《文史通义新编新注》内篇四。

后世文体完备于战国，而战国之文，源于六艺，特别是多出于《诗》教。他批评将《文章流别传》溯为源头、将萧统《文选》举为辞章之祖的做法，认为这是“不知古今流别之义”。他还对文集内容的变化作了精辟的论述，指出：“子史衰而文集之体盛，著作衰而辞章之学兴。文集者，辞章不专家，而萃聚文墨。”“经学不专家，而文集有经义；史学不专家，而文集有传记；立言不专家，而文集有论辩。”《诗教》下篇说：“学者惟拘声韵之为诗，而不知言情达志，敷陈讽谕，抑扬涵泳之文，皆本于《诗》教。”[①]章学诚强调《诗经》在文学史上的崇高地位与深远影响，很有见地。

除《癸卯〈通义草〉》外，章学诚又录存数年来的古文辞，为《癸卯录存》。

永平知府朱映榆，徽州府歙县人，其子文翰，字屏兹，号沧湄，乾隆四十五年（1780）恩科举人，任内阁中书，后成进士，仕至两淮盐运使。著有《退思初稿》《退思续稿》等。他是位很有才华的学者，当时在诗文上已经颇有名声。他来探望父亲，经常到书院向章学诚请教做学问之事。章学诚写有《与朱沧湄中翰论学书》，该书信是研究章氏学术的非常重要的资料。在信中，章学诚阐述了举业、学问及道三者之间的关系，阐明做学问的目的、方法与途径。

章学诚认为，做学问的目的就是明道，他说：“学问之事，非以为名，经经史纬，出入百家，途辙不同，同期于明道也。道非必袭天人、性命、诚正、治平，如宋人之别以道学为名，始谓之道。文章学问，毋论偏全平齐，为所当然而又知其所以然者，皆道也。《易》曰：‘形而上者谓之道，形而下者谓之器。’道不离器，犹形不离影。”在这里，章学诚提出了“道不离器，犹形不离影”的命题，即事物的原理或规律，不能离开客观事物而存在，这反映出他具有朴素的唯物主义思想。“学术无有大小，皆期于道。若区学术于道外，而别以道学为名，始谓之道，则是有道而无器矣。学术当然，皆下学之器也；中有所以然者，皆上达之道也。器拘于迹而不能相通，惟道无所不通，是故君子即器以明道，将以立乎其大也。”他在这里指出，学术是“下学之器”，“中有所以然者，皆上

---

① 《文史通义新编新注》内篇一。

达之道”，道存在于学术中。

至于举业与学问的关系，章学诚认为：“举业无当于学问，斯固然矣，必谓学问有妨于举业，则未也。”举业称不上是学问，“学问为质，而举业乃其文著之一端”，举业只是学问的一种外在表现形式。同时，“举业虽代圣贤立言，亦自抒其中之所见，诚能从于学问而以明道为指归，则本深而末愈茂，形大而声自宏”。如果学问能有所得，“其于举子之业，不惟不相妨害，且有相资之益”。此外，“制举之初意，本欲即文之一端以觇其人之本质，而世之徒务举业者，无其质而姑以文欺焉，是彼之过也。举业既为无质之文，而学问不衷于道，则又为无根之质，是又为学者之过也”。因此，学问是举业之质，道又是学问之根，一切以明道为旨归。

在学习目标上，章学诚指出：“自力于学，将以明其道也。经史者，古人所以求道之资，而非所以名其学也。经师传授，史学世家，亦必因其资之所习近而勉其力之所能为，殚毕生之精力而成书，于道必有当矣。”学子要“因其资之所习近而勉其力之所能为”，也就是根据自己的性情才质，来确定研究方向。在这方面，“惟夫豪杰之士，自得师于古人，取其意之所诚然而中实有所不得已者，力求其至，所谓君子求诸己也”。方向已经明确后，就要做到“世之所重而非吾意所期与，虽大如泰山，不遑顾也；世之所忽而苟为吾意之所期与，虽细如秋毫，不敢略也。趋向专，故成功也易；毁誉淡，故自得也深”。只有具备这种精神，才能在学术上有所成就。跟风趋时，“若夫世方尚经，从而钻研服、郑，世方贵史，从而攻习班、马”，随波逐流，舍己所长而用己所短，成功肯定无望。①

九月，学生乡试完毕，都回家等待发榜。九日是重阳节，老友乔钟吴、参军袁而谷相邀，共游阳山九莲寺，章学诚专门作有游记。

十月，乾隆东巡盛京归来，暂住临榆。周震荣除道京东，招章学诚到临榆驻地，“观乡田秋获则羡归耕；览山海边关，相与慷慨怀古。其夕宿海边寺，闻海潮如殷雷，势挟风雨，震撼庭户，凄清不复成寐。夜半登高，见海日出，意

① 《文史通义新编新注》外篇三《与朱沧湄中翰论学书》，第708—710页。

惝恍思神仙”。章学诚自谓“数日之间，随所见闻，心境屡化，人世何者可常恃耶?”[①]周震荣又与章学诚谈论文章，自述“十年博千古”，将托著述以期不朽。

这年冬天，章学诚离开敬胜书院。与朱沧湄道别时，为其诗稿作题跋。章学诚对朱沧湄的诗评价很高，“不特吟咏之工，而胸怀浩落，天机呈露”。他还提出，要想以诗名世，“则必求诗之质，而后文以生焉。读书蓄德，名理日富，愤乐循环，若有不得已焉而后出之，此不求工诗而诗乃天至，以操之有其质也。强笑不欢，强哭不悲，哀乐自来而哭笑不自知其已甚。学之于文，岂有异于是乎?”[②]章学诚强调，诗文必须是作者真情的流露，内容空洞，在形式上无论怎样矫揉造作，都不是佳作。

保定莲池书院

乾隆四十九年（1784），由于梁国治的推荐，直隶保定府莲池书院聘请章学诚去主讲。他带着全家离开永平赴保定，家口逐渐多至20人。年初，永定河道陈琮欲聘请他去编纂《永定河志》，章学诚只好婉谢。

保定为畿辅省会，莲池是清代帝后行宫，园林秀丽，被誉为“城市蓬莱”。莲池书院创办于雍正年间，系直隶最高学府，设施、师资一流，名扬天下。书院得到清廷高度重视，仅乾隆就曾三次巡视书院，并赋诗嘉勉。在章学诚主讲的书院中，莲池书院各方面条件最为优越。

在莲池书院就读的都是生员，俗称秀才，他们平日多以教授儿童为业。章学诚对儿童的启蒙教育很重视，也很有心得，曾作有《答周筤谷论课蒙书》两篇。乾隆五十年（1785），又特地作《论课蒙学文法》二十六通，指导他们如何教育儿童，以免误人子弟。他在文中指出：“童子之学，端以先入为主，初学为文，使串经史而知体要，庶不误于所趋。”当时社会上对童子进行启蒙，“必从时文入手”，其实就是应试教育，一开始就向其灌输读书识字是为博取功名利禄

① 《章氏遗书》卷一八《周筤谷别传》。

② 《章氏遗书》卷二九《题朱沧湄诗册》。

的思想。章学诚很反对这种做法，他说："时文体卑而法密，古文道备而法宽。童幼知识初开，不从宽者入手，而使之略近于道；乃责以密者，而使之从事于卑。"不合适的教学内容，对单纯的儿童，会误导终身，故不可不慎。他主张从古文入手，指出"学问大端，不外经史"，经史才是一切学问的根本，根深才能叶茂。童蒙教育应当先读经史，"叙事之文，莫备于《左》《史》"，先读《左传》，次及《史记》。司马迁论赞之文，变化莫测，"所以尽文章之能事，为著述之标准也。初学不可有所别择，不特使其胸罗全史，亦可使知文境之无不备也"。"《左氏》论事，文短理长，语平指远，故自三语五语，以至三数百语，皆孺子意中之所有，资于《左氏》而顺以导之，故能迎机而无所滞也。"[①]作文则先论事，次论人，再次数典，最后叙事。在这篇文章里，他不仅阐述了蒙学的原则，还指出了具体的教学方法，因此建议切实可行。

乾隆五十年（1785）正月，章学诚到北京。友人张维祺的父亲介村先生参加了乾隆举行的千叟宴，获赐鸠杖、御制诗之类物品，请章学诚撰文纪念，他于是作《张介村封公御赐香楠鸠杖记》。张维祺《大名县志》本月纂成，全部采用章氏之法，章学诚亦曾参与商榷文稿，并代撰了序文。不过，由于时代关系，他对方志的发展历史还没能搞清楚，在序文中只强调方志如同古国史，认为隋唐以来的图经"乃是地理专门"，"方志之与图经，其体截然不同"。对于两汉地记，也很少提及。文章对宋代范成大《吴郡志》、罗愿《新安志》以及明代康海《武功县志》、韩邦靖《朝邑县志》作了中肯的评价，并指出："夫家有谱，州县有志，国有史，其义一也。然家谱有征，则县志取焉；县志有征，则国史取焉。今修一代之史，盖有取于家谱者矣，未闻取于县志，则荒略无稽，荐绅先生所难言也。"[②]这实际上是章学诚对当时修志所用资料的可靠性的一种质疑。不久，张维祺迁河间府同知，又因小故免官，《大名县志》未能刊刻，只有其中《艺文志》四卷刻于乾隆五十四年（1789）。

八月，章学诚请周升恒刻《太上感应篇》于石，二日作《刻〈太上感应篇〉

---

① 《文史通义新编新注》外篇一。

② 《文史通义新编新注》外篇六《为张吉甫司马撰〈大名县志〉序》，第1041页。

书后》。《太上感应篇》是道家的劝善书，约成书于北宋末南宋初，流传很广。全书1200余字，以“祸福无门，惟人自召；善恶之报，如影随形”为纲，列举了20多条善行，100多条恶行，作为趋善避恶的准绳。这本书宣扬天人感应，强调因果法则，主张阴功积德的修养。章学诚的祖父君信先生很看重《太上感应篇》一书，认为其所阐发的行为规范与准则，与传统儒家教育中修身养性的理念是一致的，他有志刊布而未成。章学诚的父亲习闻遗训，欲博采经传子史，为此书作注释，后来也没完成，就授意儿子来完成祖父遗愿。章学诚认为当时学者惠栋笺注是书，旁征博引，“惟于中人以下，激劝犹缓”，没有做到雅俗共赏。因此，“拟取史传记载，绎其盈虚消息之故，关于前代家国兴替之大端者，以为之纲；复取福善祸淫、天人感应之不爽毫末者，以昭其信；更取善不必福，恶不必祸，气数或有不齐，而善者究不为失，恶者究不为得，使人亦可发深省者，以通其变。庶几合之惠氏之书问世，而或有裨益于人事”[①]。因果报应思想，为清代大多数知识分子所接受，章学诚也不例外。他注释此书的计划因病未果，后来请周升恒书写此书，刻于石碑上，取拓印本分送同好。周升恒（1733—1801），字稚圭，号山茨，浙江嘉善人，乾隆进士，官至广西巡抚，有《皖游诗存》。周升恒是书法大家，师法米芾、苏轼，章学诚请他书写，也是想借其书法，使刻本得以广泛流传。对于在莲池书院主讲期间的学术文章，章学诚自评道：“所作亦有斐然可观，而未通变也。”[②]

冬天，章学诚暂至京城，馆于潘庭筠编修家。潘庭筠，生卒年不详，字香祖，一字兰公，号秋串，浙江钱塘人。与章学诚为同年进士，授庶吉士，官至御史，工书法、绘画，后皈依佛门，著有《稼书堂集》。潘庭筠家在兴化寺街，与任大椿寓所衡宇相望，章与任两人常互为主客，谈宴流连，章学诚自谓能得穷途之乐。章学诚留旬月出都，任大椿携酒前来饯行，没想到竟成永别。

乾隆五十一年（1786），仍在莲池书院。五月下旬，与在保定的丁酉乡试同年聚会于书院，章学诚作《保定公会丁酉同年齿录序》。岁月易逝，转眼又到了

① 《章氏遗书》卷二九《刻〈太上感应篇〉书后》。

② 《章氏遗书》卷二八《跋甲乙剩稿》。

岁末。十二月十日，张维祺与王春林月夜过访，与章学诚同游莲池，一边欣赏雪景，一边讲论古文义法。事后，章学诚作有《月夜游莲池记》。十二月十三日，时任东阁大学士兼户部尚书的梁国治病故，谥号“文定”。次年章学诚在京师时，送其归丧，梁国治之子将所辑年谱请他指正。章学诚特作年谱书后，补充了一些生平事迹。

乾隆五十二年（1787），章学诚刚好50岁，在学术思想上更加成熟。他最迫切的愿望，便是拥有一份稳定的职业来解决家庭生计问题，以便有充裕的时间来从事著作活动。然而事与愿违，他只能一次又一次卷入饥寒奔波的生活旋涡。

春天，由于座师梁国治去世，章学诚失去了依靠，地方官马上对他冷眼相看，他不得不辞去莲池书院的讲席，见风使舵的典史甚至在背后恶语中伤，骂他是白字先生。章学诚后来回忆道：

> 甲乙丙主莲花池，相国殷勤推项斯。
> 琳宫提举比祠禄，所惭患好为人师。
> 相府荒凉韩愈罢，丞蜩伎捷斯文诧。
> 朱文曾动天子颜，白字竟遭县尉骂！①

章学诚一贯过着寄人篱下的生活，受些委屈在所难免，但被人讥笑为白字先生还是头一遭。这对视文墨如命的人来说，简直是奇耻大辱！章学诚辞职后，一时无处落脚，只得侨寓保定，寄居旅店。他的长孙女与第五子又不幸病殇，真是祸不单行。在走投无路的情况下，章学诚听说戊戌科进士开始铨选，就到北京吏部投牒。屋漏偏逢连夜雨，又“遇宵小剽窃”，生计索然，只得寓居同年金光悌家。他被困在京师近一年光景，全靠在朋友家辗转食宿度日。章学诚在50岁生日那天，还借宿在老友曾慎家，曾慎专门为他置办酒宴庆贺，尽欢而散。

---

①《章氏遗书》卷二八《丁巳岁暮书怀投赠宾谷转运因以志别》。

到吏部选官，别人唯恐不得，章学诚却“心惴惴焉恐其得也。冬天，已垂得矣，决计舍去”[①]。对于章学诚决定放弃知县职位的举动，一般人或许难以理解，他多年寒窗苦读拼搏，不就是为了能走上仕途吗？章学诚内心也很矛盾，从改善生活方面考虑，一个知县养活家小绰绰有余，可与困扰已久的贫穷生活告别。可是，他深知自己的学问不合时好，为人也不世故圆滑，不愿做媚俗之事，能否胜任知县实在心里没底。章学诚的父亲与许多朋友都做过知县，他也了解知县权力集中，事务繁杂，官场险恶，稍有不慎就会落得个罢官甚至入狱的下场。

更为重要的是，他一向认为做官与做学问不能兼得，人的精力是有限的，若是要做官，就无法专心治学，势必荒废学业，要治学最好不要做官。他在《与邵二云论学》中曾说：“岁月不居，节序川逝，足下京师困于应酬，仆亦江湖疲于奔走；然仆能撰著于车尘马足之间，足下岂不可伏箧于经摺传单之际！此言并示余村，策以及时勉学，无使白首无成，负其灵秀之钟，而与世俗之人归趣不相远也。”他承认邵氏“博综十倍于仆，用力之勤亦十倍于仆”，但邵氏整日忙于官场应酬，将宝贵的精力和聪明才智，尽耗费于无用之地，除《四库全书》史部提要外，在史学上几乎一无所成。门人史余村中进士后做了官，但丢了学问，章学诚写信恳切教诲，信中说：“颇闻足下入官以来，身为境累，不复能力于学。而恬淡之性，拘入于世法，不得所性之安，此非细故。……十年远客孤寒，一旦身登上第，服官以后，事与寒素殊科，外有应酬，家增日用，精神疲于酬酢，心力困于借筹。足下淡定天怀，如胶泥入水，日夕搅之，何日得以澄彻？……如云今困于世，姑且止之，俟他日偿其夙愿，则夙愿将有不可得偿者矣。”[②]在这里，他语重心长地告诫学生，做学问千万不能懈怠，必须抓紧一切时间与机会学习。对于子孙后代，他亦同样告诫应努力治学，不必追逐官场名利，他说：“今吾不为世人所知，余村、虎脂又牵官守，恐未能遂卒其业，尔辈于斯，独无意乎？”[③]章学诚认为在官场追名逐利只是“世俗之趣”，踏

① 《章氏遗书》卷二八《丁巳岁暮书怀投赠宾谷转运因以志别》。

② 《文史通义新编新注》外篇三《与史余村论学书》，第691页。

③ 《文史通义新编新注》外篇三《家书二》，第817页。

踏实实做学问更加重要。在他看来，一旦做了知县，凭自己有限的从政能力，肯定会忙得焦头烂额，文史校雠的事业只能前功尽弃。经过再三斟酌，反复权衡利弊，他最终选择了心爱的文史校雠之业，选择了贫困潦倒的生活，从此也就彻底告别了仕途。

十月，章学诚回到保定旅舍，周震荣从永清来看望他，两人研讨交流颇多。一天，他们讨论起课蒙方法，以前两人观点就不同，这次又争论起来。章学诚针对周震荣旧作《养蒙术》有感而发，极力说明唐宋学人在论人论事时所作的文章，如南宋金华学派吕祖谦的《东莱博议》，万万不能入选启蒙教材，否则将拔苗助长。周震荣也是个不服输的人，章学诚越反对，他越坚持。章学诚见如此情形，面露怒色，嗓门越来越大，并且卷起衣袖，大有不争个明白决不罢休之势。正在此时，周棨、张维祺从门外进来，章学诚亦顾不上迎接，仍旧慷慨陈词。张维祺听清他们的争论话题后，支持周震荣的立场，章学诚见状言辞愈发犀利。周棨赶紧打圆场说："纷争如此，案何由定？"意思是如此争执下去，也无甚结果，不如不争。正在此时，有两个童仆立在门外，见主人在里面争得不可开交，于是用讥诮的口气说："此省垣地，不走谒热官，乃聚讼此无益言语！"说着还都举起各自的囊橐相示说："是宜吾侪之不得饱也。"章学诚闻听这话，顿时忍俊不禁，放声大笑，索酒豪饮，大醉而去。

十一月，经周震荣极力举荐，章学诚前往投奔河南巡抚毕沅，欲借其力编纂一部《史籍考》。

毕沅（1730—1797），字秋帆，号弇山，自号灵岩山人，江苏镇洋人。乾隆二十五年（1760）状元，历任陕西巡抚、陕甘总督、湖广总督等。精通经史、小学、金石、地理之学，著有《灵岩山人诗集》等。毕沅奖掖学术，礼贤下士，人有一技之长，必厚礼聘请，唯恐其不来，来则厚资优待。武亿《授经堂诗文抄·文抄续集》卷十《致孙伯渊三》信中就认为："武昌制府处，恳兄为致先容，便中曾有信去否？当今在位通人，能振厄穷者，惟此公一人。"因此，门下延揽学人众多，深得士林推誉，蔚为人望。

章学诚早在乾隆四十六年（1781），就请邵晋涵写了推荐信，欲在时任陕西巡抚的毕沅门下谋一席。信中说："夏间接读手示，以关中一席，毕中丞复以缓商，不识中丞复意如何，倘淡漠无意，则无可投矣。若犹有平原旧意，或未得坐拥皋比，即从事编摩术业，不无少有所，获惟足下斟酌为之。度其不可，则竟不须饶舌；如在可否之间，则再以一牍讯问。”[①]但事与愿违，希望又成泡影。章学诚与周震荣谋划出路，谈起清初朱彝尊虽有《经义考》之作，然未及史考，实为学界一大憾事。周震荣知道毕沅对史学很感兴趣，于是鼓励章学诚向其致意。章学诚采纳了他的建议，毛遂自荐，在十一月二十九日写了一封《上毕抚台书》，其实就是求职自荐书，信中说：

图6-1 毕沅画像
（据《清代学者象传》）

鄙人闻之，物无定品，以少见珍；遇无常期，以知见贵。……阁下人文炉冶，当代宗师，鄙人倾佩下风之日久矣。尝以私语侪辈，生平尺寸之长，妄诩所得，亦非偶然，不得有力者稍振拔之，卒困于此。……爱才如阁下，而不得鄙人过从之踪；负异如鄙人，而不入阁下裁成之度，其为阙陷，奚翅如昔人所论庄、屈同孟子时，而不得一见孟子、受其陶铸，为可惜哉。

鄙人职业文墨，碌碌依人，所为辄蹶，巧于遇者，争非笑之，鄙人不知所悔，以谓世不我知无害也。然坐是益困穷甚，家贫累重，侨寓保阳，疾病饥寒，颠连失措，濒沟壑者亦几希矣！岂无他人，恐非真知，易地犹是耳。用是裹粮跋涉，不远千里，窃愿听命于下执事。阁下引而进之，察其所长而试策之。虽不敢拟空青火浣、陈仓石鼓之奇，抑闻王公大人，饱尝刍豢，偶进薇蕨，转以为美，庶几其一当也。阁下之客，多与鄙人往还，闻有道鄙人者，阁下未尝不知之也。而鄙人犹复云云者，盖窃有所感也。

昔李文饶恶白乐天，缄置其诗，不以寓目，以谓见诗则爱，恐易初心，

① 《文史通义新编新注》外篇三《与邵与桐书》，第680页。

是爱其文不必爱其人也；郑畋之女，喜诵罗隐之诗，及见隐貌不扬，因不复道，是弃其貌因弃其才也。鄙人既无白氏之诗，而有罗隐之貌，坐困于世，抑有由矣。然尺短寸长，不敢妄自菲薄，而必欲合轨于大匠之门，以其所操，亦有似为于举世不为之日，而及其见知，虽三年之无所短长，不为病也，况向者未尚一日居门下哉。

书后附有旧刻《和州志例》二十篇，《永清县志》二十五篇。为了能得到毕沅的知遇，章学诚在信中讲述了自己的坎坷经历以及做学问的志向，为能博取同情与好感，字里行间，也免不了说几句恭维话。章学诚自称无白氏之诗，然有罗隐之貌，坚信尺有所短，寸有所长，希望得到发挥才能的机会。章学诚的长相，确实奇丑无比。“君貌颇不扬，往往遭俗弄”，长相的丑陋，无疑会招致一些麻烦。他不顾天寒地冻，赶赴开封求见毕沅。所幸毕沅倒并未“以貌取人，失之子羽”，而是待学诚甚厚。章学诚后来追述此行云：

晏岁仓皇走梁宋，才拙岂可辞贱贫。
镇洋太保人伦望，寒士闻名气先壮。
戟门长揖不知惭，奋书自荐无谦让。
公方养疴典谒辞，延见卧榻犹嫌迟。
解推遽释目前困，迎家千里非逶迤。
宋州主讲缘疑夙，文正祠堂权庙祝。
潭潭深院花木饶，侨家忽享名山福。[①]

与毕沅会面时，章学诚将自己的想法和盘托出，毕沅大为赞许，求职一事进行得非常顺利。毕沅推荐章学诚去归德文正书院主讲，并决定开局修《史籍考》，由他主持其事。

岁末，章学诚离开保定前，周震荣设宴送别，酒至半酣，对他说：“君昔矢

① 《章氏遗书》卷二八《丁巳岁暮书怀投赠宾谷转运因以志别》。

愿作《亡友传》，墓草且宿矣，若死者何！”章学诚答道：“是行也，宜偿之。”周震荣说：“君敏于行文，怠于举笔。死者无穷期，生者百年易逝。他日我作《亡友传》，将列君于篇末，以志此憾也！”章学诚一向下笔谨慎，写传记需要多方搜集生平事迹，即使应酬文章也不苟作，周震荣责怪他动笔太慢，章学诚一时默然。他与周震荣友情深厚，曾说：“庚子以来，前后十年，而大小八丧。当饥寒奔走，不得尽其哀礼，每至颠顿狼狈，章惶失志，君必为余设筹。至无可如何，未尝不凄凉相吊也。”[①]周震荣与他握手道别，祝愿他此行有遇且勿相见，没想到一语成谶，竟成诀别。周震荣喜读章氏著述，直到咸丰四年（1854），他的孙子尔墉还珍藏有章氏手抄《实斋文略》一巨册。

归德文正书院

乾隆五十三年（1788）正月，章学诚作《徐尚之古文跋》。徐尚之任太康丞，曾学古文辞于朱筠。章学诚在文中强调为文必先养气，认为：“苏子由谓文不可学而能，气可以养而致，此言可谓知要矣。愿养气不知集义，苏氏之所以仅为苏氏欤！读书广识，乃使义理充积于中，久之又久，使其胸次自有伦类，则心有主。心有主，则笔之于书，乃如火然泉，达之不可已，此古人之所以为养气也。”[②]

二月二十一日，章学诚从开封出发，经陈留、杞县、睢州、宁陵，前往归德府，主持文正书院讲习。三月一日，他给友人洪亮吉写信，兴致勃勃地介绍了沿途风景与书院建筑格局。他对书院环境很满意，“馆舍宽广，足以侨置家累；窗几明净，足以编摩文史”，“回忆豫檿堂株守斗室，户外市井纷嚣，不得跬步一散积郁。到此乃如盆鱼移置池塘，总不得江湖浩荡，亦且免曳尾触四周矣”。[③]从这封信可以看出，章学诚踌躇满志，往日的忧愁郁闷一扫而光，心情比以往任何时候都要愉快。在生活上，文正书院足以安置家小，衣食无虞；在

① 《章氏遗书》卷一八《周筤谷别传》。
② 《文史通义新编新注》外篇二。
③ 《章氏遗书》卷二二《与洪稚存博士书》。

学术上，自己主持的《史籍考》编纂工作也在紧锣密鼓地展开，多年的学术积累终于有了用武之地。这种生活状态，正是他多年来梦寐以求的。因此，在文正书院主讲的这一年，是章学诚生命中颇为志得意满的时期。

三月，家眷从保定旅店南迁至归德。五月，遣长子贻选入京乡试，落榜后馆于永清县署。

文正书院尚未考录生徒入院，故章学诚除必要的应酬之外，得以有充足的时间编摩《史籍考》，致力于学术研讨与著述。春间，有《与孙渊如书》。

孙渊如即孙星衍（1753—1818），字渊如，号伯渊，江苏阳湖人。乾隆五十二年（1787）榜眼，授翰林院编修，改刑部主事，官至山东布政使。去官后，先后主讲泰州安定、绍兴蕺山书院等。精经史、文学、音训之学，旁及诸子百家、金石碑版，又工于篆隶，勤于校勘。著述宏富，有《尚书古今文注疏》《周易集解》《孙渊如外集》《岱南阁集》等多种。他是方志考据派代表人物，编有《长安县志》《咸宁县志》《三水县志》等。孙星衍也是朱筠门生，故与章学诚相识。

章学诚在《与孙渊如书》一信中提道："为中丞编《史籍考》，泛览典籍，亦小有长进，《文史通义》亦庶可借是以告成矣。"他还坦诚地说："鄙人不能诗，而生平有感触，一寓于文。"章学诚的诗作水平的确不高，每当心中有感，抑或是有见解，均借助文章来表达。五月二十三日，又作《报孙渊如书》，信中提出："愚之所见，以为盈天地间，凡涉著作之林，皆是史学。六经特圣人取此六种之史以垂训者耳。子集诸家，其源皆出于史。"此观点惊世骇俗，他自己也说："此种议论，知骇俗下耳目，故不敢多言。"

邵晋涵是章学诚的知心朋友，双方书信往来也最多，乾隆五十三年（1788）春，有《与邵二云书》，信虽短，但对考据之风的批评非常精彩："故以学问为铜，文章为釜，而要知炊黍芼羹之用，所谓道也。风尚所趋，但知聚铜，不解铸釜；其下焉者，则沙砾粪土，亦曰聚之而已。"在《与邵二云论学》中，又谈道："鄙性浅率，生平所得，无不见于言谈，至笔之于书，亦多新奇可喜。其间游士袭其谈锋，经生资为策括，足下亦既知之，斯其浅焉者也。近则遨游南北，目见耳闻，自命专门著述者，率多阴用其言，阳更其貌，且有明翻其说，暗剿其意。”也就是说，他的许多观点，经常被人袭用，当然，“学无心得而但袭人言，未有可恃者也”。

在文正书院，章学诚生活安定，时间充裕，因此，在著述上也大有进展。他对先前所著《校雠通义》作了修改补充，与以前大不相同。十月十六日，作《跋戊申秋课》，其中讲道：

> 生平撰著，皆不自脱稿，而委人缮写，又惮于往复诘问，故所为草稿，皆先为空白书册，随时结撰其上，以备散佚。字画亦必明朗易辨，涂擦多者，则用粉黄拓之。钩勒之笔，朱绿错出，款面皆按年甲子，统题为流水草，盖不分类而随时接续者也。将满一册，率得二三万言，则略以类序先后，录为一卷。作文之勤，多在秋尽冬初，灯火可亲，节序又易生感也。平日所负文债，亦每至秋冬一还，然终未能悉扫无余。性命之文，尽于《通义》一书。今秋所作，又得十篇，月编专卷。盖涉世之文与著作之文相间为之，使其笔墨略有变化，此既盈卷，彼亦成巨册矣。流水草本，每篇之下，必注撰时月日、风雨阴晴，他日覆阅，则知撰文时兴会。

从上面这段话中，我们可以了解章学诚的一些写作习惯。他将平日所写文章分为涉世之文与著作之文，序跋题记、墓状传记等应酬文章属于涉世之文，《校雠通义》《文史通义》属于专门著作，“性命之文，尽于《通义》一书”，可见《文史通义》在其心目中的地位。这年秋，他撰写了《庚辛之间亡友传》，记叙乾隆四十五年至四十六年间（1780—1781）去世的12位朋友的生平事迹与交往经历，达一万余字，写得情真意切，伤感动人。这一年他还写了不少应酬文章，自称“还文债”，比较重要的有《刘氏书楼题存我额记》《书郎通议墓志后》《与宗族论撰忠愍公家传书》《戊申录稿》等。

年过半百的章学诚，饱经沧桑，坎坷潦倒，但他不仅在学术上有所发展，在思想上也逐渐成熟。《刘氏书楼题存我额记》就是他的人生感悟，富有哲理性，他说：

我有来往，我不长存者也。我不长存，而思所以存之，以为及我之存，可以用我耳目聪明，心识志虑，而于具我之质，赋我之理，有以稍得当焉，虽谓不负我生可也。

夫人之生也万变，所谓我者亦万变，毋论各有其生，各不相俾，即一生所历，亦自不同。夫子十五志学，以至七十从心，迥乎远矣。蘧伯玉行年五十，而知四十九年之非，则今日之我，固非昔我，而后此之我，又安能必其如今我乎！食色嗜欲，人人莫不有我，徇于食色嗜欲之人，其所谓我，常存而不变者也。苟思生不漫然之我，则随其思之所至，即为我之所在，岂惟与年为异，抑亦日迁月化而不自知也。然则欲存我者，必时时去其故我，而后所存乃真我也。夫心境身境，其中皆有我也，心有主宰，则身之所处，升沉得失，不能溷焉。

他告诉人们，作为个人的“我”是不断发生变化的，整日沉迷于食色享乐的人，人生没有什么价值。只有不断追求进步，“时时去其故我，而后所存乃真我”，人生才不会虚度。有了这种不断奋斗的精神，无论人生道路上有多少“升沉得失”，自己都不会被摧垮。这样，才有可能取得事业的成功，才称得上是“不负我生”，这其实就是他不屈不挠、顽强拼搏的人生观的真实写照。

这年七月，毕沅升任湖广总督。世态炎凉，章学诚一介穷书生，靠着梁国治、毕沅等官员推荐，方才获得书院教职。一旦他们去世或调任，章学诚便失去依靠，地方官马上对他冷眼相看。不出所料，他又遭到了归德府官员的冷遇，在冬季就失去了归德书院讲席，书院讲学的日子也就结束了。

教学之道

章学诚一生以著书讲学为主，先后主讲过定州定武书院、肥乡清漳书院、永平敬胜书院、保定莲池书院、归德文正书院等，还担任过梁国治等人的家庭教师。在长期的教学实践中，章学诚积累了丰富的经验，并且撰写了多篇阐述教育理论的文章，富有理论建树。特别是在教学目的、教学内容、教学原则上，他提出了许多真知灼见，丰富了传统的教育理论。

章学诚提出“君子学以致其道”，强调教育的目的在于使受教育者认识“道”，培养“有德有言”的良好素质，学好“修齐治平之道”的本领，做经世致用之才。

在教学内容上，章学诚提出“通经服古”的要求，认为经史之学乃第一大学问，以经史教育学生，培本固基，可以收到事半功倍的效果。他坚决反对以科举时文为主要教学内容的做法，认为那样不仅事倍功半，而且还会误人子弟。他在定武书院主讲时，对那些“天资尤敏慧者”，谆谆“教以通经服古”，并说：“今学者以通经服古为迂谈，而剽掠浮薄时文，以为取青紫如拾芥矣。究之所求未必得，而术业卑陋，不可复问。……以不可多得之聪明岁月，而为是朝成夕毁未可取必之时文，虽至愚者不为。”[①]尤其在儿童的启蒙教育方面，应诱导他们学习经史古文，而非学习时文，这实际上体现了应试教育与素质教育之区别。

在长期的教学实践中，章学诚总结出许多具体的行之有效的教学方法，而最根本的一条，就是要让每个受教育者充分发挥自己的特长，从而更有效地掌握知识，最终实现学习目标。

章学诚认为，教学首先必须坚持因材施教的原则，“善为教者，达其天而不益以人，则生才不枉，而学者易于有成也”[②]。这里的“达其天而不益以人”，指教学要充分发挥每个学生的个性，比如学作诗，就要“取其天籁，近于自然”，“使之习其性之所近，而尽其材之所良，抑亦可矣”[③]。他在定武书院里，根据每位学生的不同情况，分别提出了不同的要求和发展方向。他强调，在儿童启蒙教育中，应根据儿童的天性和心理特点，因材施教，循序渐进。他指出：“为童幼之初，天质未泯，遽强以所本无，而穿凿以人事，揠苗助长，槁固可立而待也。夫凤雏出鷇，不必遽能飞也，急以振翼为能事，则藩篱鷃雀，何足喻其多哉！”[④]如果不尽可能地发挥其天资，而是拔苗助长，急于求成，教学就无

① 《文史通义新编新注》外篇二《定武书院教诸生识字训约》，第629页。
② 《文史通义新编新注》外篇一《论课蒙学文法》，第417页。
③ 《文史通义新编新注》外篇二《清漳书院留别条训》，第623页。
④ 《文史通义新编新注》外篇一《论课蒙学文法》，第418页。

异于摧残幼苗。

章学诚还提出“惟教学半”之说，如果教学过程中，教师能“坐收学半之效，成人即以成己，岂不为尽善尽美之事乎？”[①]在《与定武书院诸及门书》中，他还谆谆教导诸生，人中年以后，人事蹉跎，不可能再闭户十年，专心读未读之书。这个时候，只有在聚徒讲学时，边教边学，“日与讲解，孜孜不倦”，才能做到“惟教学半，其裨补当不浅矣”。这样，“学徒既得成就”，而教师的水平，“亦日浸润于古，而不自知矣”。

当时许多教师只知让学生死记硬背，而不去帮助其理解文章的意思，学生读了也是白读，不能灵活运用，举一反三。他提出，一篇文章，如果用理解记忆的方法去读，往往会“熟文习之使生”。具体方法是，从命意、立句、行机、遣调、分比变化、虚实相生、反正开合、顿挫层折、琢句、练字等10个方面，加以分析思考，“每一诵习，各作一意推求，仍用先如未见其文、逐处平心迎拒之法，往复不已，则文虽一定，而我意转换无穷。即使万遍诵习，而揣摩光景，常如新脱于稿，所谓‘熟文习之使生’，此法是也”。这种方法，章学诚有时又把它叫作“读文易意环求之道”[②]。“古人教学，启发是资”[③]，启发教育与理解记忆是密切相关的。他自己在主讲书院时，处处启发学生思考，培养学生的质疑精神，教导学生不可迷信前人见解。

在教育史上，从孔子到明代王阳明都提倡“知行合一”之教，章学诚也不例外，他认为，“知行合一”之教，是孔子所创立的古代教育的优良传统，也是今人所不可须臾放弃的教学原则。他说：“古人之学，不遗事物，盖亦治教未分，官师合一，而后为之较易也。司徒敷五教，典乐教胄子，以及三代之学校皆见于制度。彼时从事于学者，入而申其占毕，出而即见政教典章之行事，是以学皆信而有征，而非空言相为授受也。”这就是说，知行合一，是保证教学不流于空疏的前提，教学要与实际相结合，与社会相联系。故他进而说：“谓必习

① 《文史通义新编新注》外篇二《清漳书院留别条训》，第610页。

② 《文史通义新编新注》外篇二《清漳书院留别条训》，第615页。

③ 《章氏遗书》卷二二《清漳书院会课策问》。

于事而后可以言学，此则夫子诲人知行合一之道也。”[①]其实，这一教学思想，也是由其“道不离器”的哲学思想所决定的。在《与乔迁安明府论初学课业三简》中，章学诚强调：“为学之事，动手必有成功。”鼓励学生自己动手，将所学知识与实际结合起来。

① 《文史通义新编新注》内篇二《原学中》，第110页。

第七章 《校雠通义》

章学诚在车尘马足之间，撰成《校雠通义》一书，这是一部集封建社会校雠学之大成的著作，系统总结了古代校雠学的基本理论和方法，阐述了校雠学的目的和任务，而且探讨了校雠学的起源、发展和演变的历史，提出了许多新的见解。

成书波折

乾隆四十四年（1779）秋，章学诚在座师梁国治家教其子仲将读书，次年冬辞馆。在这一年多时间里，章学诚仅凭当塾师所入，来养活一家10余口人，生活条件之恶劣，自然可以想象。他在《与史余村论学书》中谈道：

> 学问之事，正如医家良剂，不特志古之道不宜中辍，亦正以其心力营于世法，不胜其疲，不可不有所借，以为斯须活泼地也。如云今困于世，姑且止之，俟他日偿其夙愿，则夙愿将有不可得偿者矣。仆困于世久矣！坎坷潦倒之中，几无生人之趣。然退而求其所好，则觉饥之可以为食，寒之可以为衣，其甚者直眇而可以能视，跛而可以能履，已乎！已乎！旦暮得此，所由以生，不啻鱼之于水，虎豹之于幽也。

章学诚在“坎坷潦倒之中，几无生人之趣”，但是对文史校雠的强烈爱好，给予他战胜困难的信心和力量。潜心学术研究而获得如鱼得水的精神慰藉，使他暂时忘却衣食之忧。正是在这种精神鼓舞之下，于颠沛流离之际，《校雠通义》于乾隆四十四年（1779）撰成了，这是他一生中最为得意的著作之一。

图7-1 《校雠通义》书影

《校雠通义》一书最早称《校雠略》。《校雠略》分上、中、下三篇，章学诚最初意欲将其列入《文史通义》外篇。这从《文史通义·诗教》篇的自注中可知，自注一云："详见外篇《校雠略·著录先明大道论》。"二云："六艺为《官礼》之遗，其说亦详外篇《校雠略》中《著录先明大道论》。"三云："说详外篇《校雠略》中《汉志诗赋论》。"四云："说详外篇《校雠略》中《汉志兵书论》。"可是，章学诚在写作过程中，思路不断开拓，发现内容太多而又能自成一体，故而独立成书。后来，他在所作《文史通义·繁称》篇自注中说："已详《校雠通义》。"他在50岁那年写的《上毕抚台书》中也明确说过："生平撰著，有《校雠通义》《文史通义》，尚未卒业，然颇有文理，可备采择。"可见，他本人这时已明确将《校雠通义》当作一部独立的著作，与《文史通义》相提并论。以前有的学者不知道这一情况，提出《校雠通义》是《文史通义》的一部分，这种看法是不正确的。留传下来的《校雠通义》共有三卷，不是分上、中、下三篇，更没有《著录先明大道论》这个篇名，这一内容已经分散在《校雠通义》卷一的《原道》篇中。如《原道》篇云："后世文字，必溯源于六艺，六艺非孔氏之书，乃《周官》之旧典也。"这几句话与上面所引注文不仅思想内容一致，字句亦很相近。至于所谓的《汉志诗赋论》和《汉志兵书论》两篇，则也已编入卷三，仍题为《汉志诗赋》和《汉志兵书》。因此，章学诚原写之《校雠略》三篇，本欲放在《文史通义》外篇，后在此基础上扩充成《校雠通义》一书，专言"校雠"之学，不像《文史通义》内容那么庞杂。

《校雠通义》原为四卷，乾隆四十六年（1781）遇盗被窃。前三卷幸有朋友抄存，但第四卷已不可复得。乾隆五十三年，章学诚将从朋友处抄回来的各卷副本亲自校正改定，成为现今通行的三卷本。卷一为《原道》《宗刘》《互著》《别裁》《辨嫌名》《补郑》《校雠条理》《著录残逸》《藏书》九篇，从文献典籍的起源、发展和演变的角度，系统阐述校雠学的理论和方法。卷二为《补校汉艺文志》《郑樵误校汉志》《焦竑误校汉志》三篇，卷三为《汉志六艺》《汉志诸子》《汉志诗赋》《汉志兵书》《汉志数术》《汉志方技》六篇，这两卷都是就《汉书·艺文志》内容，具体阐述校雠学上的图书分类与著录等问题。《校雠通义》的第四卷内容已失传，但卷二《焦竑误校汉志》中有“明焦竑撰《国史经籍志》，其书之得失，别具论次于后”一语，似原稿原文之未删者。王重民由此推知所谓“别具论次于后”一语，当指第四卷，说明第四卷内容当为专论《汉志》以后的诸家校雠目录学著作，其中包括《国史经籍志》。[①]可是，《章氏遗书》在收录《校雠通义》时，竟在三卷之后，随意增加外篇一卷，勉强凑成四卷，而所收之文，尽是些序跋书简之类，不仅在内容上与《校雠通义》毫无内在联系，而且在形式上也多不相关。其实，关于此书，章学诚生前早有定论，他在《跋酉冬戌春志余草》一文中说得十分清楚，“其第四卷竟不可复得”[②]，也从未提过分内篇、外篇一事。所以，《章氏遗书》本所定之外篇一卷是没有任何根据的。

章学诚作《校雠通义》的目的，是“宗刘，补郑，正俗”，也就是宗法刘歆的《七略》，补充郑樵的《通志·校雠略》，匡正世俗的不良学风和有关校雠学的错误观点。这是一部集封建社会校雠学之大成的著作，书中许多重要见解往往与《文史通义》互相发明。章学诚曾指出，“至于史学义例、校雠心法，则皆前人从未言及，亦未有可以标著之名”[③]。在该书中，章学诚不仅开宗明义地阐述了校雠学的目的和任务，而且探讨了校雠学的起源、发展和演变的历史，总结了古代校雠学的基本理论和方法，并提出了许多新见解。《校雠通义》对中国

---

①〔清〕章学诚：《校雠通义通解》，王重民通解，上海古籍出版社1987年版，第193页。

②《章氏遗书》卷二九。

③《文史通义新编新注》外篇三《家书二》，第817页。

近现代校雠学理论和方法的形成与建立产生了重大的影响，即使在今天，也是图书馆学、校雠目录学和文献学工作者必读的重要参考书。

校雠心法

章学诚认为校雠学的范畴，应当包括校订字句与篇卷参差、叙例同异、推见大体等内容。关于这门学问的研究目的和任务，他在《校雠通义·自序》中，开门见山地指出：

> 校雠之义，盖自刘向父子部次条别，将以辨章学术，考镜源流，非深明于道术精微，群言得失之故者，不足与此。后世部次甲乙，纪录经史者，代有其人，而求能推阐大义，条别学术异同，使人由委溯源，以想见于坟籍之初者，千百之中不十一焉。

章学诚首次明确提出，校雠学的目的和任务在于“辨章学术，考镜源流”，从而“推阐大义”，“宣明大道”。这就是说，校雠之学，不单纯是为了收藏与整理书籍，更重要的是在于“辨章学术，考镜源流”，最终达到“推阐大义”的目的。他很推崇《七略》中的《辑略》，指出，“此最为明道之要”，“由刘氏之旨，以博求古今之载籍，则著录部次，辨章流别，将以折衷六艺，宣明大道，不徒为甲乙纪数之需，亦已明矣”。①在章学诚看来，校雠学的目的主要有以下两个。

考辨学术源流。对各类书籍进行整理、校勘，加以分类，写出叙言，人们可从中看出学术类别之源流，从而为其他学术思想的研究起到“聚粮”和“转饷”的作用。他说，整理书籍，“推论其要旨，以见古人所谓言有物而行有恒者，编于著录之下，则一切无实之华言，牵率之文集，亦可因是而治之，庶几辨章学术之一端矣”②。如对于图书的分类，要达到“部次流别，申明大道，叙

---

①〔清〕章学诚：《校雠通义》卷一《原道》，《章氏遗书》本。

②《校雠通义》卷一《宗刘》。

列九流百氏之学，使之绳贯珠联，无少缺逸，欲人即类求书，因书究学”[①]。事实上也正如章学诚所说，校雠学运用得好，对考辨学术源流的作用是非常大的。在刘歆《七略》之后，班固受其影响，在《汉书》中首创了《艺文志》，使我们得以了解先秦以来学术发展的趋势和社会面貌。章学诚称赞道：“《汉志》最重学术源流……此叙述、著录所以有关于明道之要，而非后世仅计部目者之所及也。”[②]而后来的《隋书·经籍志》，又为我们了解汉魏六朝至唐初学术思想和社会思潮的发展提供了条件。

“宣明大道”。通过校雠来“辨章学术，考镜源流”，最终目的是“推阐大义”“宣明大道”。他驳斥了当时颇为流行的为校雠而校雠的学术倾向，澄清了千百年来对校雠学的狭隘理解，将学术研究与社会政治紧密结合起来，这与他经世致用的学术主张一脉相承。章学诚在《校雠通义》中首列《原道》一篇，着重阐述了校雠学的本质以及社会作用，原来的标题是《著录先明大道论》，就是要通过学术研究去探索人类社会的“大道”。如卷二《补校汉艺文志》即云：“形而上者谓之道，形而下者谓之器。善法具举，本末兼该，部次相从，有伦有脊，使求书者可以即器而明道，会偏而得全。”校雠著录书籍，“部次相从”，正可以“使求书者可以即器而明道”。

章学诚叙述了我国文字和图书产生时期的最初情形：

> 古无文字，结绳之治，易之书契。……理大物博，不可殚也，圣人为之立官分守，而文字亦从而纪焉。有官斯有法，故法具于官；有法斯有书，故官守其书；有书斯有学，故师传其学；有学斯有业，故弟子习其业。官守学业皆出于一，而天下以同文为治，故私门无著述文字。私门无著述文字，则官守之分职，即群书之部次，不复别有著录之法也。[③]

这是在说，在官方垄断著述的时代，并没有形成专门的图书分类著录之法。

---

① 《校雠通义》卷一《互著》。

② 《校雠通义》卷二《补校汉艺文志》。

③ 《校雠通义》卷一《原道》。

当时对于图书资料的掌管、收藏和利用，均由官师代办。即如“六艺”，亦“非孔氏之书，乃《周官》之旧典也。《易》掌太卜，《书》藏外史，《礼》在宗伯，《乐》隶司乐，《诗》领于太师，《春秋》存乎国史”①。

战国以后，出现了许多私人著述，人们需要对图书典籍进行研究、整理和利用。到了刘向、刘歆父子时，便开始了一次大规模的文献整理工作，而《七略》便是这次文献整理研究的成果，古代校雠学也至此正式确立。东汉、三国以后，由于书籍种类的不断增加，《七略》的六分法已不适应时代发展的需要，于是产生了四部分类法。至唐修《隋书·经籍志》，最终确立经、史、子、集四分法。

章学诚在撰写《校雠通义》时，已经认识到图书分类法的发展变化是时势使然，指出：

> 《七略》之流而为四部，如篆隶之流而为行楷，皆势之所不容已者也。史部日繁，不能悉隶以《春秋》家学，四部之不能返《七略》者一；名墨诸家，后世不复有其支别，四部之不能返《七略》者二；文集炽盛，不能定百家九流之名目，四部之不能返《七略》者三；钞辑之体，既非丛书，又非类书，四部之不能返《七略》者四；评点诗文，亦有似别集而实非别集，似总集而非总集者，四部之不能返《七略》者五。凡一切古无今有、古有今无之书，其势判如霄壤，又安得执《七略》之成法，以部次近日之文章乎？②

由于书籍品种、数量的变化，四部分类法确实不能倒退到《七略》的六分法。章学诚还以发展的眼光，提出应改进四部分类法，加强“辨章学术，考镜源流”。他说，“就四部之成法，而能讨论流别”，则“《七略》之要旨，其亦可以有补于古人矣”。他写《宗刘》篇的用意正在于此，并不是要完全复古模仿刘

① 《校雠通义》卷一《原道》。

② 《校雠通义》卷一《宗刘》。

向父子，而是要继承他们的校雠学治学宗旨。

章学诚在目录、校勘、版本等方面，都提出了许多有益的理论和方法，大大丰富和发展了古代校雠学理论。

首先，强调“序录最为明道之要”。序录就是替一部书所作的小序，后世提要实仿于此。刘歆在《七略》中，首列《辑略》为“诸书之总要”，也就是图书的序录，内容包括图书作者的生平事迹和学术思想简介、图书内容评介、书名的意义，以及整理校雠的经过等方面。章学诚将《辑略》奉为古代校雠学的“鼻祖”，“郑樵顾删去《崇文》叙录，乃使观者如甲乙簿注，而更不识其讨论流别之义焉”。他注重撰写目录解题和序录，指出：“《七略》之古法终不可复，而四部之体质又不可改，则四部之中，附以辨章流别之义，以见文字之必有源委，亦治书之要法。”[①]他以唐宋诸大家文集为例，说明撰述提要的重要性，“因集部之目录，而推论其要旨，以见古人所谓言有物而行有恒者，编于著录之下，则一切无实之华言、牵率之文集，亦可因是而治之，庶几辨章学术之一端矣”[②]。

其次，提出了“互著”与“别裁”这两种图书分类著录的重要方法。

针对图书内容复杂造成分类困难和容易混淆的情况，他提出了互著之法：

> 至理有互通，书有两用者，未尝不兼收并载，初不以重复为嫌，其于甲乙部次之下，但加互注，以便稽检而已。古人最重家学，叙列一家之书，凡有涉此一家之学者，无不穷源至委，竟其流别，所谓著作之标准，群言之折衷也。如避重复而不载，则一书本有两用，而仅登一录，于本书之体，既有所不全；一家本有是书，而缺而不载，于一家之学，亦有所不备矣。[③]

这是在说，如遇一书的内容论及两种以上的主题或门类，该书就应在有关各类中互为著录，已录入甲类的，同时还可在乙类或丙类中著录，也就是兼收并载，不以重复为嫌，以见其全备。总之，“书之易混者，非重复互注之法，无

①②③《校雠通义》卷一《宗刘》。

以免后学之牴牾；书之相资者，非重复互注之法，无以究古人之源委。一隅三反，其类盖亦广矣”[①]。

互著是从一书或一家的整体而言，将一书著录在两个或两个以上的类目内。但古代书籍中，往往还有另外一种情况，即一书之中的某篇或某部分，其性质和重要程度与其他内容不同，却又不足以使整部书另立一目，互著于他类。在这个时候，为了让读者准确地了解这些不同性质的篇章，章学诚又提出了别裁的方法，即将一部书中的某些篇章或某些部分裁出，著录在相关的另一类（或另几类）里面。《别裁》篇云：

> 盖古人著书，有采取成说、袭用故事者，其所采之书，别有本旨，或历时已久，不知所出；又或所著之篇，于全书之内自为一类者，并得裁其篇章，补苴部次，别出门类，以辨著述源流。至其全书，篇次具存，无所更易，隶于本类，亦自两不相妨。盖权于宾主重轻之间，知其无庸互见者，而始有裁篇别出之法耳。

这就是说，用别裁法著录的书，一般分为两种情况：一种是“采取成说、袭用故事”的部分，因为它本来就是从别的书籍中引录编入的，所以就可以裁出别行，编入其他有关类目。另一种是“所著之篇，于全书之内自为一类者”，即对于可以成为一个独立主题的篇章，可将其裁出，列入与该主题有关的相应类目中。

他还针对《汉书·艺文志》的著录情况，提出具体详尽的别裁主张。这样的别裁分类著录法，确实可以为后人探求学术原委、研究各派学术思想提供系统完整的资料。其目的与互著法是一致的，那就是为了更好地发挥校雠学“辨章学术，考镜源流”，“会通大道”的作用。章学诚对互著别裁法理论的阐述和运用，是对古代校雠学的一大总结和发展，具有不可忽视的价值。直至今天，这一方法在图书目录的编纂中仍有广泛应用。

---

① 《校雠通义》卷一《互著》。

再次，提倡辨嫌名与编索引。针对一书多名的现象，章学诚在《校雠通义》卷一《辨嫌名》中提出了“嫌名著录法”。即凡遇“一书数名者，必当历注互名于卷帙之下；一人而有多字号者，亦当历注其字号于姓名之下”，这样就可避免“嫌名歧出之弊”。在《校雠通义》卷三《汉志兵书》中，他还对《汉书·艺文志》中“同名而异实”的图书作了专门的辨别，以便稽检。

然而，在章学诚看来，要使嫌名著录法准确无误，必须事先“深究载籍，详考史传，并当历究著录之家，求其所以同异两称之故而笔之于书”。在这里，章学诚以其深邃的洞察力，提出了先作长编，再制作各种索引的办法。《辨嫌名》云：“欲免一书两入之弊，但须先作长编，取著书之人与书之标名，按韵编之，详注一书源委于其韵下。至分部别类之时，但须按韵稽之，虽百人共事，千卷雷同，可使疑似之书一无犯复矣。”这里指的就是编制著者索引（“著书之人”）和书名索引（“书之标名”）。在《校雠通义》卷一《校雠条理》中，他甚至还提出编制群书索引的主张，他说：

> 窃以典籍浩繁，闻见有限，在博雅者且不能悉究无遗，况其下乎？以谓校雠之先，宜尽取四库之藏、中外之籍，择其中之人名、地号、官阶、书目，凡一切有名可治，有数可稽者，略仿《佩文韵府》之例，悉编为韵；乃于本韵之下，注明原书出处及先后篇第，自一见再见以至数千百，皆详注之，藏之馆中，以为群书之总类。至校书之时，遇有疑似之处，即名而求其编韵，因韵而检其本书，参互错综，即可得其至是。此则渊博之儒，穷毕生年力而不可究殚者，今即中才校勘可坐收于几席之间，非校雠之良法欤？

章学诚在这里提出，校雠之先，要将所有书籍依韵编成一部主题索引，以备查考。此说极有见地，确实是“校雠之良法”。

最后，主张采辑补缀与书掌于官。

章学诚在《校雠通义》卷一《补郑》篇中，指出郑樵的“书有名亡实不亡”理论很有卓见，但“亦有发言太易者”，就是因为没有对采辑补缀之法加以具体的说明。他提出："今按纬候之书，往往见于《毛诗》《礼记注疏》及《后汉书注》；汉魏杂史，往往见于《三国志注》；挚虞《流别》及《文章志》，往往见于《文选注》；六朝诗文集，多见采于《北堂书钞》《艺文类聚》；唐人载籍，多见采于《太平御览》《文苑英华》。一隅三反，充类求之，古逸之可采者多矣。"这无疑是给辑佚工作指明了一条捷径。

在《校雠通义》卷一《校雠条理》中，章学诚又提出了"书掌于官"的主张。他认为，求书、校书都离不开平时的"治书"，而最理想的办法是，"于平日责成州县学校，师儒讲习，考求是正，著为录籍，略如人户之有版图。载笔之士，果能发明道要，自致不朽，愿托于官者听之"。也就是由地方政府组织人员专门从事搜访、整理及收藏书籍的工作。他还鼓励社会各界藏书，"以补中秘之所不逮"。

除了提出序录、互著别裁、嫌名著录和编制索引、辑佚和藏书等理论和方法，章学诚还认为校书过程中应"广储副本"，并且"博求"各种版本，以备校正书籍时对质互勘。此外，他提出"有所更定必注原文"的意见。《校雠条理》云："古人校雠，于书有讹误，更定其文者，必注原文于其下；其两说可通者，亦两存其说；删去篇次者，亦必存其阙目；所以备后人之采择，而未敢自以谓必是也。"这种极为谨慎的态度和方法，值得校雠工作者借鉴。所有这些，都表明了章学诚《校雠通义》一书，确实是中国古代校雠学理论的集大成著作。

第八章　游幕皖鄂

乾隆五十二年（1787），章学诚50岁，到了知天命之年，在学术思想上更加成熟。由于生计艰难，他不得不为人幕僚，继续着坎坷潦倒的游幕生涯。他先是侨寓亳州，为安徽学政徐立纲编辑宗谱，又为裴振编撰《亳州志》。后来，又到武昌投奔毕沅，在其幕府五年，编纂《史籍考》，主修《湖北通志》。此外，章学诚集中时间精力，著述不辍，努力完成自己的撰著计划。

侨寓亳州

离开归德文正书院后，短暂的如鱼得水般的生活被迫中断，章学诚又开始四处奔波劳顿。天下之大，竟无处安放一张属于自己的书桌，到哪里去谋生呢？章学诚再次陷入无可依凭的窘境。他准备到湖北投奔毕沅，继续编纂《史籍考》，但此事能否得到支持还未可知，家小却迫切需要安顿下来。他去拜访时任安徽亳州知州的老友裴振，请求相助，裴振当即表示愿意接纳。章学诚一家于是迁居亳州，聊作栖身之地。乾隆五十三年（1788）八月，荆州长江大堤决口，洪水泛滥。毕沅驰抵荆州视察水患，当地城墙倒塌，田地、庐舍淹没无数，乾隆下诏拨救灾款200万两。毕沅忙于处理救灾事宜，至十一月始抵武昌。岁末，章学诚风尘仆仆地赶到武昌，到总督府拜见毕沅。毕沅立脚未稳，政务繁忙，尤其是荆州水患未靖，一时无暇顾及修书之事，故章学诚此行无果，仅作短暂停留后即返回。

乾隆五十四年（1789）春，章学诚辗转于安徽当涂、怀宁之间，始终找不到就馆之地，几乎到了沿街托钵乞食的地步。三月末，到太平使院旧地重游，安徽学政徐立纲正在编辑宗谱，就请他来经纪其事。章学诚终于找到一份临时差使，在使院百获斋暂且安顿下来。学使署中有桐城张曾献、左眉，皆一时名隽。张曾献，生卒年不详，字小令，号未斋，乾隆四十年举人，历官山西潞安知府、冀宁道，有治绩，病归。工诗文书画，著有《未斋诗集》。[①]左眉，字良宇，号静庵，安徽桐城人，著有《静庵文集》《静庵诗集》《尚书蔡传正讹》。章学诚与他们朝夕相处，一起从事文墨之业，暇则聚谈，谈亦不必皆文字，而引机触兴，则时有所会。他一边为徐立纲编纂家谱、撰写传记，一边充分利用空余时间，发奋著述。从四月十一日至五月初八日，共得《文史通义》内外二十三篇，约二万字，统名《姑孰夏课》，自称“生平为文，未有捷于此者”[②]。按体例分为甲、乙两编，甲编共十三篇，其中新作十二篇，旧作一篇。乙编共十三篇，新作十一篇，附旧作两篇，专论文史。《姑孰夏课甲编小引》云：

> 向病诸子言道，率多破碎，儒者又尊道太过，不免推而远之。至谓近日所云学问发为文章，与古之有德有言殊异，无怪前人诋文史之儒不足与议于道矣。余仅能议文史耳，非知道者也。然议文史而自拒文史于道外，则文史亦不成其为文史矣。因推原道术，为书得十三篇，以为文史缘起，亦见儒之流于文史，儒者自误以谓有道在文史外耳。

据胡适《章实斋先生年谱》考证，甲编为《原道》《原学》《博约》《经解》各三篇。此外，他这一年还作有：《史释》《史注》《习固》《文集》《天喻》《篇卷》《师说》《说林》《匡谬》《黠陋》《辨似》《朱陆》《知难》《感遇》《感赋》《文理》《家谱杂议》《与冯秋山论修谱书》等。

章学诚早在六年前的《与朱沧湄中翰论学书》中，就提出了“道不离器，

---

① 〔清〕吴坤修等：《光绪安徽通志》卷二二三《人物志》，光绪七年刻本。

② 《章氏遗书》卷二九《姑孰夏课乙编小引》。

犹形不离影”的光辉命题，而在《原道》三篇中又加以系统论述，这是研究章氏哲学思想的重要文章。他指出，人类社会的“道”，是随着人类社会而产生、发展变化的，从“三人居室”到“一室所不能容”，逐渐产生“作君、作师、画野、分州、井田、封建、学校”等典章制度、礼教风俗。对于社会历史发展变化的动因，他认为既不是神也非圣君贤相，是“时会使然”而“不得不然”。他进而论证，典章制度的演变和学术文化的发展也取决于社会发展的必然趋势，这表明他继承了古代朴素唯物主义的思想。

章学诚的《原道》篇写出后，他的一些师友看过后都表示不能理解，反而认为他沾染上了“宋人习气”。章学诚此年在给邵晋涵的塾师陈鉴亭的信中特地作了说明，论述《原道》篇是针对学术界的不良风气而作的，并指出：“《原学》之篇，即申《原道》未尽之意，其以学而不思为俗学之因缘，思而不学为异端之底蕴，颇自喜其能得要领。”[①]在《原学》篇中，他认为古代学在官府，自从官师分离，才出现诸子百家，使得学术流派纷呈。他认为，“诸子百家之患，起于思而不学；世儒之患，起于学而不思”，批评当时学界沉迷考据，提出“所贵君子之学术，为能持世而救偏”。

《博约》篇是因沈枫墀问学而作。沈业富之子沈在廷，生卒年不详，字枫墀，乾隆四十八年（1783）举人，官内阁中书，究训诂之学，有《经余书屋诗抄》。此篇论述做学问过程中博与约的关系，文中说，“博学强识，儒之所有事也。以谓自立之基，不在是矣。学贵博而能约，未有不博而能约者也。以言陋儒荒俚，学一先生之言以自封域，不得谓专家也，然亦未有不约而能博者也。以言俗儒记诵，漫漶至于无极，妄求遍物，而不知尧舜之知所不能也”，“名有由立，非专门成学不可也，故未有不专而可成学者也”。[②]也就是说，博与约在治学过程中相互依存，先博后约，做到专精才能成一家之言。

《经解》篇阐述“六经皆史”的观点，提出：“古之所谓经，乃三代盛时，典章法度见于政教行事之实，而非圣人有意作为文字以传后世。”[③]六经本为先

① 《文史通义新编新注》外篇三《与陈鉴亭论学》，第718页。

② 《文史通义新编新注》内篇二《博约中》，第117页。

③ 《文史通义新编新注》内篇一《经解上》，第77页。

王之政教典章，只是后来被儒家尊奉为经典，称经之作就越来越多。

《文理》篇是见到左眉书案上所放的《史记》录本而作。明代归有光用五色笔圈点《史记》，这个本子被清代“桐城派”奉为圭臬，章学诚对这种机械模仿古人的做法提出了批评：

> 富贵公子，虽醉梦中不能作寒酸求乞语；疾痛患难之人，虽置之丝竹华宴之场，不能易其呻吟而作欢笑。此声之所以肖其心，而文之所以不能彼此相易，各自成家者也。今舍己之所求而摩古人之形似，是杞梁之妻善哭其夫，而西家偕老之妇亦学其悲号；屈子自沈汨罗，而同心一德之朝，其臣亦宜作楚怨也，不亦慎乎？……学问为立言之主，犹之志也；文章为明道之具，犹之气也。求自得于学问，固为文之根本；求无病于文章，亦为学之发挥。……但文字之佳胜，正贵读者之自得，如饮食甘旨，衣服轻暖，衣且食者之领受，各自知之，而难以告人。如欲告人衣食之道，当指脍炙而令其自尝，可得旨甘，指狐貉而令其自被，可得轻暖，则有是道矣。必吐己之所尝而哺人以授之甘，搂人之身而置怀以授之暖，则无是理也。……比如怀人见月而思，月岂必主远怀？久客听雨而悲，雨岂必有愁况？然而月下之怀，雨中之感，岂非天地至文？而欲以此感此怀藏为秘密，或欲嘉惠后学，以谓凡对明月与听霖雨，必须用此悲感方可领略，则适当良友乍逢及新昏宴尔之人，必不信矣。……标识评点之册，本为文之末务，不可揭以告人，只可用以自志。……执古文而示人以法度，则文章变化，非一成之文所能限也。归震川氏取《史记》之文，五色标识，以示义法，今之通人，如闻其事，必窃笑之，余不能为归氏解也。……据为传授之秘，则是郢人宝燕石矣。……因一己所见，而谓天下之人，皆当范我之心手焉，后人或我从矣，起古人而问之，乃曰：“余之所命，不在是矣。”毋乃冤欤！①

①《文史通义新编新注》内篇二《文理》，第140—142页。

这篇文章针对“桐城派”的弊病而发，认为他们评点和总结古文创作手法，虽不乏对文章艺术的细致分析和归纳，可以给后人一定的示范和启发，但将这些手法作为一成不变的程式而到处生搬硬套，自然是流弊百出的。章学诚强调文学创作最基本的要求是言之有物，能表达出真情实感，贵创造而反对因袭模仿。

《习固》篇讲学贵真知，不能墨守成规，但习惯势力影响极大，要做到这一点很困难。文中云：

辨论乌乎起？起于是非之心也。是非之心乌乎起？起于嫌介疑似之间也；乌乎极？极于是尧非桀也。世无辨尧桀之是非，世无辨天地之高卑也。目力尽于秋毫，耳力穷乎穴蚁。能见泰山，不为明目，能闻雷霆，不为聪耳。故尧桀者，是非之名，而非所以辨是非也。嫌介疑似，未若尧桀之分也。推之而无不若尧桀之分，起于是非之微而极于辨论之精也。故尧桀者，辨论所极，而是非者，隐微之所发端也。

隐微之创见，辨者矜而宝之矣。推之不至乎尧桀，无为贵创见焉。推之既至乎尧桀，人亦将与固有之尧桀而安之也。故创得之是非，终于无所见是非也。尧桀，无推者也。积古今之是非而安之如尧桀者，皆积古今人所创见之隐微而推极之者也。安于推极之是非者，不知是非之所在也。不知是非之所在者，非竟忘是非也，以谓固然而不足致吾意焉尔。

触乎其类而动乎其思，于是有见所谓诚然者，非其所非而是其所是，矜而宝之，以谓隐微之创见也。推而合之，比而同之，致乎其极，乃即向者安于固然之尧桀也。向也不知所以，而今知其所以，故其所见有以异于向者之所见，而其所云实不异于向之所云也。故于是非而不致其思者，所矜之创见，皆其平而无足奇者也。……

尧桀固无庸辨矣。然被尧之仁，必有几，几于不能言尧者，乃真是尧之人也；遇桀之暴，必有几，几于不能数桀者，乃真非桀之人也。千古固然之尧桀，犹推始于几，几不能言与数者，而后定尧桀之固然也。

故真知是非者，不能遽言是非也。真知是尧非桀者，其学在是非之先，

> 不在是尧非桀也。是尧而非桀，贵王而贱霸，遵周孔而斥异端，正程朱而偏陆王，吾不谓其不然也；习固然而言之易者，吾知其非真知也。

《习固》篇发《原学》篇未尽之义，相互发明。胡适对此篇非常推崇，说："《习固》篇教人以思辨之法，石破天惊，全书第一杰作。"①

章学诚在太平留三月，六月返回亳州。道经扬州，拜访沈业富。沈业富一向对章学诚的学问非常赏识，款留他在扬州将近一月，令人抄存学诚文稿四卷。七月章学诚抵亳州，长子贻选之妻病故，经营丧事，拮据殊甚，又从县署移居民家。

编修《亳州志》

清政府非常重视方志编修工作，方志发展进入鼎盛时期。清代的方志编修，数量之巨，种类之多，体例之完备，内容之广泛，达到了封建社会的最高峰。据《中国地方志联合目录》所载，现存清代方志五千七百零一种，约占全国现存旧方志总数的70%。乾隆朝编纂《大清一统志》，各地省志、府志、县志、乡镇志的编修也蔚然成风。许多史学家既不能私修史书，就致力于朝廷提倡的方志修纂事业。章学诚就说过："大丈夫生不为史臣，亦当从名公巨卿，执笔充书记，而因得论列当世，以文章见用于时，如纂修志乘，亦其中之一事也。"②对亳州知州裴振而言，修纂志书是一项政绩，而身边又有章学诚这样的行家，于是在秋季就请他主修《亳州志》。

乾隆五十四年（1789）八月，章学诚游湖北，留月余，门生史致光时任湖北乡试正考官。十月，回亳州，忙于志局应酬。十一月，从县署接到沈枫墀六月来信，请教学问文章之事，于是作有《答沈枫墀论学》一信，告诉他为学之道，指出对考订、辞章、义理三者，都应当重视而不可偏废。信中有许多警句

---

① 《章实斋年谱》，第72页。

② 《文史通义新编新注》外篇四《答甄秀才论修志第一书》，第842页。

值得借鉴，如云："人生有能有不能，耳目有至有不至，虽圣人有所不能尽也"，"为学之要，先戒名心，为学之方，求端于道"。再如："文非学不立，学非文不行，二者相须，若左右手"，"学业将以经世，当视世所忽者而施挽救焉"。此篇书信与《原学》《博约》诸篇可相互参证。

十二月二十九日，有《上毕制府书》，附五言古诗以祝毕沅六旬初度。长子贻选归自京师，章学诚有《论文示贻选》。此外，这一年比较重要的书信，有《答周永清辨论文法》《与史余村论学书》《与陈鉴亭论学》《与邵二云论文》《与朱少白论文》《与周永清论文》《与家正甫论文》等。

乾隆五十五年（1790）正月，长孙殇于亳州侨寓。从乾隆五十四年十月二十四日，至五十五年二月三日，得大小杂著文稿二十一件，名为《酉冬戌春志余草》。当时章学诚正在修志，命胥吏抄写誊录，以备出行时携带。章学诚在乾隆五十四年十一月的《答沈枫墀论学》中说："遥计正月之杪，志事未能卒业，便须挈此遗绪又作楚游矣。"乾隆五十五年有《与邵二云论学》一信，云："二月初旬，亳州一书奉寄，屈指又匝月矣。仆于二月之杪方得离亳，今三月望，始抵武昌。襄阳馆未成，制府即令武昌择一公馆，在省编摩，于仆计亦较便也。"由此可知，二月《亳州志》全书告成，为时不到半年，故在《与周永清论文》中云："永清撰志去今十二年，和州则十八年矣。"

章学诚对所修的《亳州志》十分自信，在《又与永清论文》中说：

> 近日撰《亳州志》，颇有新得，视《和州》《永清》之志，一半为土苴矣。主人雅相信任，不以一语旁参，与足下同，而地广道远，仆又逼于楚行，四乡名迹，未尽游涉，而孀妇之现存者，不能与之面询委曲，差觉不如《永清》；然文献足征，又较《永清》为远胜矣。
>
> 此志拟之于史，当于陈、范抗行，义例之精，则又《文史通义》中之最上乘也。世人忽近贵远，自不察耳。后世是非，终有定评，如有良史才出，读《亳志》而心知其意，不特方志奉为开山之祖，即史家得其一二精义，亦当尊为不祧之宗。此中自信颇真，言大实非夸也。

可惜的是，由于知州裴振此年离任，人走政息，这部志书未能刊刻，竟至散佚，使我们今天不得见其全貌，也就难以评定其质量高低。但这封信告诉我们这样一个事实，《亳州志》之所以能够修得令人满意，除了他的方志理论有了新的发展，很重要的一点是“主人雅相信任，不以一语旁参”。只有外行不干涉，不瞎指挥，并能在人力、物力、财力上给予大力支持，专业修志人员方能如鱼得水，游刃有余，应当说这是一条很重要的经验。至于《亳州志》究竟有何长处，我们从他给史余村的一封信中，仍可看到一些梗概，信中说：

近撰《亳州志》，更有进境。《新唐书》以至《宋》《元》诸史，书志之体不免繁芜，而汰之又似不可，则不解掌故别有专书，不当事事求备也。列传猥滥，固由文笔不任，然亦不解表例，不特如顾宁人所指班、马诸年表已也。班氏《古今人表》，史家诟詈，凡如众射之的；仆细审之，岂惟不可轻訾，乃大有关系之作，史家必当奉为不祧之宗。颇疑班氏未必出于创造，于古必有所受，或西京诸儒治《春秋》者所传，班氏删改入《汉书》耳。此例一复，则列传自可清其芜累，惜为丛毁所集，无人进而原其心尔。今州县创立其例，便觉旧撰诸志列传，不免玉石杂而不分，正坐不立人表故耳。①

不难看出，他这封信中，强调“掌故”和“人表”在史书和方志中的作用，只要“掌故”立为专书，书志之体便可以免去繁芜，而不必事事求备；“人表”一入史志，则史书、州县之列传自可清其芜累。这部方志如今所留下的只有《人物表例议》和《掌故例议》各三篇，从中可以看出它的精义所在。他在《和州志》和《永清志》的编写中，除志书以外，均作有“文征”，而现在又提出立“掌故”，这就为后来作《方志立三书议》②打下了基础。有人说章学诚的“文征”发端于旧方志的“艺文”一目，而“掌故”源于“考”体，这种说法是没

① 《文史通义新编新注》外篇三《又与史余村》，第689页。

② 《文史通义新编新注》外篇四。

有根据的。章学诚说得十分清楚，“文征”之立，远的是仿《诗经・国风》，近的则效文选、文鉴等。至于“掌故”，远则源于《官礼》，近则仿会要、会典之体而成。这些皆为资料汇编，也就是章学诚所讲的“类纂”。而“考”乃志中的一种体裁，对于这种“考”体，章学诚再三说明是仿《史记》八书、《汉书》十志而作。两者功效与性质均不相同。上述错误看法的产生，正是由对章学诚方志分立三书的本意不理解所致。《方志立三书议》说得非常明白：“别删掌故以辅志，犹《唐书》之有《唐会要》，《宋史》之有《宋会要》，《元史》之有《元典章》，《明史》之有《明会典》而已矣。”

在修《亳州志》期间，章学诚删订《和州志例》为《叙论》一卷，删订《永清全志》为《永清新志》十篇。他深有感慨地说：“由今观之，悔笔甚多，乃知文字不宜轻刻板也。然观近所为文，自以为差可矣，由此以往，少或五七年，多或十许年，安知不又视近作为土苴乎！念及于此，而日暮途长，勉求进业，以庶几于立言之寡愆，真有汲汲不容稍缓者已。”[①]从这里也可以看出，章学诚在学术研究上精益求精，从不自满。

二月末，章学诚从亳州前往湖北武昌，作有《家书》七篇。虽然只是写给儿子的普通书信，学术价值却很高，有的讲治学经验，有的谈论当时的学风利弊，也有的谈自己的学术见解，富有启发性。三月中旬到达武昌，在毕沅幕府中编《史籍考》。毕沅当时正在主编《续通鉴》，章学诚亦襄助其事。

这年所作重要文章还有《答客问》《释通》《书〈朱陆〉篇后》《〈史学例议〉书后》《〈郑学斋记〉书后》《朱先生墓志书后》《跋西冬戌春志余草》《跋陈西峰韭菘吟》《跋〈香泉读书记〉》《与邵二云》《与邵二云论学》等。十二月，作《任幼植别传》。

《答客问》分上、中、下三篇，是章学诚关于历史编纂学理论的重要文章，除了论述通史编修的目的和标准外，还重点提出了史籍分类的新观点和方法。长期以来，我国史籍大都按照史体进行分类，而他在这里提出了把史籍分为撰述（著作之书）和记注（为著作提供材料的资料汇编，又称比类）的主张，无

① 《文史通义新编新注》外篇三《又与永清论文》，第727页。

疑是一种创见。以往许多研究都认为将史书分为史著与史料两类，是西方史学传入中国的结果，而不知200多年前的章学诚早已对此作过详尽的论述。但需要指出的是，章学诚在文中说宋末元初史学家马端临“无独断之学”，“《通考》不足以成比次之功”[①]，只能归入“记注”类，这种观点是不妥当的。

《释通》篇主要论述历史编纂学，提出了通史的编修方法。文章先叙述通史的起源，列举了以“通”为名的著作，后阐述通史编纂的不同形式和发展变化。他还特别列举了通史编写的利弊得失，论断精辟。像这样全面系统论述通史编纂的理论文章，前代还不曾有过，因此，在历史编纂学上具有重要意义。

《〈史学例议〉书后》在《章氏遗书》中漏掉了“书后”二字。此文是章学诚在阅读了《史学例议》后所作的评论，因涉及欧阳修的《新五代史》，故也对其作了评价，认为“实无足矜”。实际上，他一向主张文人不宜修史，认为即便是韩愈、欧阳修这样的文学大家，史学也非其所长。

《〈郑学斋记〉书后》是章学诚读了戴震《郑学斋记》后所写的感想，文中对戴震的学术观点作了很高的评价，并批判了墨守成规的不良学风，为他进行辩护。《朱先生墓志书后》继《〈郑学斋记〉书后》而作，再次重申对古人的学问宜择善而从，切不可墨守前贤，否则学术就难以发展。

《跋〈香泉读书记〉》是应孙云桂请托而写，孙云桂，生卒年不详，号香泉，江苏长洲人，候选布政司理问，有《妙香阁诗文集》，曾长期在毕沅幕府。章学诚在跋文中提出，要写好文章，必须先要“养气”与“集义”。所谓“养气”，就是平时在阅读中有所心得要及时“存记札录”，积累知识，这是做学问的重要基本功。

编纂《史籍考》

乾隆五十二年（1787）十一月，章学诚主动到开封拜见河南巡抚毕沅，欲借其力编纂一部规模宏大的《史籍考》。在得到毕沅同意后，正式主持开局编

---

① 《文史通义新编新注》内篇四《答客问中》，第257页。

纂。在过去的十几年中，章学诚所从事的都是地方志编纂，只能借着地方志来发挥关于正史或通史的编纂学理论。现在要从事的则是编撰史籍的专科目录，他积蓄已久的史学理论、文史校雠理论与方法，终于有了用武之地。

大约在与毕沅晤谈后，章学诚在开封写出《论修〈史籍考〉要略》一文，阐述了编纂目的、意义、原则与文献搜集范围，文中说：

> 校雠著录，自古为难。二十一家之书，志典籍者，仅有汉、隋、唐、宋四家，余则阙如。《明史》止录有明一代著述，不录前代留遗，非故为阙略也，盖无专门著录名家，勒为成书，以作凭借也。史志篇幅有限，故止记部目，且亦不免错讹。私家记载，间有考订，仅就耳目所见，不能悉览无遗。朱竹垞氏《经义》一考，为功甚巨，既辨经籍存亡，且采群书叙录，间为案断，以折其衷。后人溯经艺者，所攸赖矣。第类例间有未尽，则创始之难；而所收止于经部，则史籍浩繁，一人之力不能兼尽，势固不能无待于后人也。今拟修《史籍考》，一仿朱氏成法，少加变通，蔚为巨部，以存经纬相宜之意。

这是章学诚的最初设想，反映出他当时编纂《史籍考》的指导思想。文章提出十五点意见：一曰古逸宜存，二曰家法宜辨，三曰剪裁宜法，四曰逸篇宜采，五曰嫌名宜辨，六曰经部宜通，七曰子部宜择，八曰集部宜裁，九曰方志宜选，十曰谱牒宜略，十一曰考异宜精，十二曰板刻宜详，十三曰制书宜尊，十四曰禁例宜明，十五曰采摭宜详。这十五点犹如修书纲领。在具体编纂方法上，章学诚提出："现有之书，钞录叙目凡例，亡逸之书，搜剔群书纪载以及闻见所及，理宜先作长编。序跋评论之类，钞录不厌其详。长编既定，及至纂辑之时，删繁就简，考订易于为力。仍照朱氏《经考》之例，分别存、轶、阙与未见四门，以见征信。"[①]从这里可以看出，《史籍考》所录要求包括"存、轶、阙与未见"四大门类，搜罗全面。在方法上，借鉴司马光编修《资治通鉴》的

---

① 《文史通义新编新注》外篇一《论修〈史籍考〉要略》，第432页。

优良方法，先作长编，再修改定稿。

乾隆五十三年（1788）二月，章学诚到了文正书院，继续从事编纂。不过，文正书院藏书甚少，除一部《明史》之外，几乎没有别的史书。据说城中士绅陈濂、侯氏、宋氏家中有些藏书，但一时难于借阅。尽管书籍有限，但这丝毫不影响章学诚的编纂热情，他经常与友朋书信往来，反复商讨相关事宜。三月初一日，章学诚致信洪亮吉：

> 官场报访及宴会征逐，稍已即闲。三月朔日为始，排日编辑《史考》。检阅《明史》及《四库》子部目录，中间颇有感会，增长新解，惜不得足下及虚谷、仲子诸人，相与纵横其议论也。然蕴积久之，会当有所发泄。不知足下及仲子，此时检阅何书？史部提要已钞毕否？《四库》集部目录，便中检出，俟此间子部阅毕送上，即可随手取集部，发交来力也。《四库》之外，《玉海》最为紧要，除艺文、史部毋庸选择外，其余天文、地理、礼乐、兵刑各门，皆有应采辑处，不特艺文一门已也。此二项讫工，廿三史亦且渐有条理，都门必当有所钞寄。彼时保定将家既来，可以稍作部署。端午节后，署中聚首，正好班分部别，竖起大间架也。至检阅诸书，采取材料，凡界疑似之间，宁可备而不用，不可遇而不采，想二公有同心也。兹乘羽便，先此布闻，其余一切，须开学后，接见诸生与此间人士，多有往返，性情相喻，乃可因地制宜。此时固无课业纷扰，然亦颇少文墨接谈，得失参半，亦势之无如何耳。①

从这封信以及章学诚的其他书信中可以看出，当时参与编纂《史籍考》的学者分别在三个地方：章学诚在归德主持全局，洪亮吉、凌廷堪、武亿等人在毕沅开封幕府，另外一处即北京，有邵晋涵、孙星衍、章宗源等人，他们不是毕沅史局的正式成员，而是应章学诚求助而给予支援，做些搜罗文献、商讨评定的工作。

---

① 《章氏遗书》卷二二《与洪稚存博士书》。

凌廷堪（约1755—1809），字仲子，又字次仲，安徽歙县人。少孤寒，私淑江永、戴震。乾隆五十五年（1790）进士，选宁国府学教授，去官后主讲敬亭、紫阳书院。曾入毕沅幕，又应阮元之邀教其子，拜翁方纲为师，究心于经史、乐律、六书、历算、舆地、职官之学，尤专《礼经》与乐律。著有《礼经释例》《燕乐考原》《元遗山年谱》《校礼堂文集》等。

武亿（1745—1799），字虚谷，河南偃师人。乾隆四十五年（1780）进士，官山东博山知县，清廉刚直。和珅党徒横行于县，被武亿收捕杖责，以是罢官。潜心于著书立说，长于金石与群经考证，著有《群经义证》《经读考异》《金石三跋》《金石文字续跋》《授堂札记》等，还编修了《偃师县志》《鲁山县志》《宝丰县志》等。其著述皆广引博征，学术价值很高。

本月，章学诚有《与邵二云书》，信中说："自到河南，三度致书，想俱邀鉴矣。春气渐舒，足下比日又作何消遣？所商《史籍考》事，亦有所以教正之耶？望不吝也。"四月二十二日，再次去信商讨：

> 逢之（章宗源）寄来《逸史》，甚得所用。至云摭逸之多，有百余纸不止者，难以附入《史考》，但须载其考证，此说亦有理。然弟意以为搜罗《逸史》，为功亦自不小，其书既成，当与余仲林《经解钩沉》可以对峙，理宜别为一书，另刻以附《史考》之后。《史考》以敌朱氏《经考》，《逸史》以敌余氏《钩沉》，亦一时天生瑜、亮，洵称艺林之盛事也。但朱、余二人，各自为书。故朱氏《经考》，本以著录为事，附登纬候逸文；余氏《钩沉》，本以搜逸为功，而于首卷别为五百余家著录。盖著录与搜逸二事，本属同功异用，故两家推究所极，不侔而合如此。今两书皆出弇山先生一人之手，则又可自为呼吸照应，较彼二家更便利矣。……
>
> 今为酌定凡例，自唐以前诸品逸史，除搜采尚可成卷帙者，仿丛书例，另作叙跋较刻，以附《史籍考》后，其零章碎句，不能成卷帙者，仍入《史籍考》内，以作考证。至书之另刻，不过以其卷页累坠，不便附于各条之下，其为体裁，仍是搜逸，以证著录，与零章碎句之附于各条下者，未始有殊。故文虽另刻，必于本条著录之下，注明另刻字样，以便稽检。鸿

编巨制，取多用宏，创例仅得大凡。及其从事编摩时，遇盘根错节，必须因时准酌，例以义起，穷变通久，难以一端而尽。凡事不厌往复熟商，今之所拟，不识高明以为何如？至宋元以来，史部著述浩繁，自诸家目录之外，名人文集有序文题跋，杂书说部有评论叙述，均须摘抉搜罗。其文集之叙跋，不无仰资馆阁，说部则当搜其外间所无者。此事不知张供事能胜任否？吾兄幸熟计之。若得此二事具，则于采择之功，庶几十得其八九矣。又文集内有传志状述，叙人著述，有关于史部者，皆不可忽。①

章学诚作为主编，在编纂草创阶段，不断对体例方法作调整改进，还提出另外编一部《逸史》的新想法，刊刻以附《史籍考》之后。信中所酌定搜求逸史的凡例，也已经比《论修〈史籍考〉要略》所说“古逸宜存”“逸篇宜采”两条大纲，更为具体。

五月二十三日，有《报孙渊如书》，云：“承询《史籍考》事，取多用宏，包经而兼采子集，不特如所问地理之类已也。前有条例与邵二云，求其相助；如足下从事校雠，其于古今载籍，耳目所及，幸有以指示之也！至义例所定有应采者，邵君处已有大凡，可就询之；此间编得十卷八卷，亦当寄京，请足下辈为参定也。”在信里，章学诚提出一个著名的论断：“盈天地间，凡涉著作之林，皆是史学。六经特圣人取此六种之史以垂训者耳。子集诸家，其源皆出于史。”②所以，《史籍考》所收录的，不局限于史部一门，而是“取多用宏，包经而兼采子集”，广采博稽。

乾隆五十三年（1788）秋，毕沅调任湖广总督，章学诚在年冬就失去了文正书院讲席，《史籍考》编撰一事，遂被搁置。章学诚在岁末至毕沅武昌总督府，询问续编之事，因荆州水灾严重，毕沅暂时无暇顾及，故章学诚旋即返回亳州，另谋生计。在颠沛流离之际，章学诚一直对修《史籍考》一事念念不忘。因此，还在编写《亳州志》的时候，他便急急忙忙于乾隆五十四年十二月二十

① 《文史通义新编新注》外篇三《与邵二云书》，第678—679页。

② 《文史通义新编新注》外篇三。

九日给毕沅写了一封信，名义上是祝寿，实际上是请求毕沅继续支持他完成《史籍考》。信中说，过去承蒙照顾，得以主讲文正书院并编《史籍考》，可是，“事未及殷，阁下移节汉江，学诚欲襆被相从，则妻子无缘寄食，欲仍恋一毡，则东道无人为主。盖自学诚离左右之后，一时地主，面目遽更，造谒难通。疣之赘，尚无言也；毛无附，将焉置此？阁下抚豫数年，学诚未尝一来，及其来也，阁下便去。进退离合，夫岂人谋？不得已还往亳州，辗转于当涂、怀宁之间，一钵萧然，沿街乞食。士生天地，无大人先生提挈而主张之，其穷厄也，有如斯矣。……倘得驰一介之使，费崇朝之享，使学诚得治行具，安家累，仍充宾从之数，获成史籍之考，曰期曰颐，常饫寿尊之余沥；善祷善颂，冀美盛德之形容。学诚临书，不胜欣望依溯之至”[①]。这封求救信反映了章学诚当时的艰难处境，一番深情告白看来打动了毕沅，加上上一年两湖地区粮食丰收，政务清闲，重启书局时机已经成熟。因此，乾隆五十五年三月，章学诚便得以在武昌再度主持编修《史籍考》。

这年秋天，与章学诚同客毕沅幕府的左眉将归里，行前荐胡虔于章学诚[②]。胡虔（1753—1804），字雒君，号枫原，安徽桐城人。工古文，精经史考据，尤长于地理、目录之学。著有《西魏书》《小学考》《钦定四库全书附存目录》《尚书述义》《皇朝舆地道里记》等，今存《柿叶轩笔记》一卷、《识学录》一卷，参修《广西通志》《临桂县志》等。

次年春，胡虔自桐城赴武昌，入毕沅幕，与章学诚共纂《史籍考》及《湖北通志》。参与编纂《史籍考》的同事，还有洪亮吉、凌廷堪、武亿、严观等人，只有胡虔最与章学诚志同道合。胡虔以所撰母亲的《事略》示学诚，请为辞以表墓门。章学诚为撰《墓表》，称“虔之行谊文章，卓然有以自立，必能光大前人之遗徽也”[③]。

从乾隆五十五年至五十九年（1790—1794）五年间，章学诚一直在武昌编纂《史籍考》。乾隆五十九年七月，陕西安康、四川大宁发生西天大乘教案，此

① 《章氏遗书》补遗《上毕制府书》。

② 〔清〕左眉：《静庵诗集》卷四《述旧事一篇寄章实斋》，同治十三年刻本。

③ 《章氏遗书》卷一六《胡母朱太孺人墓表》。

教传自湖北。八月，毕沅以湖北教案奏报不实，受到降补山东巡抚的处分，并罚交湖广总督养廉银五年，再罚山东巡抚养廉银三年。这么一来，他自然无心再顾问编书之事。毕沅既走，章学诚只得离开湖北，《史籍考》的修撰又一次中断。

主修《湖北通志》

在武昌的五年中，章学诚除了主编《史籍考》，还花了很大一部分精力在编纂方志上。毕沅是湖北、湖南两省的最高行政长官，而章学诚是他门下倚重的方志专家，所以章学诚不仅主修了《湖北通志》，还参修了湖北的几种府县志，诸如《常德府志》《荆州府志》《麻城县志》等。

湖北常德知府李大霳，因最近的府志修于康熙九年（1670），且只有区区十卷，百余年来文献荒陋无征，于是请示重修。毕沅嘉其意，嘱咐章学诚为之修撰，在乾隆五十八年至五十九年间（1793—1794）修成，历时一年。此志共分二十四篇："为纪者二，编年以综一郡之大事。为考者十，分类以识今古之典章。为表者四，年经事纬，以著封建、职官、选举、人物之名姓。为略者一，为传者七，采辑传记，参合见闻，以识名宦、乡贤、忠孝、节义之行事。"[①]另有《文征》七卷、《丛谈》一卷。此志今失传。

《荆州府志》名义上是荆州知府崔龙见主修，"崔君之于斯志，则一秉史裁，详赡博雅之中，运以独断别裁之义"[②]。全志分纪、表、考、传、文征、丛谈等部分，卷数不详，今亦不传。崔龙见在编修期间，屡次请教，章学诚为编撰此志，还曾亲赴荆州。志稿约成于乾隆五十八年（1793）冬，当地士绅审阅月余，提出不少意见，章学诚还特地写了《复崔荆州书》，作了答复。

乾隆五十六年（1791），湖北黄书绅纂修《麻城县志》，章学诚参与审定，全志二十八卷，于乾隆六十年刊刻。该志有《文征》六卷，《掌故》六卷，可见

① 《文史通义新编新注》外篇六《为毕秋帆制府撰〈常德府志〉序》，第1044页。
② 《文史通义新编新注》外篇六《为毕秋帆制府撰〈荆州府志〉序》，第1048页。

也是采用章氏方志理论所编纂的。

王维屏编纂《石首县志》时，章学诚对志稿进行了评阅修改，“恐未悉所以必改之故，约举数端，以为梗概”，这就是《与石首王明府论志例》一信。文章指出志稿行文不规范的弊病，如地名、人名用简称，官名用古称，造成后人不知何地、何名、何官，故要求“书有体裁，文有法度”。①章学诚还代毕沅作了序。

湖北黄州府广济县志稿修成，请章学诚审阅，他遂作《报广济黄大尹论修志书》，指出其中图表、注释以及艺文志编撰方面存在的问题。②

乾隆五十七年（1792），章学诚完成方志理论的核心著作《方志立三书议》，标志着其方志理论的成熟、修志体例的完备和方志学的建立。章学诚以史学理论为依据，总结方志编纂的实践经验，经过系统化后，才创立了自己的方志理论。他在《和州志》中先设立《文征》，《永清县志》以同样方式编排，编纂《亳州志》时又设立《掌故》，因而他的方志理论大多是经过实践检验而不断完善起来的。就在这一年，他便用自己新的方志理论，开始编纂一部大型的《湖北通志》。这是一部全面体现《方志立三书议》精神的著作，凝聚了他更多的心血，因此亦可视为章学诚方志理论成熟阶段的代表作。此志纪、图、表、考、传一应俱全，除志的主体外，尚有《文征》《掌故》《丛谈》。现将其目录分列如下：

《湖北通志》（七十三篇）　　二纪：皇言纪、皇朝编年纪（附前代）；三图：方舆图、沿革图、水道图；五表：职官表、封建表、选举表、族望表、人物表；六考：府县考、舆地考、食货考、水利考、艺文考、金石考；四略：经济略、循绩略、捍御略、师儒略；五十三传：（目略）。

《湖北掌故》（六十六篇）　　吏科分四目：官司员额、官司职掌、员缺繁简、吏典事宜；户科分十九目：赋役、仓庾、漕运、杂税、牙行、武昌厂及游湖关税额、州县落地税、解饷水脚、钱法、采运铜铅、盐法、文武养廉公费、各营兵马粮饷表、科场供给、驿站钱粮、铺递工食表、采办

①② 《文史通义新编新注》外篇四。

颜料例案、育婴堂、普济堂；礼科分十三目：祀典、仪注、文闱事宜、科场条例、学校事宜、书院、颁发书籍、采访书籍、禁书目录、各省咨查应禁各书、阴阳医学僧道、外国贡使、义冢；兵科分十二目：将备员额、各营兵丁技艺额数表、武弁例马、汛弁兑旗会巡表、营汛图、武闱仪注、各标营军械额数表、各营战巡船只、驿站（图）、铺递、铺递图、五军道里表；刑科分六目：里甲、编甲图、囚粮衣食、秋审矜恤、冬春二季巡缉江面督捕事宜、三流道里表；工科分十二目：陵寝祠庙、修建衙署贡院、城工、塘汛、江防、各属救生义渡济渡等船、关榷、开采铜铁矿厂、采办硝磺、军械工料银两、工料价值表、刊刷条例。

《湖北文征》（八集）　　甲集上下：裒录正史列传；乙集上下：裒录经济策划；丙集上下：裒录词章诗赋；丁集上下：裒录近人诗文；《湖北丛谈》：考据、轶事、琐语、异闻。

关于为什么做这样的编排，章学诚在《〈湖北通志〉凡例》和《为毕制府撰〈湖北通志〉序》[①]中，都有十分详细的论述。对于《湖北通志》所记载的内容，序中这样说："其山川物产，风俗人文，与夫政教所施，经要所重，具次于斯志者，披文可省。"至于何以分立三书，序中亦有一段解释得十分清楚，现引录如下：

今参取古今史志例义，剪裁浮辞，禀酌经要，分纪、表、图、考、略、传，以为《通志》七十三篇，所以备史裁也。臣又惟簿书案牍，不入雅裁，而府史所职，《周官》不废。汉臣贾谊，尝谓"古人之治天下，至纤至悉"，先儒以谓深于《官礼》之言。今曹司吏典之程，钱谷甲兵之数，志家详之，则嫌芜秽，略之又惧缺遗，此则不知小行人之分别为书法也。今于《通志》之外，取官司见行章程，分吏、户、礼、兵、刑、工，以为《掌故》六门，凡六十六篇，所以昭典例也。臣又惟两汉而后，学少专家，而文人有集。

① 《文史通义新编新注》外篇六。

集者，非经而有义解，非史而有传记，非子而有论说，无专门之长，而有偶至之诣，是以尚选辑焉。志家往往选辑诗文为艺文志，而不知艺文仿于汉臣班固，乃群籍之著录，而方志不知取法，猥选诗文，亦失古人分别之义。今取传记、论说、诗赋、箴铭之属，别次甲乙丙丁上下八集，以为《文征》，所以俟采风也。

章学诚在这里结合《湖北通志》的具体编纂，将《方志立三书议》的理论发挥得淋漓尽致。特别是文中实事求是地对唐宋以来文集的学术价值作了恰如其分的评价，指出许多文集的作者虽在学术上无专门之长，但在某一方面却往往有所见解，主张将其及时选出，予以发扬，这样才不至于埋没他们的学术贡献。在凡例中，又对三书作了言简意赅的规定："一方纪载，统绪纷繁，文士英华，鲜裨实用，胥吏簿牍，不入雅裁。二者牵连纠葛，不免畸重畸轻，向来方志，往往受其累也。今仿史裁而为《通志》，仿会典则例而为《掌故》，仿文选文粹而为《文征》，截分三部之书，各立一家之学，庶体要既得，头绪易清。"现在，我们虽然不能看到《湖北通志》的全部内容，但从残存文稿以及目录中仍可看出，这确实是一部体例严谨、内容丰富、详略得当的方志巨著。尽管章学诚自言此志尚有"事有未备，人有未全"等缺点，但梁启超对这部《湖北通志》推崇备至，他说："《湖北通志》则毕秋帆去职后，全局皆翻。嘉庆官本，章著痕迹，渺不复存，幸而《遗书》中有检存稿及未存稿数十篇，得以窥其崖略。然固已为史界独有千古之作品，不独方志之圣而已。"①

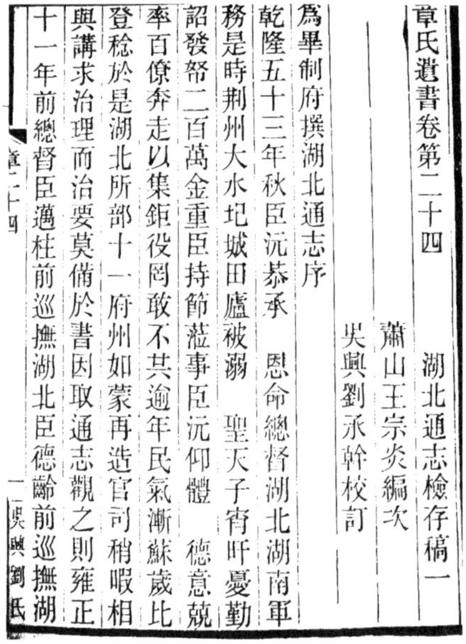
章氏遺書卷第二十四　湖北通志檢存稿一
蕭山王宗炎編次
吳興劉承幹校訂
為畢制府撰湖北通志序
乾隆五十三年秋臣沅恭承　恩命總督湖北湖南軍
務是時荆州大水圮城田廬被溺　聖天子宵旰憂勤
詔發帑二百萬金重臣持節蒞事臣沅仰體　德意兢
率百僚奔走以集鉅役罔敢不共逾年民氣漸蘇歲比
登稔於是湖北所部十一府州如蒙再造官司稍暇相
與講求治理而治要莫備於書因取通志觀之則雍正
十一年前總督臣邁柱前巡撫湖北臣德齡前巡撫湖

图8-1　《湖北通志检存稿》书影

① 《中国近三百年学术史》，第373页。

《湖北通志》脱稿于乾隆五十九年（1794）初。三月，乾隆帝巡幸天津，毕沅入觐，行前将章学诚托付于湖北巡抚惠龄。惠龄（？—1804），蒙古人，历员外郎、副都统、侍郎、巡抚、总督等职，曾带兵镇压农民起义，虽自命斯文，在学术上却毫无建树。章学诚与他初次见面，即呈上所作《刘湘煃传》，隐存专门之学难觅知音之意，不料惠龄视若粪土。惠龄对志稿不满意，下令对其进行评议，那些平日里对章氏学识尤其是其方志理论不满者，乘机加以谗毁。章学诚在《方志辨体》一文中讲道：

> 余撰《湖北通志》，初恃督府一人之知，竟用别裁独断，后为小人谗毁，乘督府入觐之隙，诸当道凭先入之言，委人磨勘，而向依督府为生计者，只窥数十金之利，一时腾跃而起，无不关蒙弓而反射，名士习气然也。如斯学识，岂直置议？然所指摘，督府需余登复，今存《驳议》一卷，见者皆胡卢绝倒也。

毕沅幕府中的一些门客，为了几十两银子的小利，纷纷反戈一击，狠批志稿。当时有位名叫陈增的进士，是浙江嘉兴人，曾乞求章学诚推荐他任职志书校勘，学诚出于同情，婉转荐于当道。不料想陈增受委后，就过河拆桥，顺着惠龄心意，大驳《湖北通志》之不当，将志书批得一文不值，甚至还提出由他来独任重修的建议。章学诚气愤至极，想不到天下竟有如此恩将仇报的无耻小人。这里需要指出的是，有人曾在评论章学诚方志理论的文章中，把陈增说成《湖北通志》的编纂人员，这是不妥当的，陈增实际上连校订文字的工作也没做过。陈增指驳之说，荒谬无稽，当事者竟然非常赞赏，批云："所论具见本源。"毕沅回省后，得知此事，便要章学诚答复陈增的"驳议"。章学诚在极其愤怒的心情下，奋笔疾书，写出《驳陈增议》一卷，对陈增的指责，逐条加以驳斥，现附《湖北通志检存稿》之后，名曰《湖北通志辨例》。

后来，章学诚请朱筠次子朱锡庚将《湖北通志》中的传记两册、《列女传》一册呈送朱珪。

朱锡庚（1762—约1830），字少白，一字少河，号璞存居士。乾隆五十三年（1788）举人，官山西候补直隶州知州，署潞安府知府，受诬陷罢官。稽古好学，精于《左氏春秋》，喜藏书、校书，性耿介，著有《未之思轩杂著》《未之思轩诗草拾遗》《璞存山房初稿》。章学诚与其以兄弟相称，保持着长期交往与学术切磋，彼此是生平少有的知己。

朱珪（1731—1806），字石君，号南崖，在四兄弟中，排行第四，朱筠排行第三，因此朱珪常称朱筠为“叔兄”。乾隆十三年（1748）进士，历官编修、福建粮道、湖北按察使、山西按察使、两广总督、兵部尚书等。他曾为侍讲学士，为太子师。嘉庆即位后，备受重用，官至体仁阁大学士，卒赠太傅，谥“文正”，嘉庆帝临祭奠。为官近60年，正直清廉，和珅曾多次阻止其升迁。朱珪经术淹通，礼贤下士，有《知足斋诗文集》等。章学诚早在乾隆三十年刚入朱筠门下时，就与朱珪相识，称其为“世叔”。

章学诚在给朱锡庚的信中说：“陈熷多闻寡识，乃谓诸传并非传体，甚至言

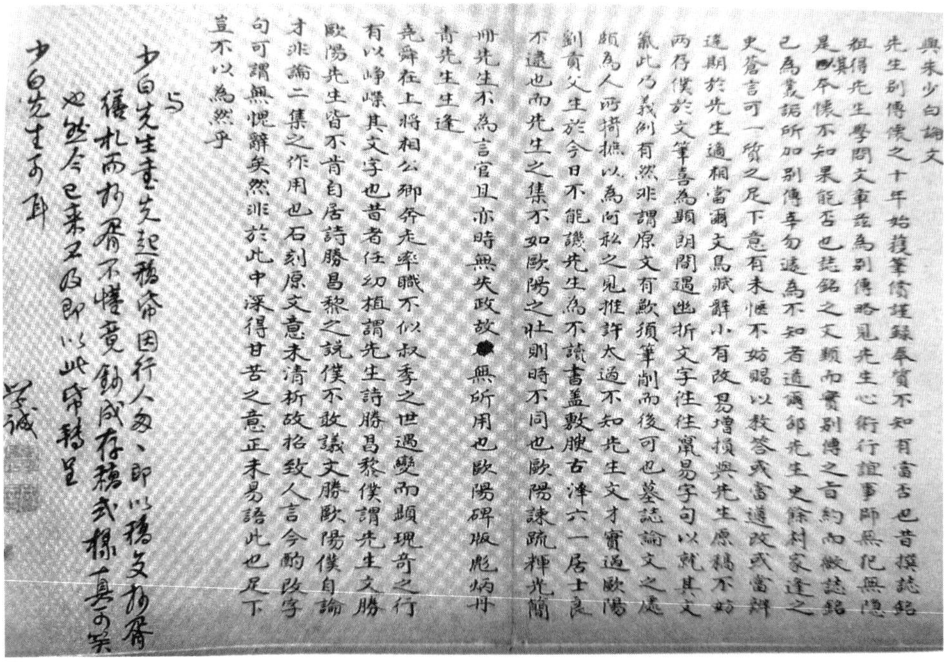
與朱少白論文
先生別傳僕之十年始獲筆僅錄奉實不知有當否也昔撰誌銘
祖得先生學問文章並為別傳略見先生心術行誼事師無犯無隱
是嗼本懷不知果能否也誌銘之文類而實別傳之旨約而微誌銘
己為蒙據所加別傳亭勿遠為不知者道爾邵先生史餘村家達之
史蒼言可一質之足下意有未愜不妨賜以教答或當遵改或當辯
護期於先生適相當爾文鳥賦辭小有改易增損與先生原稿不妨
兩存僕於文筆喜為顯朗間遇幽折文字往往竄易字句以就其文
氣此乃義例有然非謂原文有歉須筆削而後可也墓誌論文之處
頗為人所掎摭以為阿私之見推許太過不知先生文才實過歐陽
劉貢父生於今日不能譏先生為不讀書蓋數賸古淳六一居士良
不遠也而先生之集不如歐陽之壯則時不同也歐陽諫疏輝光簡
冊先生不為言官且亦時無失政故[illegible]無所用也歐陽碑版彪炳丹
青先生生逢
堯舜在上將相公卿奔走率職不似叔季之世遇變而顯瑰奇之行
有以峥嵘其文字也昔者任幼植謂先生詩勝昌黎僕謂先生文勝
歐陽先生皆不肯自居詩勝昌黎之說僕不敢議文勝歐陽僕自諭
才非論二集之作用也石刻原文意未清析故招致人言今酌改字
句可謂無愧辭矣然非於此中深得甘苦之意正未易語此也足下
豈不以為然乎
与
少白先生重先起稿命因行人多、即以稿交於胥
循札而於胥不慊竟錄成存稿式樣真可笑
也然今已棄不及即以此帋錄呈
少白先生可耳
學誠

图8-2 章学诚致朱锡庚信
（原件藏日本关西大学图书馆，据《内藤文库藏钞本章氏遗书》图片摄制）

《左传》之传主训诂解义之属，与史传之传判若天渊，此真痰迷心窍人语也。”[1]在《湖北通志》编纂之初，正因有了毕沅的支持，章学诚才能“别裁独断”，按照自己的方志理论予以实践。当时并无一人提出异议，后来许多人持反对意见，并非出于学术公德以完善《湖北通志》，而是为了追求个人名利而见风使舵。

这年八月，毕沅降补山东巡抚，当时《湖北通志》的问题仍悬而未决，章学诚也只得滞留武昌。后来，武昌知府胡齐仑请于当道，将志稿交与其幕友陈诗校定，章学诚对这样的安排尚属满意，自幸此书落于陈诗之手。临别时，陈诗对他说：“吾自有书，不与君同面目。然君书自成一家，必非世人所能议得失也。吾但正其讹失，不能稍改君面目也。”[2]因此章学诚对陈诗相当尊重，在《丙辰札记》中说：“蕲州陈工部诗者，楚之宿学，曾以十年之功，自撰《湖北旧闻》，博洽贯通，为时推许，陈闻众谤群哄，而独识余之书之非苟作。”可见有识之士还是深知《湖北通志》之价值的。陈诗费10年之功，方编成一部《湖北旧闻》，深知编志中之甘苦，因而也就懂得章学诚所编《湖北通志》“自成一家，必非世人所能议得失也”。可是后来因人事变迁，《湖北通志》未能刊行，章学诚多年心血，再次付诸东流。庆幸的是，他将自己保存的志稿汇编为《湖北通志检存稿》二十四卷，又得《湖北通志未成稿》一卷。我们今天就是根据这些留存下来的残卷，得以窥见其当时的全貌的。

对于编修《湖北通志》的不幸遭遇，章学诚后来一直耿耿于怀。嘉庆元年（1796）三月十八日晚，他给时任山东兖沂曹济道的孙星衍写了一封信，这封信在已有的章氏著作中均未收入，内容却非常重要。

他在信中说：

鄙尝推论古今绝大著述，非大学问不足攻之，非大福泽不足胜之，此中甘苦，非真解人不能知也。鄙人楚游，前后五载，中间委曲，一言难尽。大约楚中官场恶薄，天下所无，而游士习气亦险诈相倾，非弇山先生定识

[1] 《文史通义新编新注》外篇三《又答朱少白书》，第781页。

[2] 《章氏遗书》外编三《丙辰札记》。

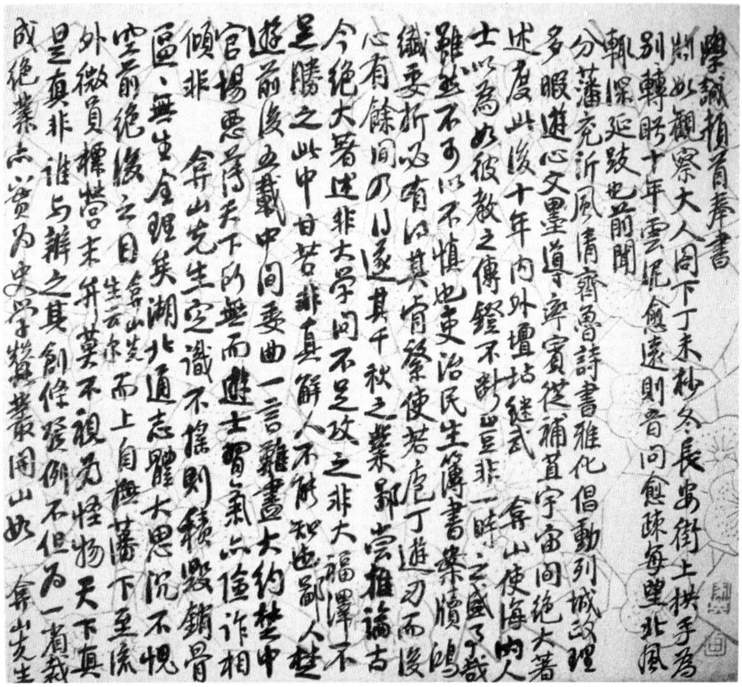

图8-3　章学诚嘉庆元年致孙星衍手札（部分）

不摇，则积毁销骨，区区无生全理矣！《湖北通志》体大思沉，不愧空前绝后之目（弇山先生云尔）。而上自抚藩，下至流外微员、标营末弁，莫不视为怪物，天下真是真非，谁与辨之？其创条发例，不但为一省裁成绝业，亦实为史学蚕丛开山。如弇山先生征苗奏凯，仍还武昌，此事尚可申白，否则惟恳祖方伯（敝同年）抄一副本寄京，知必有赏音矣。[①]

信中的祖方伯指祖之望（1755—1814），福建浦城人，字载璜，又字舫斋。他是章学诚同年进士，时任湖北布政使，官至刑部尚书。对于《湖北通志》，章学诚自己是比较满意的，对其无端遭受非议而未能刊刻问世深感气愤。当然，他也并未将此志当作尽善尽美，当时给陈诗写了一封信，“鄙撰有《与陈工部论

① 《小莽苍苍斋藏清代学者书札》，第227—228页。

史学书》，即辨《湖北通志》者”[①]。这封信在编入《章氏遗书》时称作《与陈观民工部论史学》，亦有选本将其称为《与陈观民工部论修志》。他在信中曾列举修志不足之处：“《通志》之役，则负愧多矣。当官采访者，多于此道茫如，甚且阴以为利。……府县官吏疲懒不支。其有指名征取之件，宪司羽檄叠催，十不报六，而又逼以时限，不能尽其从容。”“夫著述之事，创始为难，踵成为易。仆阙然不自足者，传分记人记事，可谓辟前史之蹊矣；而事有未备，人有未全。盖采访有阙，十居七八，亦缘结撰文字，非他人所可分任，而居鲜暇豫，不得悉心探讨，以极事文之能事，亦居十之二三也。”“《文征》之集，实多未备，则缘诗文诸集送局无多，藏书之家又于未及成书，而纷纷催还原集，是以不得尽心于选事也。然仆于文体粗有解会，故选文不甚卤莽。……至于诗赋韵言，乃是仆之所短，故悉委他人而己无所与。不幸所委非人，徇情通贿，无所不至。恶劣诗赋不堪注目者，仆随时删抹；而奸诡之徒又贿抄胥私增，诚为出人意外。然仆毕竟疏于覆勘，当引咎耳。……此中剧有苦心，恨委任失人，不尽如仆意也。”[②]《湖北通志》出现这些问题，主客观原因都有，资料供应不足，自属客观，而委任失人，疏于复勘，则属主观。此外，章学诚身为主编，不善与分纂诸人相处，也是遭致反对的原因。清人萧穆撰写过《章学诚别传》，他曾在光绪二十九年（1903）指出：

> 毕秋帆制军创修《湖北通志》，特请先生为总纂，又延一时英俊数人为分纂。先生乃别出心裁，发凡起例，推陈出新，为同事诸人所骇。先生于诸分纂中，除其老友桐城胡雒君征士虔外，一概以奴隶视之。诸分纂积不能平，因先生为制军所重，无敢谁何，一时不敢不唯唯听命。逾年，高宗纯皇帝特命毕公入觐，别委他人署湖督，而先生势孤，毕公回任尚遥遥无期。一时分纂诸人各于当道谗言蜂起，且指摘先生所笔于例不合，签条百出，而诸当道均于修志事不甚了了，乃以诸人批驳各条，令先生一一复答。

① 《章氏遗书》补遗《与朱少白书》。

② 《文史通义新编新注》外篇一《与陈观民工部论史学》，第406—407页。

先生乃为驳议一册以复之，且力诋分纂诸人一无所知，妄肆讥评。知势不能为，乃作书以谢毕公，即以己所总纂各类席卷而去。①

同时，编一省通志工程浩大，需要全省各方面人员配合，难度自然非编修一般县志可比。除主编学识之外，助手之人品学问好坏、团队之配合程度，关系也很重大。司马光选用三大得力助手，方成《资治通鉴》这部千古史学名著。章学诚委任失人，助手不能按其意图行事，导致《湖北通志》编修成了他一生之憾事。

著述不辍

章学诚在武昌期间，除编书修志之外，还利用空余时间，勤奋著述，孜孜不倦。经历了少年时代的游学，青壮年时代的广泛涉猎和人世坎坷，进入老年之后，他的学术思想已经成熟，文章愈显功力，文字亦臻佳境。

乾隆五十六年（1791），作《陈伯思别传》。七月，周永年去世，章学诚为作《周书昌别传》。据《内藤文库藏钞本章氏遗书》目录，这一年所写文章主要有：《辛亥草》中的《史德》《〈唐书纠谬〉书后》《读〈史通〉》《驳孙何〈碑解〉》《论文上弇山尚书》《朱先生别传》等篇，《庚辛间草》中的《同居》《〈皇甫持正文集〉书后》《〈李义山文集〉书后》《韩柳二先生年谱书后》《与邵二云》《与族孙守一论史表》《〈元次山集〉书后》《〈王右丞集〉书后》《朱校〈韩文考异〉书后》《东雅堂韩文书后》《葛板韩文书后》《朱子〈韩文考异〉原本书后》《〈韩诗编年笺注〉书后》《韩文五百家注书后》《〈宜兴陈氏宗谱〉书后》《冯瑶罂别传》《〈曾麓亭传〉书后》等篇。另据考证，《〈元次山集〉书后》等十二篇应写于乾隆四十八年。②

《史德》篇与《原道》《原学》诸篇相为表里，在刘知几提出的史家才、学、

① 〔清〕吴庆坻：《蕉廊脞录》卷五，1928年刻本。

② 梁继红：《朱锡庚抄本〈章氏遗著〉及其利用价值》，《文献》2005年第2期。

识三长外，又提出“史德”。史德就是著书者之心术，指作史要忠实于客观史实，具有“善恶必书，务求公正”的品德。章氏史德论辨析了史家治史的修养与态度问题，这是他在史学理论上的一大贡献。在《读〈史通〉》中，章学诚对刘知几认为裴子野《宋略》胜过沈约《宋书》的观点作了批评，提出比较两书优劣时，应当采用同一体裁、同一标准，否则结论不会令人信服。

吴缜《〈新唐书〉纠谬》一书，专门指摘欧阳修著作的瑕疵。一位年轻后辈批评学界前辈名家的著作，此举动机历来备受质疑，其书也就被贬得一文不值了。章学诚在读了此书后，愤然为吴缜鸣不平，指出：“二十篇书，隶四百余事，偶因一事失检，而遂谓多有误诋，毋乃刻欤！”“观其贯串全书，用心精密，诚有功于研唐事者。”为此，他感叹道，“校雠攻辨之书”，“其有功古人而光于后学，不特拯一人之疾，劾一官之邪而已也，而人多不甚悦之……虽为前人救偏，往往中后人之隐病，故悦之者鲜也”。[①]

乾隆五十七年（1792）闰四月，章学诚撰成《历代纪年经纬考》，一题《纪年经纬考》。嘉庆十二年（1807）唐仲冕刻此书时，误题学诚之姓为“张”。章学诚在该书自序中说：“前辈年号纪元之书，著于录者，凡数十家，存者尚十余家。大约主年代者，详于甲子干支，尚考订者，广及偏方僭窃。详则过于繁碎，简则检省多遗，未有折中可为读史约法者。”遂根据桐城胡虔、元和马绍基两家之书，“稍加较订，合为一编。表以经之，韵以纬之，反复互求，而举无遗漏，于以考检史文，旁推传记，极于金石题识，竹素遗编，可以参质异同，决定疑似，是亦习编摩者所不可缺也”。[②]前有《编韵凡例》六条，如：历代帝王之名字及即位年月干支，崩年若干岁，在位若干年，改元若干次，俱载于某帝第一改元之下。年号相同者，按正统、列国、窃据等依次排列。全书不以历代之前后编次，而一概依韵编次，颇便检阅。今存于《章氏遗书》外编中。

这年，毕沅主编的《续通鉴》脱稿，章学诚与邵晋涵也参与编撰此书，且贡献颇大。章学诚还代毕沅作信给钱大昕，详细叙述了此书的编纂义例及史学

① 《文史通义新编新注》外篇二《〈唐书纠谬〉书后》，第548—549页。

② 《文史通义新编新注》外篇二《〈纪年经纬〉序》，第517页。

观点。其中讲道，“章实斋因推孟子其事其文之义，且欲广吕伯恭氏撰辑，别为《宋元文鉴》，将与《事鉴》并立，以为后此一成之例”，“鄙则以为据事直书，善恶自见。史文评论，苟无卓见特识，发前人所未发，开后学所未闻，而漫为颂尧非桀，老生常谈，或有意骋奇，转入迂僻。前人所谓如释氏说法，语尽而继之以偈；文士撰碑，事具而韵之以铭，斯为赘也”，“章实斋乃云：‘纪传之史分而不合，当用互注之法以联其散；编年之史浑灏无门，当用区别之法以清其类。’就求其说，则欲于一帝纪中，略仿《会要》门目，取后妃、皇子、将相、大臣、方镇、使相、谏官、执事、牧守、令长之属，各为品类，标其所见年月，定著《别录》一篇，冠于各帝纪首。使人于编年之中，隐得纪传班部，以为较涑水《目录》《举要》诸篇尤得要领，且欲广其例而上治涑水原书以为编年者法”。[①]诸如此类，都是章氏史学思想的重要内容，很有价值。

毕沅去世时，这部书的雕版只完成一半，后原稿被冯集梧买去，刊于嘉庆六年（1801），全书共二百二十卷。

这一年，章学诚重要论文还有《书教》上、中、下三篇，反映了他晚年的史学见解。文章讲述了史书的分类、史体的发展演变及利弊得失，最后提出了创立新史体的设想。这种新体裁包括本纪、纪事本末、图表三部分，胡适曾指出：“先生这个主张，在我们今日见惯了西洋史学书的看来，固然不算新奇，但在当时，这确是一个很新奇的见解。”[②]在完成《书教》三篇后，章学诚即寄给邵晋涵看，并有《与邵二云论修〈宋史〉书》，再次阐发自己拟创立的新史体，并打算以赵宋一朝为试点，改编《宋史》。可惜章学诚的《圆通》篇始终未成，《宋史》也未来得及编撰。《史篇别录例议》也论述了纪传、编年史书利弊，认为只要采用别录的方法，就可以避免纪传、编年二体的弊端。[③]这些论著最突出的贡献，是对2000年来的历史编纂学作了详细的梳理分析，提出了史书编纂和评论的改革方向。

---

① 《文史通义新编新注》外篇三《为毕制军与钱辛楣宫詹论续鉴书》，第653—654页。

② 《章实斋年谱》，第102页。

③ 《文史通义新编新注》外篇一《史篇别录例议》，第426—430页。《章氏遗书》作《史学别录例议》。

这年夏天，章氏长子贻选从亳州进京乡试，到固安拜访重病的周震荣。秋天，章学诚又嘱咐儿子到单县拜访老友张维祺。十月，周震荣卒。

乾隆五十八年（1793），章学诚的家眷开始从亳州迁归绍兴故里。他到武昌时，仅有一妾相随，此次家口南下，藏书也一并带回。湖北盛产木材，木器物美价廉，他特地买了12只楠木书橱寄归，用于收藏精要书籍。章氏家眷在乾隆三十四年，从湖北应城迁居北京；四十七年，从北京到永平；四十九年，从永平赴保定；五十二年，移居旅店；五十三年，从保定迁至归德，冬天，又迁到安徽亳州县署，次年借住民房；又过了整整四年，才南迁归里。家口从当初的10人增加到20人。前后20余年间，章学诚所入大约二万两银子，在颠沛流离中耗费殆尽，所剩钱财只能勉强维持生计。他最小的妹妹、第三女、第五子、大儿媳、长孙、长孙女等亲人，都不幸在此期间病故。后来他追述这段痛苦的生活："四年转辗五迁家，疾病殇亡又相属。鸡犬图书行李间，更堪旅榇波尘逐。人言官畏屡迁贫，何况区区恃馆谷。"[①]章氏家属历尽20余年奔波后，终于可以在家乡定居。

这年秋天，故人王凤文来访。王凤文，生卒年不详，山东诸城人，乾隆二十四年（1759）中举，官晋州知州。乾隆四十九年，章学诚就聘保定莲池书院，王凤文以知州听用行部，两人交往颇多。王凤文之父王萦绪与章学诚父亲章镳，都是乾隆元年举人，章学诚为撰《诰授奉政大夫四川石砫直隶同知王府君墓志铭》。乾隆五十二年冬，王凤文任云南云龙知州。此次入都，顺道拜访，出其所著《云龙纪往》四篇。章学诚以其文简明得史法，因节抄为《云龙纪略》[②]，字句多不尽同，而事实无稍去取。

此前，章学诚在给友人王春林的信中说："仆游楚本为归山之计，无如楚宦清苦，未得遽遂所求。幸大府力拯援之，得以《通志》书局勉属菲材，大约明岁告成，足以归厝先柩，所余以置十亩三椽之业，八口恃以无饥。归家料理一二年，粗定所居，或再以舟车南北，寻访故人，与足下辈一罄积悃，未可知也。

① 《章氏遗书》卷二八《丁巳岁暮书怀投赠宾谷转运因以志别》。

② 《章氏遗书》卷二三《节钞王知州云龙纪略》。

鼹鼠饮河，不过满腹，此游所得，以视得意宦途，未足以当百一。而侪辈中出宰百里，百忧万虑，终身不得宁谧，而并此十亩三椽且不得者，则比比矣。以此自遣，且以为知我者慰。”[①]章学诚当初到武昌投奔毕沅，打算通过编书修志，积攒一些养老之资，从此退隐山林，潜心著述以度余生。章学诚生性恬淡，不求升官发财，在他看来，游幕虽然辛苦，但还是比做官安稳。但由于毕沅的调离，《湖北通志》最终未能刊刻，不了了之，他的愿望自然也就落空了。

① 《章氏遗书》卷二九《与王春林书》。

第九章　垂老归里

乾隆六十年（1795）年初，章学诚从武昌回到阔别已久的家乡。他三次去故里道墟探亲祭祖，并有意纂修宗谱，还到扬州协助业师沈业富编纂家谱。

定居绍兴城

乾隆六十年（1795）正月，湖南苗民石三保发动起义。毕沅由山东巡抚复任湖广总督，奉命筹办粮饷军火，调兵镇压，一时无暇顾及编书之事，章学诚只好离开武昌返回故乡。

关于章学诚返乡的时间，胡适《章实斋先生年谱》定于乾隆五十九年（甲寅，1794）冬，主要依据三条资料：《章氏遗书》卷一七《杜燮均家传》云，“自乙未别，至甲寅又二十年，仅以家归”；《章氏遗书》补遗《元则公又昌公二代合传》云，“癸丑、甲寅，余始得以家室归里”；汪辉祖《梦痕录余》嘉庆六年（1801）条云，“甲寅归自湖北，就馆近省”。但是，可以说明章学诚在乾隆六十年（乙卯，1795）归里的资料也有三条：《章氏遗书》卷二八《跋甲乙剩稿》云，“乾隆甲寅，《湖北通志》残局未了。……乙卯返故乡”；《章氏遗书》卷一六《为毕制府撰翰林院编修张君墓志铭》载，“君讳坦……卒乾隆六十年乙卯”；《章氏遗书》卷一六《洪山寺碑二》云，“皇帝龙飞六十周甲，岁星在卯，某律中月。鄂会城东里修古刹宝通禅寺落成”，“镇洋毕公”与“瑶圃惠公”，“猥叨成式”。由此可以确定，章学诚作张坦墓志铭与洪山寺碑记的时间是乾隆六十年，地点不可能在会稽，只能是武昌。

据《章氏遗书》卷二八《家克毅像记》，“今年乙卯归墟（道墟）中……四月之晦，余过墟中”。假如章学诚在甲寅冬已经回乡，要解释他在次年为毕沅作张坦墓志铭与洪山寺碑记之事，那就只有一种可能，就是他在次年初听说毕沅回任，四月前又往返了一次武昌。实际上，章学诚因为《湖北通志》与《史籍考》之事，一直羁留武昌，直到毕沅复任后才启程归里。他后来也谈道：“秋帆制府《史考》功程，仅什八九。以苗顽稽讨，未得卒业，暂归省视家室。”[①]“自甲寅秋间，弇山先生移节山东，鄙人方以《通志》之役，羁留湖北，几致受楚人之钳。乙卯方幸弇山复镇两湖，而逆苗扰扰，未得暇及文事，鄙人狼狈归家。”[②]再来分析《杜燮均家传》《元则公又昌公二代合传》，这两篇讲的是癸丑、甲寅“以家室归里”，应该是其家室从乾隆五十八年（1793）底出发，次年到达家乡。汪辉祖所云之“甲寅归自湖北”，也应是他多年后将章学诚家室归里误记为章学诚本人回乡了。

萧穆曾记载，章学诚“尝一访旧交左良宇、胡雒君于桐城。居数月，纵观龙眠之山水，顾而乐之，将有终焉之志，遂回绍兴，卜居于塔山之下”。这是较早的有关章学诚晚年定居地的说法。这样，章学诚在绍兴住所先后就有三处，一是会稽县城善法弄出生地，二是乾隆三十七年（1772）所购城南琵琶山下农居，三是山阴县城塔山北麓的辛弄寓所，即现在的章学诚故居（今绍兴市越城区塔山街道水沟营社区辛弄1号）。此前他归里，都未住在善法弄故居；琵琶山下农居地偏僻，购买后家庭长期漂泊在外、经济拮据，一度连基本生活都难以保障，章学诚很可能将其出让了，晚年以积蓄购买塔山下住房。归里后他与会稽县令等友朋拜访、书信往来颇多，应该是住在交通便捷的辛弄。清代绍兴城一府两县，以南北向的府河为界，东面是会稽县城，西面是山阴县城，善法弄与塔山下的辛弄以桥相连，是一条东西向的道路。章学诚故居，宅院坐北朝南，三开间屋面。

---

① 《文史通义新编新注》外篇三《与阮学使论求遗书》，第757页。

② 《小莽苍苍斋藏清代学者书札》，第227—228页。

图9-1　章学诚故居

章学诚从14岁跟随父亲去湖北应城，到58岁归里，在外奔波劳顿40余年，身边除多出二万余卷藏书外，别无长物。这些藏书凝聚了他与父亲两代人的心血，是他极为眷爱之物。因此，他回家不久，就开始整理藏书，让儿辈编出书目，排架插书。事后，章学诚深有感触地写了《滃云山房乙卯藏书目记》，文中云：

> 三十年来，颇有增益，亦间有古椠秘本、缮钞希觏之书，统计为帙五千，为卷二万有盈。以子荆居室拟之，庶几其苟合欤！然而是书之存，余滋感矣。
>
> 当己丑居忧，举家扶柩，附湖北漕艘北上，书簏为漏水所浸，先人随身所谓三数千卷者，失三之一。而余先于京师所购，补除尚有所余。辛卯、壬辰之间，余游江浙都门，凡再徙家，其书颇有散失。先人札录，多袭巾箱，偷儿不知为书，负之以去，尤为恨事。所幸先人著述草稿别置一箱，

得仅存耳。乙未，余自浙江复还京师，虽稍有增补，检视手泽多亡，亦得不偿失矣。辛丑游河南，比之匪人，狼狈而反，尽失行李及生平撰述，而箧书亦有一二佳本，尽为盗赀，可叹息也。壬寅，主讲卢龙，自京师移家，远赴边关。适有季妹之丧，家人仓卒收书，捆载未牢，中途颇有损毁。甲辰，移帐保定之莲池书院，自东徂西，去以千里。山程颠顿，书籍复有损毁如前。戊申，则主归德讲座，家累乃自保定南迁。检点前后存书，又亡三十之一，懊恨无已。其冬迁家亳州，侨居逼仄，鸡犬、图书，杂置三楹唐舍。箱箧叠骈，无可展卷之地。雨淋湿蒸，饥鼠啮木，格格作响。其为蠹耗鼠粮，未知何归，亦只顺听而已。癸丑，家累自亳归乡，水程安稳，余方游楚，私计卷轴从此著土，不复迁也。

章学诚带着这些书籍辗转迁移，历尽磨难，如今落叶归根，藏书也总算有了固定的安放之地。章学诚回忆艰辛历程，感叹道："四十余年远道归来，茸居仅足容身，器用尚多不给，而累累书函乃为长物，可概也夫！"所谓瀹云山房，则是取自他父亲私人印章之名。在文章最后，章学诚说："自庚辰始赋远游，于今三十六年。余兹六尺之躯，亦备历崎岖险阻，颠倒狼狈，极人世可悲可愕之境，非一日矣。书之为余有者，乃亦如余身，驰驱南北，登涉水陆，往复不啻万里，备极荼毹，不知何日得以楼藏架插。春秋佳日，随意舒卷于明窗棐几间，发千古之秘珍，快心知于独对也。"[①]这些藏书的遭遇，正是章学诚穷困潦倒的游学生涯的真实写照。

此年有《乙卯札记》，内容多为对历代文史著作及史事的考证和评论。此札记并非全在乙卯年所记，多有四五年前所札记者，大概于此年汇集整理在一起而得名。风雨楼本《章氏遗书》在此札记后，有"此册实斋先生五十八岁以前所记，复灿志"之语，今存《章氏遗书》中。

章学诚20年未踏上故里土地，所以两次到道墟省亲。四月，去祭拜祖茔，作有《仲贤公三世像记》《尤文公像记》《家克毅像记》等。秋，游览县南若耶

① 《章氏遗书》卷二二《瀹云山房乙卯藏书目记》。

溪。十月，离家往扬州，道经苏州，批评吴敬斋所刻《国朝二十四家古文》选文不当。

是年冬，阮元任浙江学政。阮元（1764—1849），字伯元，号芸台，江苏仪征人。乾隆进士，历任山东学政、浙江学政、浙江巡抚、湖广总督、两广总督、云贵总督，官至体仁阁大学士，谥“文达”。曾在杭州创立诂经精舍，在广州创立学海堂，提倡朴学。罗致学者从事编书刊印工作，主编《经籍籑诂》，校刻《十三经注疏》，汇编《皇清经解》等。还编辑《山左金石志》《两浙金石志》等。

图9-2　章学诚故居内景

阮元在河南巡抚衙门时，曾写信给洪亮吉说：“会稽有章学诚，所学与吾辈绝异，而自有一种不可埋殁气象，不知是何路数，足下能定之否？愚意此亦一时之奇士也。”[①]可见，学问与时人“绝异”的“奇士”章学诚，已经引起了阮元的注意。

章学诚写了《与阮学使论求遗书》，提供绍兴遗书的线索，谈到山阴王树实家藏有三国时吴国史学家谢承的《后汉书》，会稽徐廷槐后人藏有徐氏所编《文航》，请他设法访求。特别要指出的是，章学诚还提出一个重要建议：“闻海外番舶，如日本、琉球，颇用重价购书，江浙之间，有司不甚稽察，此恐所关非细。或与大吏言之，凡诸海口商舶，毋许私贩书籍，则所全者，不特为征文考献已尔。”古籍是我国宝贵的文化遗产，尤其是珍稀善本，一旦被卖往国外，给我国学术文化造成的损失将无法估量。因此，章学诚的这个建议极富远见，假如清政府采纳他的意见，制定相关法律并严格执行，就不会发生《永乐大典》、皕宋楼藏书、敦煌遗书以及大量其他珍贵古籍流到国外的悲剧了。但章学诚写

① 《文史通义新编新注》外篇三《与朱少白书》，第787—788页。

这封信的用意不在于访求遗书，他最后说："鄙人楚游五年，秋帆制府《史考》功程，仅什八九。以苗顽稽讨，未得卒业，暂归省视家室，复作京师之游，拟明年赴楚终其役耳。"[①]可见，写此信主要是想与阮元结识，为续修《史籍考》投石问路，万一毕沅出了变故，就可以寻求阮元的支持。

章学诚在送灶日即十二月二十三日，作《跋甲乙剩稿》[②]，此稿作于乾隆五十九年至六十年（1794—1795），这期间没有什么重要文章。跋文云：

> 前此十年，为甲辰、乙巳，则莲池主讲，所作亦有斐然可观，而未通变也。前此又十年，为甲午、乙未，则江南修志，反浙而复入都门。学识方长，而文笔亦纵横能达，然不免有意于矜张也。前此又十年，为甲申、乙酉，流寓湖北，而入都应顺天试。高邮沈先生始荐其文，而大兴朱先生始言于众，京师渐有知其名者。彼时立志甚奇，而学识未充，文笔未能如其所向。前此又十年，为甲戌、乙亥，则随侍先君子官舍，馆师课举子业。意不肯贴贴如所教，好泛览，喜纂类书史。间又耽诗赋，亦皆不成。中无张主，而心顾不甘与俗学伍尔。
>
> 嗟乎！由今溯昔，俱不足道，则此后十年或二十年，视今又何如耶？明年五十九，蘧伯玉知非之岁也。识力可长，而学荒记疏，不可补也。宜勤攻吾过，以励后之人。

章学诚在这里回顾了自己做学问的四个阶段，总结了每个阶段的学识所达到的境界及其优劣，并且表明自己不断进取的志向。

嘉庆元年（1796）二月，章学诚自扬州暂回绍兴，将往湖北。章学诚在扬州期间，协助业师沈业富编纂家谱。在《高邮沈氏家谱序》中，他提道，"爰有贤裔既望先生起而忧之，先生于高邮始祖，为十九世孙，以名翰林出守姑孰古郡，转运河东，扬历中外，凡三十年"，"门下士会稽章学诚，辱知最久，三十

① 《文史通义新编新注》外篇三。
② 《章氏遗书》卷二八。

年来，舟车所道，屡谒先生，间尝言及宗谱，时许参以末议。乾隆乙卯，道出维扬，适会先生家乘就编，因命学诚书识其后”。[①]沈业富号既堂，此序中称“既望先生”，当系抄写刻印之误。在《沈浔州传》中，章学诚明确讲：“余尝参校沈氏家谱。”[②]沈浔州指沈信，一名惟恕，字士忠，明初浔州知府，高邮沈氏第五世孙。沈业富也是章学诚尊敬的恩师之一，章学诚曾为他作了《诰赠中议大夫河东都转盐运使司运使沈府君墓碑》《沈母朱太恭人八十序》《沈既堂先生迁居图记》等文章。这部家谱共十二篇，分别有诰敕、世系源流图、支系表、世牒、列传、内传、外传、影图、茔域图、文征内篇、文征外篇、旧谱叙例。章学诚写了序，还作有《高邮沈氏家谱叙例》《沈君聘室唐烈女家传》《沈室俞节妇家传》。

在扬州所作文章，统名《邗中草》，比较重要者还有《墓铭辨例》《驳张符骧论文》等。

《墓铭辨例》论述墓志铭的起源、发展和演变。他认为本来志与铭都属于辞章之流，经过韩愈、柳宗元、欧阳修等人用史传之法加以改造，就变成了传记文章。

张符骧（1663—1727），字良御，号海房，康熙年间进士。著有《顺时录》《海房文稿》等，多有传状碑志传世。章学诚在《驳张符骧论文》中，批评张氏写史刻意模仿《史记》，却不知司马迁有些称呼是引用原始史料而成，张氏生搬硬套，因此造成史文不可理解。

是年从扬州归里后，章学诚所作《文史通义》稿，名为《丙辰山中草》，计有十六篇，三万余字。其中可考者，包括《〈史姓韵编〉序》《与汪龙庄简》《文德》《答问》《古文十弊》《〈淮南子洪保〉辨》《答某友请碑志书》《与胡雒君论校〈胡稚威集〉二简》《跋屠怀三制义》以及时文序一篇、书信数通。此外，又有札记二段，后与丁巳年札记二段合为《古文公式》篇。《丙辰札记》不分卷，其内容亦非全在此一年所记，其中有许多为丁巳年所记。

---

① 《章氏遗书》卷二一。

② 《章氏遗书》卷一七。

《文德》篇主要论述作家和评论家应具备的态度问题，提出“临文必敬”与“论古必恕”两点要求，宗旨是要人们在写文章时尽量做到心平气和，评论前人论著时必须“知人论世”，不苛求古人。《答问》篇阐述前人之文能否改动的问题，发《言公》篇之余蕴，认为古人之言在于明道明志，未尝据为私有。《古文公式》篇专论奏议的写法及其体式，提出文章可以学古，而制度必须从时，否则就会出现“貌同而心异”的现象。《古文十弊》批评当时文坛上盛行的模仿古代和形式主义等风气，列出文坛存在的十大弊端，认为文学作品必须具有真情实感，不能无病呻吟。《与孙渊如观察论学十规》是读了孙星衍《问字堂集》以后，与其进行讨论，用文史校雠方法辨别一些古籍的真伪，并提出校雠的目的、态度等观点的文章。

《〈淮南子洪保〉辨》是章学诚所写的篇幅较长的文章。清代阎若璩《尚书古文疏证》与惠栋《古文尚书考》二书，辨明东晋梅赜所献《古文尚书》为伪作，对学术研究做出巨大贡献。钱塘学者冯景在《淮南子洪保》一文中，吹嘘自己在帮助阎若璩考据的过程中起到了很大的作用，为此章学诚逐段加以分析驳斥。当然，他这样做的目的，是“恐后生小子，未能学先生之高致，而惟以此类习于浮夸，其害非浅”，同时，“期于《通义》有所发明，不得不然，非好辨也”。

有意修宗谱

嘉庆元年（1796）春，道墟章氏族人修葺宗庙，落成，章学诚前去祭祖。宗老卧病，委托他来主持仪式。章学诚早在29岁时，就立志要为自己的家族修一部宗谱，曾协助族兄垣业编过而未成。他长年远游在外，曾感叹说：“三十年来，苦饥谋食，辄借笔墨营生，往往为人撰述传志谱牒，辄叹寒女代人作嫁衣裳，而己身不获一试时服。尝欲自辑墟里遗闻逸献，勒为一书，以备遗忘，窃与守一、尚木言之，而皆困于势不遑，且力不逮也。”[①]因此，祭祀事毕后，他

① 《章氏遗书》卷二九《与宗族论撰节愍公家传书》。

就与族人探讨编纂宗谱事宜，并作《神堂神主议》《偁山章氏后宅分祠碑》及族中先人传记多篇。虽然他念念不忘修谱之事，但直到去世仍未能如愿。

章学诚迫于生计，常常靠为人撰述志书谱牒为生。乾隆四十三年（1778），指导周震荣编先世谱牒，还亲自撰写一部分谱传；五十二年，又在北京参与《梁文定公年谱》的编撰工作；五十四年，为安徽学政徐立纲辑《徐氏宗谱》；晚年还在扬州为高邮沈氏参校家谱。此外，章学诚还为别人写过多篇家传，今《章氏遗书》中尚收录有二十余篇。在这一过程中，他深入探讨了谱牒学的一些基本理论，如谱牒学的性质和作用，谱牒学与方志学、史学的关系，谱牒学产生、发展和演变的历史，谱牒的编纂原则和方法，等等，首次为我国古代谱牒学建立起一套比较完整、系统的理论体系。

谱牒学是研究和阐述人类宗族、家族世系历史的一门学问，章学诚说，“谱历之学……亦史部支流，用备一家之书而已”①，“夫家有谱，州县有志，国有史，其义一也”②。可见，谱牒学在性质上“亦史部支流”，与方志学一样，都是史学的旁支。谱为史体，这是章学诚谱牒学理论的支点。他强调谱牒学的作用与写法必须以史法来衡量，从而使谱牒学成为信史。他在《史籍考总目·谱牒部》下将谱牒分为专家、总类、年谱、别谱四大类，在《〈湖北通志·族望表〉序例》与《〈和州志·氏族表〉序例中》里，更列举了谱牒的十大作用：可以使清浊分途，流品攸分；衡文取士，有籍可稽；昭穆亲疏，秩然有序；争为人后，其讼易平，有助于评判继嗣方面的诉讼；能使祖系分明；婚姻有辨；使士族的德行道艺不被淹没，而又有劝惩之义；能使人们弄清地望著重、坊表都里；等等。这些都是谱牒学社会功能的体现。谱牒学还具有学术价值，不仅表现为它反映了一家一族乃至地方社会的历史，还表现在它能为国史、方志的编修直接提供素材。章学诚指出：“比人斯有家，比家斯有国，比国斯有天下。家牒不修，则国之掌故何所资而为之征信耶？”③对年谱的价值，章学诚也有充分的认识。他说：“考次前人撰著，因而谱其生平时事

---

① 《文史通义新编新注》外篇二《〈刘忠介公年谱〉叙》，第537页。

② 《文史通义新编新注》外篇六《为张吉甫司马撰〈大名县志〉序》，第1041页。

③ 《文史通义新编新注》外篇四《〈和州志·氏族表〉序例上》，第897页。

与其人之出处进退，而知其所以为言，是亦论世知人之学也。”尤其是文人年谱，更是如此，“文人之有年谱，前此所无，宋人为之，颇觉有补于知人论世之学，不仅区区考一人文集已也”。[①]总之，谱牒学无论是于社会还是于史学，都具有很大的作用。

谱牒虽然具有社会作用和学术价值，但也存在着严重的缺陷，主要是内容易失实。特别是宗谱、家谱，编写时不仅有妄相假托、牵强附会之处，而且往往美化家族，言过其实，文过饰非。因此，对谱牒所载之事，应谨慎考证，切不可随意取信。章学诚指出谱牒内容易严重失实的缺点，说：“谱系之法，不掌于官，则家自为书，人自为说，子孙或过誉其祖父，是非或颇谬于国史。其不肖者流，或谬托贤哲，或私鬻宗谱，以伪乱真，悠谬恍惚，不可胜言。其清门华胄，则门阀相矜，私立名字……以至李必陇西，刘必沛国，但求资望，不问从来，则有谱之弊，不如无谱。”[②]这就要求撰谱者具有史学修养，能直书其事，努力克服失实曲笔之弊病，使谱牒成为信史。章学诚所言不仅有提醒人们要慎引谱牒之作用，更有引导谱牒学趋向史学纪实之正轨的特殊意义，这是他对谱牒学的最大贡献。

章学诚还对谱牒学的起源和发展进行探索，这是他的又一大贡献。他认为：“古者锡姓命氏，义与封建相为表里，故谱牒之学，溯自生民之初，大原出于天也。”[③]在这里，章学诚指出，谱牒学起源于“生民之初”“开国承家”之时，有深厚的社会基础，即“锡姓命氏”的分封制和“昭穆亲疏”的宗法制。魏晋南北朝时期，社会上修谱之风极盛，并出现了一大批著名的谱牒学专家和专著，谱牒学正式成为一门专门的学问，并得到了空前的发展。章学诚对这一时期的谱牒学极为重视，记述了当时谱牒学的发展情况，还集中说明了谱牒学发达的社会根源。《〈和州志·氏族表〉序例》三篇，其实构成了一部谱牒学发展简史。

章学诚对谱牒学的贡献，不仅在于明确了谱牒学的性质和定义，探讨了谱

① 《文史通义新编新注》外篇二《韩柳二先生年谱书后》，第558页。

② 《文史通义新编新注》外篇四《〈和州志·氏族表〉序例中》，第900页。

③ 《文史通义新编新注》外篇二《高邮沈氏家谱序》，第540页。

牒学产生、发展和演变的历史，更在于他还提出了一套谱牒学编纂理论。对谱牒的各个组成部分、谱牒的写法态度及繁简标准等，都作了极为详细的论述。

章学诚认为，一部谱牒至少要由图、表、牒、传等部分组成。他重视图像在谱牒中的作用，指出："图象为无言之史，谱牒为无文之书，相辅而行，虽欲阙一而不可者也。"[①]比如"系图以溯本原，则存缺疑之说"，"礼以义起，则影图存容貌之瞻；杜渐防微，则茔域著侵陵之戒"。[②]系图、先祖肖像图、茔域图等直观图像，在谱牒中必不可少。

他认为谱表主要是叙述家族世系，应上下连贯，记载二三十世均可。他阐明了牒的性质、内容及格式，指出："至其人之字号、历官、生卒年月、妻妾姓氏、子女嫡庶、窀穸方向，不待旁行斜上而始识者，则谱家往往别编为牒。牒有专门，则世系之表，但书名讳辈行，不复须加子注。表无子注，则尺幅之间，约字无多，而二三十世可绳贯矣。"[③]谱牒的表和牒，两者相辅相成，缺一不可。谱传，是谱牒的又一组成部分。章学诚认为，谱传即史传之支流，关系重大，取材要详备，考证要严密。他主张列传记述嘉言懿行，并在谱传中增设内传，"以示妇学"。已出嫁的妇女，其内训可传、节行可表者，则著为外传，与内传相为表里。

章学诚谱牒学编纂理论的又一见解，是主张在谱牒中立文征篇。这样做不仅可以保存重要的文献资料，还可以避免谱传之繁冗芜累，并可与谱传相为表里，相互印证，更能起到教育子孙后代的作用。文征篇又可分为内、外两篇，内篇录祖先之文，外篇录他姓文人为该姓所作之文，以备后人将内外篇之文互勘补证。

对纂修谱牒的写法态度，章学诚认为，谱牒既然是一家一族之史书，作谱时就应该坚持据事直书原则，不能矫诬失实。他推崇宋代欧阳修与苏洵之谱，"凡所推溯，断自可知之代，最得《春秋》谨严之旨，可谓善矣"[④]。章学诚处

① 《文史通义新编新注》外篇四《〈和州志·舆地图〉序例》，第905页。
② 《文史通义新编新注》外篇二《高邮沈氏家谱序》，第541页。
③ 《文史通义新编新注》外篇一《家谱杂议》，第496页。
④ 《文史通义新编新注》外篇二《高邮沈氏家谱序》，第540页。

处以史法来衡量谱牒学，强调谱牒应真实可靠。

对于谱牒的繁简标准，章学诚主张用周人旧法，旁行斜上，表牒相间，较连篇直书的史书应更简洁一些，但也反对过分追求简约。在他看来，谱牒的繁简标准应与史书一样，各有攸当，适可而止。

综上所述，我们可以看到，章学诚的谱牒学编纂理论，是他的整个史学理论、方志学理论的一个有机组成部分。无论是对谱牒学图表作用的重视，还是对谱传的强调；无论是立文征篇的主张，还是对谱牒写法和语言繁简的见解，都是其史学理论、方志学理论在谱牒学上的体现。根据这些丰富的理论所编成的谱牒，实际上已是一部表牒相间、图文并茂、繁简得当、内容确凿的史学著作。

第十章　就馆近省

章学诚回到阔别多年的故乡，家人与书籍也已经安置妥当，他多么希望从此能定居下来，读书著述，安享晚年。然而，这仅仅是个美好的愿望。一方面，家庭没有稳定的经济来源，多年来没有多少积蓄，只能靠借贷度日。另一方面，《史籍考》一书已成十之八九，耗费多年心血，不能功亏一篑。因此，他千方百计地寻求资助以完成这项未竟的事业。严酷的现实迫使他不顾自己已年过花甲，重新操起旧业，游幕于安徽、江苏、浙江三省。

桐城校试卷

嘉庆元年（1796）正月，湖北爆发白莲教农民起义。起义军攻克当阳，嘉庆帝诏罢毕沅官，诏令未到，毕沅夺回当阳，嘉庆帝又下诏复职。白莲教起义波及湖北、四川、陕西三省，直到嘉庆九年方告结束。因此，毕沅在去世前一直忙于带兵镇压，无暇文事，而《史籍考》的命运与其仕途沉浮密切相关。

章学诚遣长子贻选北上赴京，并让他带着自己的亲笔信，顺道拜访上一年就任山东兖沂曹济道的孙星衍。孙星衍在山东开设幕府，召集学者编书刻书。信中告以近况，说了几件事："昔兖沂曹龚观察曾以《三府合志》见示，其意甚善，而书不佳，岂椎轮初试，待贤观察为踵事之华，我辈得与闻讨论乎。如何？如何？幸熟图之。""《史考》底稿已及八九，自甲寅秋间，弇山先生移节山东，鄙人方以《通志》之役，羁留湖北，几致受楚人之钳。乙卯方幸弇山复镇两湖，而逆苗扰扰，未得暇及文事，鄙人狼狈归家，两年坐食，困不可支，甚于丁未扼都下也。”“近刻《文史通义》四卷，附呈教正。本不自信，未敢轻灾梨枣，无如近见名流议论，往往假借其言而实失其宗旨，是以先刻一二，恐其辗转或误人耳。”①

从信中可知，章学诚此时已经刻成《文史通义》四卷，这就是《文史通义》自刻本。章学诚特地让长子去拜访孙星衍，告知《史籍考》《湖北通志》《文史通义》诸书进展，其实是想借祝贺其复职之际，告知自己“两年坐食，困不可支”的窘况，希望他聘自己来修志或续修《史籍考》。

章学诚在年初就欲赴湖北续编《史籍考》，因为战乱，迁延过夏，独自在家编纂，过了中秋，决定北上。八月二十一日，跋《丙辰山中草》，旋即离家。

这年夏，朱珪实授为两广总督，六月内调，七月授川陕总督，未到任，旋补安徽巡抚。随着时局的变化，章学诚觉得依靠毕沅来完成《史籍考》已不大可能，便转而向朱珪求援，九月十二日有《上朱中堂世叔》，信中云：

> 弇山制府武备不遑文事。小子《史考》之局，既坐困于一手之难成，若顾而之他，亦深惜此九仞之中辍，迁延观望，日复一日。今则借贷俱竭，典质皆空，万难再支，只得沿途托钵，往来青、徐、梁、宋之间，惘惘待傥来之馆谷，可谓惫矣。但春风拂面，朋友虽多，知己何人？关心最切？

章学诚在信中请求朱珪向直隶总督梁肯堂或河南巡抚景安写信推荐自己，以谋求莲池书院或大梁书院讲席，并说：“以流离奔走之身，忽得藉资馆谷，则课诵之余，得以心力补苴《史考》，以待弇山制府军旅稍暇，可以蔚成大观，亦不朽之盛事，前人所未有也。而阁下护持之功，当不在弇山制府下矣。”②此信一去杳无音讯，所有希望又成泡影。

九月十九日，章学诚自杭州出发，乘船去了扬州。临行前，去与会稽知县

① 《小莽苍苍斋藏清代学者书札》，第228页。

② 《文史通义新编新注》外篇三。

邢澍道别而未遇，故留书一封，即《与邢会稽》，其中讲道：

所要诸家著录，有抄本未传于外者，多在扬州行箧，当为检寄。亦尚有数种未购集者，方当为毕制军访购，不时寄家。如尊处欲用，但遣一介之使，向小儿索取，必可得也。鄙意终以先定全秦人物表为主，如人物表已有稿底，必须草一副本交小儿处，则将来《史考》局中，但有所见，即须凭表摘录，易为功矣。弟闻毕制军仍督两湖，如楚氛稍靖，即当赴楚一行，年内仍当归里，大约书局仍不离扬州。

岁末，抵达安庆，投奔朱珪。经朱珪介绍，结识布政使陈奉兹。

陈奉兹（1726—1799），字时若，号东浦，江西德化人。乾隆二十五年（1760）进士，历任四川、河南按察使，安徽、江苏布政使等，熟悉民情，能去民患，受吏民拥戴。著有《敦拙堂集》。

嘉庆二年（1797）正月十六日，章学诚接到胡虔来信，信中称浙江学政阮元、布政使谢启昆将合编《两浙金石志》，并设局西湖，补纂《小学考》。

谢启昆（1737—1802），字蕴山，号苏潭，江西南康人。乾隆二十六年（1761）进士，选庶吉士，授编修，典河南乡试。历江苏镇江、扬州知府，擢江南河库道，迁浙江按察使、山西布政使，嘉庆二年（1797）任浙江布政使，四年任广西巡抚，卒于任。谢启昆为官清正廉明，博闻强识，著有《树经堂集》等，还主持编成《小学考》《广西通志》等。

胡虔曾是梁国治的幕客，而谢启昆则是梁国治的门生，两人交情深厚。此次，胡虔应邀前往杭州编《小学考》，建议章学诚寻求阮元、谢启昆等人的援助。章学诚心中焦急，在次日就致信朱珪，请其代向两位官员谋一职位，借以续编《史籍考》。信中说：

小子未与诸公交涉，必须阁下专书托阮学使为之地步。阮虽素知小子，而未知目下艰难，又未悉伊等所办之事，于《史考》有互资之益，须阁下详论已上情形，则彼必与谢藩伯、张运台通长计较矣。既明小子于彼诸书有益，又明《史考》得借杭州告成，则秋帆先生必不忘人功力，将来必列伊等衔名，如秦尚书《五礼通考》列方制军、卢运使、宋臬台，亦其例也。……阮公又与诸公联属，将有所为，小子如得所安顿，则于彼之所为，既有所补，即《史考》本业，又使诸公亦列其名。若嘱阮公以此意歆动诸公，度必可动。但学使不时出巡，必须及早致书，俾得与司道诸公相商。而小子此间他无可图，借看一两棚考卷，以作盘费。彼时阮公正可有回书，便于作进止矣，惟阁下即图之。如阮公之外，更有可嘱之书，则更有济也。学诚不胜翘企之至，谨禀。①

朱珪是阮元的乡举座师，因此，章学诚请求他致信阮元，让阮元与谢启昆、杭嘉湖道秦瀛等人商议，在杭州开局续修《史籍考》。章学诚还指出，促成此事对阮元、谢启昆多有益处：一是他与胡虔可以利用杭州西湖孤山所藏文澜阁《四库全书》来编书，“同看《四库》秘副，便取材料，彼此互收通力合作之益。又胡君于襞绩编纂之功，比小子为缜密，而小子于论撰裁断，亦较胡君稍长。不特取材互省功力，及成书亦互资长技也”，两人合作，对修《小学考》大有裨益；二是将来书成，诸位当道得以列名毕沅之下。他的这一封信寄出后，一时也没有下文。

二月，陈奉兹移任江苏布政使，临行前出其诗编，章学诚作《陈东浦方伯诗序》②，以为赠别。章学诚声称自己“不工韵言，既不能学古人诗，而又不敢知纷纭者之诗集，故于斯道，谢不敏焉”。但是，他在文中提出论诗的标准，颇具特识，如云：

学诚尝推刘、班区别五家之义，以校古今诗赋，寥寥鲜有合者。诗家不胜患苦，或反诘如何方合五家之推，则报之曰：古诗去其音节铿锵，律诗去其声病对偶，且并去其谋篇用事、琢句炼字一切工艺之法，而令翻译

① 《文史通义新编新注》外篇三《又上朱大司马书》，第765—766页。
② 《文史通义新编新注》外篇二。

者流，但取诗之意义，演为通俗语言，此中果有卓然其不可及，迥然其不同于人者，斯可以入五家之推矣。苟去是数者，而枵然一无所有，是工艺而非诗也。

章学诚虽然不擅长写诗，但多年纵论文史的深厚功底，使他在考辨诗之源流派别时，也洞若观火，甚至比一些诗词名家有过之而无不及。胡适在摘引上文后，感叹道："这个标准可谓辣极！只有真诗当得起这个实验。章实斋若生晚两百年，他一定会赞成白话诗！"[①]

当章学诚在安庆时，朱锡庚在嘉庆元年（1796）十一月，也刚巧从京城来到叔父的巡抚衙门，两人面谈甚欢。由于章学诚不住在衙署中，两人"往返笔札，一日或至数通"[②]，商讨学问。

章学诚还拜访了堪舆家章淮墅，作《〈天玉经解义〉序》。在为这本相地之书作的序中，章学诚考辨相地著作源流，指出候风脉水之学古已有之。

三月，章学诚在安徽桐城为沈知府校阅府试试卷，十五日，沈知府赴灵璧县监赈，章学诚于是日给朱珪写了信，谈了近况："现有所祈者，家中嗷嗷已久，此间所获，随身将归，如沃焦釜。"[③]信里还请朱珪与沈知府转告时任灵璧知县的族侄廷枫，表达自己请求经济援助之意。沈知府与当地士绅有意请他编修地方志，也有不少朋友前来拜访，因此逗留了10余天。

在给朱珪的信中，章学诚还提道："维扬吴澄野编修以《历朝诗选》序目、凡例相商，小子于诗学茫如，然于编书体例为熟，因为商订数条，亦《通义》之支翼，谨录奉鉴。"[④]这就是《吴澄野太史〈历代诗钞〉商语》[⑤]，胡适《章实斋先生年谱》将此文系于嘉庆三年（1798）条下，误。吴太史即吴绍灿（1744—1798），乾隆四十年（1775）进士，安徽歙县人，字澄野，号苏泉，改庶吉士，充《四库全书荟要》处总校官，以丁父忧去官。起编修，充三通馆纂

---

① 《章实斋年谱》，第125页。

② 《章氏遗书》补遗《又与朱少白》。

③④ 《文史通义新编新注》外篇三《上朱大司马书》，第763页。

⑤ 《文史通义新编新注》外篇二。

修。选辑《历代诗钞》，纂《声调谱说》。卢文弨《抱经堂文集》卷十《李轨注扬子法言跋》云："阅八年，复假江都吴太史澄野绍灿本复校，始能自信无误矣。"吴绍灿先人在清时为盐商，先居扬州，后入籍仪征。

在桐城时，章学诚在给朱锡庚的一封信中提到遗失一本《文史通义》书稿之事，他说，"曾记有小本，面书《文史通义》四字。其内八篇文字，前七篇皆绿色印板格抄写，末篇白纸无印格者，皆朱笔点句逗"，"此八篇中有全无底稿者，今检此不得，甚闷闷也"。[①]朱锡庚保存有章学诚抄寄的著述文稿五册，今国家图书馆馆藏其中的四册，另外一册藏于北京大学图书馆。

此时所作文稿，取名《桐署偶钞》。章学诚在安庆时，从朱锡庚那里借阅了孙星衍所撰《问字堂集》，王鸣盛作序，卷首列有《阅问字堂集赠言》一卷，收录钱大昕、江声、张祥云、朱珪、阮元、王朝梧等人读后赠言。章学诚翻阅后，在桐城作《与孙渊如观察论学十规》，文中讲道："前岁维扬税驾，剧欲踵访旌辕。适以俗事南旋，不克一罄积愫，至今为怅。顷晤少白于皖抚署中。"章学诚在"前岁"，也就是乾隆六十年（1795）十月去扬州，嘉庆元年（1796）二月回会稽，在安庆见到朱锡庚。章学诚在《又与朱少白书》中云："规正孙渊如书稿呈阅，中有圈点，乃姚姬传先生动笔，苦于钞胥不给，不能另录。"所以，《吴澄野太史〈历代诗钞〉商语》一文当在嘉庆二年三月作于桐城。

姚姬传指姚鼐（1732—1815），字姬传，人称"惜抱先生"，安徽桐城人。乾隆进士，官至刑部郎中、记名御史。历主江宁、扬州等地书院，凡40年。治学以经为主，兼及子史、诗文，为"桐城派"集大成者。著有《惜抱轩全集》，并选有《古文辞类纂》《五七言今体诗钞》。姚鼐圈点此文，认为其中论岁差处有误。

洪亮吉在此年刻成《卷施阁文集》，其中有《与章进士书》，章学诚在桐城作了《地志统部》一文，反驳其观点。他在三月十七日《又答朱少白书》中云："平日持论关文史者，不言则已，言出于口，便如天造地设之不可摇动，此种境

① 《章氏遗书》补遗《又与朱少白书》。

地，邵先生与先师及君家尚书皆信得及，此外知我者希。”[①]

扬州投曾燠

嘉庆二年（1797）三月末，章学诚返回安庆。五月到苏州，陈奉兹介绍他到扬州投奔盐运使曾燠。直到秋天，章学诚才与曾燠见面。

曾燠（1759—1831），字庶蕃，号宾谷，江西南城人。乾隆四十六年（1781）进士，改庶吉士，四十九年改户部主事。历两淮盐运使，湖南、湖北按察使，广东布政使，贵州巡抚、两淮盐政等，著有《赏雨茅屋诗集》。曾燠做官得心应手，在两淮盐运使这个美差上一任就是10多年，提倡风雅，门下延揽了当时一大批著名诗人，他们的主要活动也只是诗歌酬唱，编纂诗集，在学术上贡献并不大。曾燠待章学诚甚厚，闻其病头风，遣医送药，关怀备至。曾燠曾有拟修方志之意，并准备请章学诚主持其事，但此事后来作罢。

六月，毕沅手足麻木，嘉庆特赐“活络丸”。七月，毕沅病死于湖南辰州军营中，享年67岁。嘉庆诏赠毕沅太子太保，但听说他在湖广总督任内失察过多，就没加谥号。毕沅对章学诚的学问一直很赏识，放手委托他主持编纂《史籍考》《湖北通志》，从人力、财力、物力上给予大力支持。章学诚在《为毕制府撰〈湖北通志〉序》自跋中说：“此序虽为拟笔，实皆当日幕中讨论之辞。制府欣然首肯，且矜言于众，谓于斯事得未曾有也。呜呼，知己之感，九原不可作矣！”[②]后来，章学诚还将毕沅与浙江的地方大员相比，说，“浙中当道，好事有余，而解囊多涩，往往假公济私”，“故办事不如秋帆先生爽快”。[③]章学诚有感于毕沅的知遇之恩，一直未放弃依靠他来完成《史籍考》的想法，如今希望彻底破灭。他痛心地说：“残篇自为运筹停，终报前军殒大星。三年落魄还依旧，买山空羡林泉茂。（毕公许书成之日，赠买山资。）只合驰驱毕此生，辞官

---

① 《文史通义新编新注》外篇三。

② 〔清〕章学诚：《文史通义补编·为毕制府拟进湖北三书序》，灵鹣阁丛书，元和江标湖南使院刻本。

③ 《文史通义新编新注》外篇三《又上朱大司马书》，第765页。

翻似羁官守。”[①]凄婉失落之情，溢于言表。

章学诚在扬州期间，拜访了王昶。

王昶（1725—1806），字德甫，号兰泉，江苏青浦人。乾隆进士，历官内阁中书、江西按察使、云南布政使、刑部右侍郎等。多次主持乡试、会试，尝主讲娄东、敷文两书院，门生遍天下，与朱筠合称“南王北朱”。著述宏富，有《金石萃编》《春融堂集》《续修西湖志》《青浦志》《太仓志》等。嘉庆十年（1805），王昶将章学诚的《言公》上篇编入《湖海文传》。

此外，章学诚还到苏州会晤了钱大昕。王昶、钱大昕与朱筠都是乾隆十九年（1754）进士，交谊深厚。朱筠之子朱锡庚自刻一枚“能读父书”的篆书印章以自励，立志继承家学，但勤奋不够，治学成就无多。王昶、钱大昕与章学诚谈起朱锡庚，“皆有责望之意，且有所见不如所闻之议”[②]。岁末，从扬州辞归。大概受身边浓厚的诗人氛围影响，他虽不善写诗，但此时也作有《丁巳岁暮书怀投赠宾谷转运因以志别》七古长诗一篇，叙述一生坎坷经历，并有自注。曾燠也写过一首《赠章实斋国博》：

章公得天秉，赢绌迥殊众。
岂乏美好人？此中或空洞。
君貌颇不扬，往往遭俗弄。
王氏鼻独齇，许丞听何重？
话仿仲车画，书如洛下讽。
又尝患头风，无檄堪愈痛。
况乃面有瘢，谁将王璩砻？
五官半虚设，中宰独妙用。
试以手为口，讲学求折衷。
有如遇然明，一语辄奇中。

① 《章氏遗书》卷二八《丁巳岁暮书怀投赠宾谷转运因以志别》。

② 《文史通义新编新注》外篇三《又与朱少白》，第773页。

古来记载家，庋置可充栋。
歧路互出入，乱丝鲜穿综。
散然体例纷，聚以是非讼。
孰持明月光，一为扫积霿？
赖君雅博辨，书出世争诵。
笔有雷霆声，訇訇止市哄。
《续鉴》追温公，选文驳萧统。
乃知貌取人，山鸡误为凤。
武成非子羽，谁与子游共？
感君惠然来，公暇当过从。①

曾燠在诗中首先形象地描绘了章学诚的相貌，确实是奇丑无比，但接着就赞扬其才学超群、文笔犀利，真所谓人不可貌相。

杭州纂《史考》

在毕沅去世后，章学诚继续为修《史籍考》奔走呼号，他的不懈努力终于有了回报。嘉庆三年（1798），谢启昆邀请章学诚在布政使官署之兑丽轩，重新开始《史籍考》的修撰。五月，章学诚到苏州拜访陈奉兹，兼贡《云龙纪略》一卷，大概此行还去毕沅家凭吊，并取得了《史籍考》原稿。

谢启昆为什么要支持章学诚编《史籍考》呢？据章学诚代谢启昆所拟《史考释例》："此书镇洋赠宫保毕公所创稿，遗编败麓，断乱无绪。予既为朱氏补《经考》，因思广朱之义，久有斯志，闻宫保既已为之，故辍笔以俟观厥成焉。及宫保下世，遗绪未竟，实为艺林阙典。因就其家访得残余，重订凡例，半借原文，增加润饰，为成其志，不敢掩前人创始之勤也。"朱彝尊《经义考》于小学一门，止详《尔雅》，他付阙如，更不及史学。在他看来，《史籍考》可补

① 〔清〕曾燠：《赏雨茅屋诗集》卷三《赠章实斋国博》，嘉庆十五年刻本。

《经义考》之缺，编成后既可扬名后世，也能嘉惠士林。从章学诚《又上朱大司马书》中可以得知，章学诚能到谢启昆幕府编书，是通过朱珪、阮元辗转介绍的，也与胡虔的推荐有关。胡虔在谢启昆幕府长达20余年，深受其器重。

是年六月，胡虔、陈鳣等编成《小学考》。谢启昆秋日作《兑丽轩集序》，称："竹垞《经义考》之阙，予既作《小学考》以补之，成五十卷矣。又扩史部之书为《史籍考》，以匹《经义》。因葺官廨西偏屋数十楹，聚书以居友人。……凡古来政治之得失，山川人物之同异，上下数千年间，得诸友人相与商校；又深契乎丽泽讲习之意，遂以名西偏之廨曰'兑丽轩'。"[①]当时修纂《史籍考》者，除章学诚外，尚有胡虔、钱大昭、陈鳣、袁钧以及阮元幕客张彦曾诸人，都是富有才学之士。章学诚此次续撰的《史籍考》，与在毕沅幕府时相比，无论是体例还是规模，都有了相当大的变化。

在体例方面，《史考释例》比《论修〈史籍考〉要略》更为具体、合理。《史考释例》首论"著录"，仿朱彝尊《经义考》，"首著书名，名下注其人名，次行列其著录卷数，三行判其存佚及阙与未见"。但朱氏之书在著录卷数时，"间有不注所出，今则必标出处，视朱为稍密矣"。这种方法，在当时来说，是称得上编修良法的。次论"考订"，以刘向为考订群书之鼻祖。再论"史部"，认为"史学衰，于是史书有专部，而所部之书，转有不尽出史学者矣。盖学术歧而人事亦异于古，固江河之势也。史离经而子集又自为部次，于是史于群籍划分三隅之一焉，此其言乎统合为著录也。若专门考订为一家书，则史部所通，不可拘于三隅之一也。史不拘三隅之一，固为类例之所通。然由其类例深思相通之故，亦可隐识古人未立史部之初意焉"。虽然"史于群籍划分三隅之一"，但"三家多于史相通"，因此，史部之分类较经部更加困难。然而分类之精确与否，又将直接影响到"辨章学术，考镜源流"这一宗旨能否实现。他认为毕沅原将《史籍考》分为一百十二子目，不仅失之烦琐，也有违分类之宗旨，因此重新加以并省，分为十二纲，五十目。

吴兰庭是年有《答章实斋书》云："《史籍考》经所裁定，足为不刊之典，

---

①〔清〕谢启昆：《树经堂诗续集》卷一《兑丽轩集序》，嘉庆年间刻本。

然恐亦未能悉如所拟。盖意见参差，不无迁就，天下事大抵如斯矣。”[①]由此可知，章学诚制订的这一条例，在实际修撰过程中未必能够完全实现。

《章氏遗书》补遗中附有《史籍考总目》，现抄录于下：

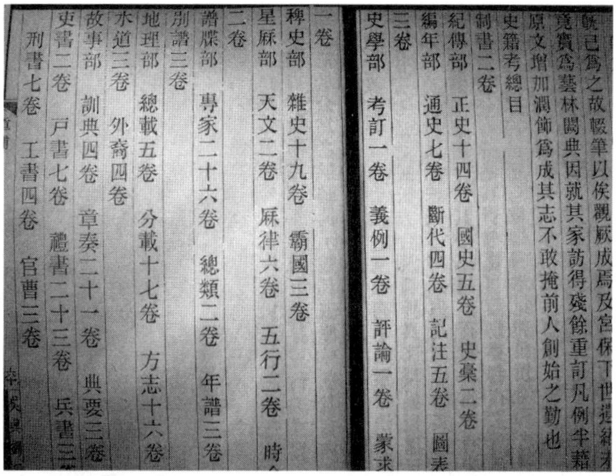

图10-1　《史籍考总目》书影

一、制书：二卷。

二、纪传部：正史十四卷，国史五卷，史稿二卷。

三、编年部：通史七卷，断代四卷，记注五卷，图表三卷。

四、史学部：考订一卷，义例一卷，评论一卷，蒙求一卷。

五、稗史部：杂史十九卷，霸国三卷。

六、星历部：天文二卷，历律六卷，五行二卷，时令二卷。

七、谱牒部：专家二十六卷，总类二卷，年谱三卷，别谱三卷。

八、地理部：总载五卷，分载十七卷，方志十六卷，水道三卷，外裔四卷。

九、故事部：训典四卷，章奏二十一卷，典要三卷，吏书二卷，户书七卷，礼书二十三卷，兵书三卷，刑书七卷，工书四卷，官曹三卷。

十、目录部：总目三卷，经史一卷，诗文（即文史）五卷，图书五卷，金石五卷，丛书三卷，释道一卷。

十一、传记部：记事五卷，杂事十二卷，类考十三卷，法鉴三卷，言行三卷，人物五卷，别传六卷，内行三卷，名姓二卷，谱录六卷。

十二、小说部：琐语二卷，异闻四卷。

① 〔清〕吴兰庭：《胥石文存》（原名《族谱稿存》），《续修四库全书》本。

从这个规模宏伟的总目中，人们可以看出作者当年发凡起例的远见卓识，其书可谓体大思精。

首先，《史籍考》包罗很广，甚至史稿、小说、蒙求等门，也收入书中。这是史部目录学上的“创始之事”，也反映了章学诚“六经皆史”“盈天地间，凡涉著作之林，皆是史学”的观点，扩大了史学的研究范围。

其次，章学诚在《史籍考》中还创造了暗分子目，以类相从的方法。如稗史部杂史门，原分外纪、别裁、史纂、史钞、政治、本末、国别七门，今将它们合为一门，把原先的名目标注于部目之下。霸国门只暗分割据与霸国两门，而以方记归入杂史门。又如地理部，毕沅原分为荒远、总载、沿革、形势、水道、都邑、方隅、方言、宫苑、古迹、书院、道场、陵墓、寺观、山川、名胜、图经、行程、杂记、边徼、外裔、风物等二十二门，“不免繁碎，今暗分子目，统于五条之下，一曰总载，二曰分载，三曰方志，四曰水道，五曰外裔。其暗分子目，以类相从，观者可自得也”。又如故事部，原分十六门，今并合为十门。传记部原分十七门，今并为十门。《史考释例》对这些均有详尽阐释。

这里还要附带说明的是，总目中仍将“方志”列入地理部，看起来似乎与章学诚自己的主张相矛盾，因为他一直认为方志乃属史体，“如古国史，本非地理专门”。其实，他强调“志乃史体”，是要大家编修方志时从“信史”这一要求出发，不要再专谈地理沿革和名胜古迹，把它当作“地理专门”。可是以前所有方志著作，大都为地理著作，如今分类时自然要反映现实，只能放在地理部。这体现了章学诚向来主张的历史著作必须如实反映社会现实的观点。

在《史籍考》规模方面，毕沅原稿仅一百卷，经过谢启昆此次重纂后，增至三百二十三卷。[①]谢启昆于嘉庆三年（1798）致书陈奉兹称：“仆所作《小学考》，昨甫脱稿；《史籍考》年内亦可告竣。书籍友朋，此间最盛，仆之复来浙江，所得惟此耳。”[②]在次年，他又致书孙星衍称：“毕宫保《史籍考》之稿，将次零散，仆为重加整理，更益以文澜阁《四库全书》，取材颇富，视旧稿不啻四

① 此据《章氏遗书》补遗《史籍考总目》载，“共三百二十五卷”。实计三百二十三卷。

② 〔清〕谢启昆：《树经堂文集》卷四《与陈东浦方伯》，嘉庆年间刻本。

倍之。腊底粗成五百余卷，修饰讨论，犹有待焉。”在一年多时间内，《史籍考》草稿的卷数从一百卷增加到五百余卷，尽管只是初稿，已足见进展之神速。《史籍考》续修顺利，一方面得益于章学诚多年努力所积累的成果，另一个重要因素，就是杭州文献资源丰富，可充分利用文澜阁《四库全书》修书。

章学诚本欲在杭州毕其功于一役，到任后却难以施展身手。谢启昆在编修意见上与章学诚发生分歧，而且发觉他与自己的一些朋友如袁枚、孙星衍都合不来。此前，姚鼐也写信给谢启昆说：“胡生在楚中，甚为章学诚所苦。余人多去之，雒君勉留以终其事。”[①]因此，谢启昆就对章学诚有了成见，不再重用。章学诚在这里备受冷落，很不得志，既然不能按照自己的意愿来编修，留在这里也没什么意义，在冬天就转而投奔扬州曾燠幕中。立冬日，作《八座云说》。

嘉庆四年（1799）十月，毕沅因曾巴结过和珅，其家被籍没，革世职。毕沅生前为封疆大吏20余年，仕途显赫，死后却功名被革，沦为罪臣。由于毕沅政治上的敏感性，谢启昆也就不再续修《史籍考》，此次修撰《史籍考》仅持续一年多就中断了。此后，谢启昆只偶尔提及修《史籍考》之事，其诗文集中并未收录《史考释例》《史籍考总目》。姚鼐为谢启昆所作墓志铭，也未言及《史籍考》。胡虔跟随谢启昆去了广西，后来主纂成《广西通志》，颇用章学诚编修之法，深受时人称道。谢启昆于嘉庆七年所作《怀人诗二十首》中，有《章实斋》诗云：“登第不求官，空斋耐岁寒。耳聋挥牍易，鼻垩运斤难。晚境贫愈甚，芳情老未刊。近来稽水侧，谁授故人餐？”诗中特意将“实斋”写成“空斋”，对章学诚一生穷愁潦倒的遭遇颇为同情。

章学诚将完成《史籍考》的希望寄托在毕沅、谢启昆这些地方官员身上，由于他们职位的升迁或发生变故，修书工作历尽波折，屡次开局又被搁置，最后不了了之。更令章学诚气愤的是，他晚年耗尽心血而苦心经营《史籍考》的举动，竟被人诋毁成“负生死之谊，盗卖毕公《史考》”的卑劣行径。

嘉庆三年（1798），章学诚作《又与朱少白》书，信中披露了此种流言的来历。朱锡庚是邵晋涵的弟子，屡次催促章学诚为邵晋涵作传。章学诚为了作传，

---

① 〔清〕姚鼐：《惜抱先生尺牍》卷一《与谢蕴山》，宣统初元小万柳堂据海源阁本重刊。

就向邵氏家人求访遗著，他对朱锡庚说：“邵氏次君自命读父书者，遇仆求请，辄作无数惊疑猜惧之象，支离掩饰，殆难理喻。仆初犹未觉，后乃至于专书不报，姚江赴杭，至郡又过门不入，仆甚疑骇。久乃得其退后之言，直云仆负生死之谊，盗卖毕公《史考》，又将卖其先人笔墨，献媚于谢方伯，是以不取于仆。”章学诚至此如梦初醒，不由大呼冤屈：“嗟乎！斯岂人口中语哉！孺子何知，遂至于此！”他怀疑邵晋涵次子秉华是受人蛊惑，分析说：“闻其结交近日一种名流，所谓好名争胜、门户忮忌之辈，阴教导之。”那么，章学诚所指的这一名流究竟是谁呢？

阮元《〈南江邵氏遗书〉序》云：“今先生久卒，于官所著书，惟《尔雅注疏》先已刊行，今令子秉华等复刊《南江札记》四卷、《南江文钞》若干卷，次第皆成。尚有《南江诗钞》十卷……若干卷未刊，将次第刊之，以贻学者。元既心折于先生之学行，又喜获交于令子秉华，能辑先生之书，俾元受而读之，得闻先生未罄之绪论也。谨记数言，以谂同学者。”[①]有学者据此认为，阮元与邵秉华的关系相当密切，与章学诚学问路数又迥然不同，由此看来，章学诚书中所暗指的那位名流，很有可能就是阮元。但这一推测值得商榷。阮元在京师时，就曾向邵晋涵求教。阮元此序作于嘉庆九年（1804），从文中“今先生久卒”“今令子秉华等复刊”等语气可知，邵秉华在此年刊刻邵晋涵遗书，送了一套给时任浙江巡抚阮元，阮元方“喜获交”，并“谨记数言”。阮元在促成续修《史籍考》一事中，也扮演过重要角色，其幕宾张彦曾还参与了编纂工作。阮元与谢启昆既是进士同年，又是浙江同僚，关系密切。所以，阮元应不至于将续修一事视同“盗卖”。阮元身为学政，幕府名流学者云集，凭其地位名望，怎么可能去诬陷穷困潦倒且与自己毫无瓜葛的章学诚将邵晋涵文稿盗卖给谢启昆呢？因此，章学诚所云邵秉华在嘉庆三年时结交的名流并非指阮元。

对于盗卖献媚之说，章学诚辩驳道：

> 《史考》之出于毕公，自十数年前，南北艺林，争相传说。谢公有力，

① 《研经室二集》卷七《〈南江邵氏遗书〉序》。

能招宾客，纂辑考订，何事不可由己出之，而必掩耳盗铃，暗袭众目皆知之毕氏书为己所创，人情愚不至此。况浙局未定之前，仆持《史考》残绪，遍吁请于显贵之门。君家宫保，亦曾委折相商，且援桐城方制军、德州卢转运共勷秦大司寇《五礼通考》为例。当时知其事者，并无疑仆有如盗卖献媚。①

章学诚的理由有两点。一方面，毕沅编《史籍考》，学界人士皆知，谢启昆不可能也完全没有必要去冒天下之大不韪进行剽窃。事实上，谢启昆在《史考释例》以及书信中多次表明，此次编纂，“半借原文，增加润饰，为成其志，不敢掩前人创始之勤”，并没有抹杀毕沅首创之功。另一方面，此事得到朱珪以及浙江诸位地方大员的支持，当时并无人表示异议。章学诚原来的计划是让阮元、谢启昆资助他在杭州续修，书成后仍旧由毕沅署名，下增列阮元、谢启昆等人名字。这种做法早有先例，他在给朱珪的信中举了《五礼通考》编纂之事。秦蕙田主持编撰《五礼通考》，得到方观承、卢见曾等地方官员大力支持。方观承还将所撰《五礼大全》书稿送给他参考。乾隆二十六年（1761）书成后，署名“秦蕙田撰，方观承订”。

至于说章学诚为了个人私利而盗卖《史籍考》，那更是以小人之心度君子之腹了。他在《上毕抚台书》中讲道：“鄙人职业文墨，碌碌依人，所为辄蹶，巧于遇者，争非笑之，鄙人不知所悔。”②如果他是一个唯利是图、阿谀奉承之人，就不会如此穷困潦倒，盗卖之说实在是对他正直不阿人品的莫大侮辱。为了求职以维持生计，他在给权贵信中难免有一些客套之语，这也是可以理解的，但绝没有献媚之事。他到谢启昆幕府，主要是为了完成《史籍考》，绝不是只想得到一个职位。他发现道不同不相为谋后，也随即离去。回到家乡后，他一直想完成未竟之业，独自编摩。然而，“《史考》之局，既坐困于一手之难成，若顾而之他，亦深惜此九仞之中辍，迁延观望，日复一日。今则借贷俱竭，典质皆

① 《文史通义新编新注》外篇三《又与朱少白》，第774页。

② 《文史通义新编新注》外篇三。

空，万难再支”[①]。自己连生存都成了问题，毕沅也去世了，谢启昆能够接手《史籍考》，当然是最好的了。实际上，章学诚在谢启昆幕府的时间并不长，依旧穷困，又不顾年迈体衰到扬州去谋生，这就足以证明“盗卖献媚”说纯属诬陷。与《五礼通考》编纂情况不同的是，由于毕沅的去世，《史籍考》即使编成，也是署名“谢启昆撰”，毕沅最多只是列名其下，或者在序言、凡例中说明其首创之功，这样做也无可厚非。

章学诚在给朱锡庚的信中，列举了一些剽窃学术的例子，如：“邵君《雅疏》未出，即有窃其新解，冒为己说，先刊以眩于人，邵君知之，转改己之原稿以避剿嫌”，“辛楣詹事尝有绪言未竟，而黠者已演其意而先著为篇”，朱筠家“宋镌秘笈，李童山借本重刊，亦胜事也，其转借之人冒为己所箧藏，博人叙跋，誉其嗜奇好古”，等等。他痛斥“此辈行径，大者不过穿窬，细者直是胠箧”。对于自己被诬陷的原因，章学诚认为是学风败坏，指出：“盖好名之习，渐为门户，而争胜之心，流为忮险。学问本属光明坦途，近乃酿成一种枳棘险隘，诡谲霿昧，殆于不可解释者。”又说：“学问之途，本自光明坦荡，人自从而鬼蜮荆棘，由于好名争胜，而于学本无所得故也。”有些人不学无术，又好名争胜，那就只能靠剽窃他人成果来获取名利了。章学诚一贯强调学术为公，痛斥将学术作为争名夺利工具的恶劣作风。所以，他将以前所写的《言公》《说林》诸篇，“急取订正付刊，非市文也，盖以颓风日甚，学者相与离跂攘臂于桎梏之间，纷争门户，势将不可已也。得吾说而通之，或有以开其枳棘，靖其噬毒，而由坦易以进窥天地之纯、古人之大体也，或于风俗人心不无小补”。他请朱锡庚将此信传阅，“邵楚帆侍御、邵耿光中翰及家逢之、正甫二孝廉，此外邵君弟子有能真知其师者，可共观之”。[②]章学诚提到的这四人中，邵自昌（1736—1813）是邵晋涵族叔，字蕃孙，号楚帆，顺天大兴人。乾隆四十三年（1778）进士，改庶吉士，授编修，官至左都御史，有《世麟堂诗》。邵瑛（1739—1818），字桐南，号瑶圃，邵晋涵从侄，乾隆四十九年榜眼，授编修，

① 《文史通义新编新注》外篇三《上朱中堂世叔》，第759页。

② 《文史通义新编新注》外篇三《又与朱少白》，第773—775页。

改内阁中书。章宗源、章正甫都是邵晋涵的学生。章学诚希望这些亲朋好友能看到自己的辩白，理解自己的冤屈。

盗卖《史籍考》风波对章学诚精神上的打击很大，尽管毫无私心，但《史籍考》原稿确实是他带给谢启昆的，自己参编的时间也很短，被人猜疑的话很难辩解清楚。更使他寒心的是，邵秉华竟然从此与他不相往来。所以，章学诚在信中伤感地说："长者行事不使人疑，今遭疑如是，仆亦良自愧也。如何如何！"①

经此风波，加上毕沅被贬抑，章学诚此后几乎不再提及《史籍考》。《史籍考》是章学诚文史、校雠学理论在史著实践中的极好运用，也是他晚年大半精力和心血的结晶，虽已基本成书，却未能留传下来。我们今天只能从《章氏遗书》中的《论修〈史籍考〉要略》《史考释例》《史籍考总目》等零星残篇中，略窥其全豹。

道光二十六年（1846），南河总督潘锡恩在毕沅、谢启昆原稿基础上，再度对《史籍考》加以增订。道光二十八年，完成清本三百卷，但还没来得及刊刻，就在咸丰六年（1856）的战火中被烧毁。从章学诚创议到清本焚毁，《史籍考》编纂历经60余年磨难，三易其主，经过章学诚、胡虔、钱大昭、许瀚等10余位学者努力，才完成了这样一部三百卷的目录学巨著，最终却不幸灰飞烟灭，怎不令人扼腕叹息！

---

①《文史通义新编新注》外篇三《又与朱少白》，第775页。

第十一章　针砭时弊

章学诚治学向来以“好辩”著称，他针对古今学者的学术观点乃至人品学识写了许多辩论文章。他“好辩”，主要是为了针砭时弊，但与其倔强争胜的个性也不无关系，故与人辩驳有时失之偏激。章学诚在晚年亦即嘉庆年间，也写过不少辩论文章，如嘉庆元年（1796）的《〈淮南子洪保〉辨》与《驳张符骧论文》等。此外，更是对孙星衍、洪亮吉、汪中、袁枚等名流的学问、人品都加以褒贬。他对汪中、袁枚的激烈批评，与早年和戴震的论争一样，在当时乃至清代学术史上都产生了很大的影响。

规正孙星衍

乾隆五十九年（1794），孙星衍刻《问字堂集》。嘉庆二年（1797），章学诚在安徽看到这部文集，写了《与孙渊如观察论学十规》[①]一信，信中有“十年不见，积思殊深”之语。章学诚的弟子史致光与孙星衍分别是乾隆五十二年的状元、榜眼，章学诚在嘉庆元年致孙星衍信中云：“丁未杪冬，长安街拱手为别，转盼十年。”可见，他们的相识当在乾隆五十二年或更早。章学诚在乾隆五十三年《报孙渊如书》中称“相知数君子，终不敢秘，幸时有以教政之”[②]，《与孙

---

① 《文史通义新编新注》外篇一。

② 《文史通义新编新注》外篇三。

渊如书》中云，“此言可为知者道也”[①]，嘉庆元年又将自刻本《文史通义》送其教正，可见章学诚是将孙星衍当作知交的。章学诚在河南归德编《史籍考》时，曾写信与孙星衍商讨，在武昌，又与他共处毕沅门下。孙星衍自视甚高，议论不合，或对幕府中事看不惯，动辄骂人，招致幕府其他学者群起攻击，但得到毕沅的厚待。

孙星衍作为钱大昕的学生，是乾嘉汉学代表人物，章学诚与他学术路数不同，但对其学术发展还是寄予厚望。在《与孙渊如观察论学十规》中，章学诚首先肯定其书“博综贯串，而又出以颖敏之思，断以沈挚之识，卓然不朽”，然后指出其存在的10个方面的问题，予以规劝指正。例如，关于《神农本草》《墨子》内容真伪，序论繁芜，指斥前贤太过。他还指出孙星衍沉湎考据，堆砌资料而缺乏理论总结，《问字堂集》“兼该甚广，未知尊旨所在”，“浩瀚如海，鄙人望洋而惊，然一蠡之测，觉海波似少归宿”，提倡“学固贵博，守必欲约”。《问字堂集》卷四有《答袁简斋前辈书》，章学诚一向对袁枚深恶痛绝，见孙星衍与其探讨考证，当即认为孙氏太不自爱。此后，章学诚又作《书孙渊如观察〈原性〉篇后》，指出，“孙君《原性》之篇，繁称博引，意欲独分经纬，而按文实似治丝而棼之矣”，“诬诋前贤”，“其说无稽，不待辨也。挟求胜之心，持一隅之说，欲于棼如乱麻之中独辟宇宙，正如阴阳反复，后人复起而争，何时已乎？”《原性》之篇探讨人性问题，提出新的见解，而章学诚不以为然，认为“《原性》之文，正蹈虚言之弊”。[②]

章学诚对孙星衍《问字堂集》很不满，批评道：“若渊如则本无所得，全恃聪明，立意以掀翻古人为主，而力实未能，故其文集疵病百出。鄙所纠正，特取与《文史通义》相关涉者而已，其余非我专门，不欲强不知以为知也。倘他篇又别有专门之人如鄙之纠驳，则身无完肤矣。其病却是欲速成，故不免于不逊悌耳。要之不失为奇才，鄙欲其内敛十年，然后可著作耳。”[③]在章学诚看来，孙星衍治学功利心太强，“盖渊如天分虽高，却为名心甚急，故用功不懈，至今

① 《文史通义新编新注》外篇三。
② 《文史通义新编新注》外篇二。
③ 《文史通义新编新注》外篇三《又与朱少白书》，第783—784页。

无自得之学者，名心为之累也（功浅之时，求人赏鉴，今功稍深，又求胜人）”[①]。

章学诚肯定孙星衍天资学力过人，但其毛病在于“嗜好过多”，又“有心好辨”，本擅长词章，又不愿以诗文名世，就把精力花在经史、文字、音训之学上，旁及诸子百家、金石碑版、天文医方等。治学内容如此博杂，就很难显示出自己的专长，在章学诚看来，这是做学问之大忌。加之孙星衍的精力又分于声色与世俗应酬，所以“惜其精神之误用也”。正如章学诚生前所言，后来孙星衍在学术上博则博矣，但并未取得什么突出成就。

章学诚批评孙星衍做学问存在的功利性强、博杂不专等问题，皆切中要害，论断精辟，同时也给予他肯定和鼓励，自云：“一切纠驳之说，鄙实甚爱渊如，而思以讲明其非以规益之，实未有所争胜而故为好辨。”[②]这些辩驳，是长辈对后学的引导劝勉。

反驳洪亮吉

章学诚与洪亮吉相识于乾隆三十九年（1774）之前，当时他们同在朱筠门下。此后，两人又同在毕沅幕府编纂《续通鉴》《史籍考》等。章学诚是方志文献派代表人物，洪亮吉则是地理派代表人物，两人在古文辞方面乃至治学方法上，亦全然不同。

洪亮吉也是个性倔强之人，两人探讨学问时常发生争论，也有些个人恩怨。章学诚于乾隆四十六年（1781）托邵晋涵致信毕沅，欲谋一席之地，洪亮吉当时已是毕沅幕客，身为同门，却不曾有举荐之言。章学诚遗憾地说：“往者竹君先生泛爱及众，有所举于中丞，皆一时之选。然亦有拯悯饥寒，仅就尺短寸长，使之有以自效。中丞雅善衡量，亦既随其器之大小，有以满其剂量，以是人称中丞能得士矣。而斯人亦出竹君先生门下，袖手冷笑，独谓人世不必更求知音，

① 《文史通义新编新注》外篇三《与朱少白书》，第787页。

② 《文史通义新编新注》外篇三《又与朱少白书》，第783页。

倔强自喜，不复顾屑，以至于今，故困穷转出藩篱鷃雀下也。某属公门下，辱知为深，当此相须殷而相遇甚疏之际，苟不为公一言，则负知遇之恩莫斯为大。”[①]章学诚晚年作《邵与桐别传》，其中称：“故总督湖广尚书镇洋毕公沅，尝以二十年功，属某客续《宋元通鉴》，大率就徐氏本稍为损益，无大殊益。公未惬心，属君更正。君出绪余为之复审，其书即大改观。时公方用兵，书寄军营，读之，公大悦服，手书报谢，谓迥出诸家《续鉴》上也。”[②]在这里，章学诚对洪亮吉所编《续宋元通鉴》很是不屑，认为其远不及邵晋涵订正本。

洪亮吉在嘉庆二年（1797）刻成《卷施阁文集》，其中有《与章进士书》，反驳章学诚关于地方志行政区划名称的观点。章学诚10年前拜访洪亮吉时，曾指出其所编纂《乾隆府厅州县图志》在分部上的错误。洪亮吉用《大清一统志》例，以布政使司分隶府厅州县，而章学诚认为应当按今制称部院，两人当时就辩论过。章学诚在桐城作了《地志统部》一文，重申自己的观点。在三月十七日《又答朱少白书》中云：“以洪君之聪明知识，欲弹驳弟之文史，正如邵先生所云，此等拳头，只消谈笑而受，不必回拳，而彼已跌倒者也。”[③]章学诚对自己文史方面的长处非常自信，对洪亮吉的观点甚为不满，而“（彼驳邵之《尔雅》，方长篇大章刻入文集，以为得意，而邵之议论已如此。）今彼刻驳弟之书，乃因诎于口辨，而遂出于装点揑造，殆较驳邵为更甚矣。此书即使出弟身后，儿辈力量，尚能驳正。……而弟犹不免论辨，若以争胜然者，实欲为世风作小维挽耳”。总之，“洪、孙诸公，洵一时之奇才，其于古文辞，乃冰炭不相入，而二人皆不自知香臭”。章学诚因此感叹道：“人之真自知者寡矣！自己尚然不知，如何能知古今人之是非？良可慨也！”人贵有自知之明，在学术上不懂装懂以求人知，肯定会贻笑大方。

---

① 《文史通义新编新注》外篇三《与邵与桐书》，第680页。

② 《章氏遗书》卷一八《邵与桐别传》。

③ 《文史通义新编新注》外篇三。

批评汪容甫

汪中（1745—1794），字容甫，江苏江都人。少孤家贫，选充拔贡，绝意仕进。历就安徽学政朱筠、太平知府沈业富、宁绍台道冯廷丞、湖广总督毕沅幕府，对朱珪执弟子礼。晚年管理扬州文汇阁《四库全书》，以检校往杭州，卒于西湖葛岭僧舍。汪中推崇荀子，为墨子辩护，否定《大学》为孔子所作。厌恶程朱理学，抨击封建礼教，驳斥理学家妇女殉节说。著有《述学》《仪礼经注正讹》《大戴礼记正误》《春秋述义》《广陵通典》《经义知新记》《旧学蓄疑》等。《述学》一书，分内篇三卷，外篇一卷，补遗一卷，别录一卷。

章学诚与汪中曾三次相处于同一幕府。第一次，乾隆三十六年至三十八年（1771—1773），在安徽学政朱筠幕府；第二次，乾隆三十九年冬至四十年春，宁绍台道冯廷丞幕；第三次，乾隆五十五年春夏间，武昌幕府。汪中生性亢直，平日嫉恶如仇，恃才傲物，于古人今人多有讥评，人称"汪狂"。章学诚也是个性耿直之人，在学术上坚持己见，从不让步。这样的两个人在一起，激烈争辩在所难免。洪亮吉有回忆章学诚之诗云："鼻窒居然耳复聋，头衔应属老龙钟。未妨障麓留钱癖，竟欲持刀抵舌锋。（君与汪明经中议论不合，几至挥刃。）独识每钦王仲任，多容颇詈郭林宗。安昌门下三年住，一事何尝肯曲从。（君性刚鲠，居梁文定相公寓邸三年，最为相公所严惮。）"[①]两个人争得几乎要白刃相向，场面之火爆可以想见。在洪亮吉评价汪中时，章学诚便以自己左耳甚聋，拒绝交谈。汪中《述学》篇刊行后，汪中之子汪喜孙称："同时袁知县枚、章进士学诚、张舍人埙并以诗文名，先君辩论无所让。阮督部元序《述学》，以为先君孤秀独出，是其证也。"[②]章学诚眼见汪中"才华倾倒一世士"，认为名不副实，曾说："其才甚美，学问虽未成家，记诵则甚侈富，亦能为古文辞，尤长于辞命，仆向以为畏友。近见之于湖湘间，与之谈款，一妄人耳。文既逊于往日，

① 《卷施阁诗》卷一五《岁暮怀人诗》。

② 〔清〕汪喜孙编：《容甫先生年谱》，乾隆五十二年条，中国书店1925年影印本。

言大而不知惭，切而按之，枵然空落而无所有。此人非不用功者也，有才无识，不善用其所长，激以名心，凿以私智，久游江湖，客气多而志不逊也。”[①]也就是说，章学诚以前还将汪中视作畏友，但武昌一见，觉得其仅是“一妄人耳”。

嘉庆三年（1798），章学诚作《立言有本》《〈述学〉驳文》[②]两篇文章，针对汪中《述学》提出批评。章学诚承认汪中“工辞章而优于辞命”，但《述学》是一部文集，按学术著作的体例分成内篇、外篇，很不恰当。这个批评自然正确，此外，驳汪中论史佚等六家为墨家之渊源，也是卓识。但章学诚对其他内容的批评，有的牵强附会，有的是意气用事，有的出于卫道观点。汪中论墨子之诬孔子等于孟子之诬墨子，发人之所不敢发，却被章学诚讥为“好诞”。汪中目睹贞节观对妇女的戕害，对宋明理学和封建礼教提出了质疑和批评。他在《女子许嫁而婿死从死及守志议》跋文中，痛论未嫁女子守节及从死非礼，大声疾呼，“‘一与之齐，终身不二’，不谓一受其聘，终身不二也”，“烈女不事二夫，不谓不聘二夫也”。[③]汪氏的观点无疑是进步的，而章学诚却批评汪中“以未婚守志谓过犹不及，其胸次之黑白，乃如是耶！”“充其所论，伯夷与盗跖无分也”。

其实，章学诚与汪中在一些学术见解上不无共识，如都认为作文要重真情实感。章学诚提出：“古人之学，各有师法，法具于官，官守其书，因以世传其业。”[④]无独有偶，汪中也认为：“古人学在官府，人世其官，故官世其业，官既失守，故专门之学废。”由于存在成见，两人并没有很好地理解对方的学问。章学诚以为“大抵汪氏之文，聪明有余，真识不足，触隅皆悟，大体茫然”，这样的批评只能是彻头彻尾的误解了。

---

① 《章氏遗书》卷二九《又答朱少白》。

② 《文史通义新编新注》外篇一。

③ 〔清〕汪中：《述学》内篇一《女子许嫁而婿死从死及守志议》，四部丛刊本。

④ 《文史通义新编新注》外篇三《上晓徵学士书》，第648页。

抨击袁子才

袁枚（1716—1798），浙江钱塘人，字子才，号简斋。袁枚是乾嘉时期代表诗人之一，与赵翼、蒋士铨合称为“乾隆三大家”。乾隆四年（1739）进士，授翰林院庶吉士，曾任江浦、江宁等地知县。后父亲亡故，辞官养母，在江宁随园筑室定居，世称“随园先生”。自此，他就在这里过了将近50年的闲适生活，从事诗文著述，为当时诗坛所宗。著有《小仓山房集》《随园诗话》《随园随笔》。袁枚思想比较自由解放，抨击程朱理学，并宣称“六经尽糟粕”；论诗主张抒写性情，创“性灵说”，对儒家“诗教”表示不满，遭到洪亮吉、姚鼐等人的批评；提倡妇女文学，招收许多女弟子创作诗歌，又在所著《随园诗话》中加以宣扬，被礼教之士视为轻薄无行。

章学诚出于卫道思想，对袁枚在诗歌、古文等方面的学术观点，乃至其为人都有着强烈不满。他在嘉庆二年（1797）写了《妇学》《〈妇学〉篇书后》《题〈随园诗话〉》《书坊刻诗话后》《诗话》[①]。嘉庆三年又作《论文辨伪》，在六月《上石君先生书》中云：“五月在苏州……于苏州城市，偶见坊刻尺牍，其人其书，极可贱恶，乃有诬阁下与彼论文，大加倾倒，且附和其人，讥及先师。因叹小人之无忌惮，至于斯极，而君子遭侮，则不可谓无因也。因取其言辨之，谨录奉上，所谓苍蝇玷父兄面，不容不拭，要之其人何足责哉！”[②]关于写这些文章的动机，他在《丁巳札记》中说，“近有无耻妄人，以风流自命，蛊惑士女，大率以优伶杂剧所演才子佳人惑人”，在文章中对袁枚展开猛烈的攻击，痛斥其伤风败俗、“丧其天良”、“非圣无法”、“名教所诛”。

《书坊刻诗话后》云：“近有倾邪小人，专以纤佻浮薄诗词倡道末俗，造言饰事，陷误少年，蛊惑闺壶，自知罪不容诛，而曲引古说，文其奸邪。……斯人丧其天良，而惟恐人之不丧天良，不知具何肺腑而忍出此也！……自来小人

---

① 《文史通义新编新注》内篇五。

② 《章氏遗书》卷二九。

倡为邪说，不过附会古人疑似以自便其私，未闻光天化日之下，敢于进退六经，非圣无法，而恣为倾邪淫宕之说，至于如是之极者也!”《妇学》云：“文章虽日公器，而男女实千古大防，凛然名义纲常，何可诬耶！……以纤佻轻薄为风雅，以造饰标榜为声名，炫耀后生，猖披士女，人心风俗，流弊不可胜言矣!”《〈妇学〉篇书后》又说：“《妇学》之篇，所以救颓风，维世教，饬伦纪，别人禽，盖有所不得已而为之，非好辨也。……彼不学之徒，无端标为风趣之目，尽抹邪正淫、是非、得失，而使人但求风趣；甚至言采兰赠芍之诗有何关系，而夫子录之，以证风趣之说。无知士女，顿忘廉检，从风波靡。是以六经为导欲宣淫之具，则非圣无法矣。”章学诚很少写诗，而《题〈随园诗话〉》中就有诗12首之多，可以被认为是声讨袁枚的诗文，一定程度上达到了恶语中伤的地步。如云：“江湖轻薄号斯文，前辈风规误见闻。诗佛诗仙浑标榜，谁当霹雳净妖氛。诬枉风骚误后生，猖狂相率赋闲情。春风花树多蜂蝶，都是随园蛊变成。”在《诗话》中，斥袁枚“盛称邪说”，“斯乃人首畜鸣，而毅然笔为诗话，人可戮而书可焚矣”。

综观章学诚平生所著文章可见，他在学术上经常与别人展开激烈争论，但从来没有达到如此情绪化攻击的地步。这也可见，在维护封建伦理道德、批驳不同学术观点方面，章学诚真可谓尽心尽力，寸步不让。章学诚恨不得将袁枚杀之而后快，骂其“淫乱邪说，宕惑士女，肆辱圣言，以六经为导欲宣淫之具，败坏风俗人心，名教中之罪人，不诛为幸”①，还说“石庵相公（指刘墉）官江宁时，欲法诛之，可谓知所务矣”②。袁枚以媚事权贵自夸，公开以好色好货好名自居，颇多淫侈行径，当时就引起一些学界人士的不满和批评，如果单从伦理道德上予以否定，也并无不可。但袁枚勇于疑古，敢于进退六经，论诗专主性情风趣，自成一派，确实在当时产生了巨大影响，是值得肯定的。

章学诚对袁枚的攻讦，不可避免地包含一些偏见，如认为袁枚编造与画家童钰的友情、刘墉欲诛杀袁枚、袁枚有意夸大朱珪对其古文观点的赞许等，都

---

① 《文史通义新编新注》外篇一《与孙渊如观察论学十规》，第399页。

② 《文史通义新编新注》外篇一《论文辨伪》，第387页。

不符合事实。他毕竟是封建时代的思想家，将维护封建社会的伦理道德规范看成自己的本分。他曾说："夫著书大戒有二：是非谬于圣人，忌讳或干君父，此天理所不容也。"[①]无怪乎章学诚尽管一生坎坷，受到来自社会的极不公平的待遇，一直被冷落，却自始至终没有对封建统治秩序和封建伦理道德提出任何的怀疑、不满，反而还动辄以"名教罪人""天理所诛"等理学家常用的语句，给人扣帽子。当然，章学诚在妇女观上也有进步之处，从他的众多妇女传记中可以看出，他很重视妇女才学，肯定节妇在维护家庭与社会稳定方面作出的贡献，尊重妇女的社会地位与作用。章学诚在世时，只刊印过《文史通义》中的极少部分文章，而且仅在小范围的师友圈内流传。总体说来，他生前的大多学问鲜为人知，与此形成鲜明对照的是，他的《妇学》篇却流传极广，被单独收入各种文选和丛书。可见，章氏妇学思想符合当时社会主流意识形态。

"好辩"真性情

章学诚治学"好辩"，积极参与学术争论，是值得提倡的。战国时期百家争鸣，以自由辩论的方式求同存异，促进了学术进步。孟子说："我亦欲正人心，息邪说，距诐行，放淫辞，以承三圣者，岂好辩哉？予不得已也。"[②]荀子也强调："君子必辩。"[③]关键在于，学术争鸣提倡平心静气，探讨问题不是人身攻击。章学诚就对孙星衍说过："辨正文字，但明其理而不必过责其人，且于称谓之间，稍存严敬，是亦足以平人之心，且我辈立言，道固当如是耳。（鄙著亦染此病，特未如尊著之甚耳，今已已知悔，多所删改。）"[④]可见，他在辩论之时，也意识到自己应该心平气和，但有时仍不免有偏激之失。

章学诚为什么"好辩"？

首先，他主要做的就是纵论文史、品评古今学术的研究工作，曾说，"鄙人

① 《文史通义新编新注》外篇三《上辛楣宫詹书》，第657页。

② 《孟子·滕文公》。

③ 《荀子·非相篇第五》。

④ 《文史通义新编新注》外篇一《与孙渊如观察论学十规》，第398页。

所业，文史校雠，文史之争义例，校雠之辨源流……皆不能不驳正古人，譬如官御史者不能无弹劾，官刑曹者不能不执法，天性于此见优，亦我辈之不幸耳。古人差谬，我辈既已明知，岂容为讳？但期于明道，非争胜气也”，“于文史自马、班而下，校雠自中垒父子（指刘向、刘歆父子）而下，凡所攻刺，古人未有能解免者”[①]。章学诚既然将文史校雠作为自己的职业，那么评论得失就是自己的职责所在，如同御史弹劾、刑曹执法，不得不如此。文史争义例，校雠辩心法，为了针砭时弊或纠正错误观点，以免讹误流传，无论其人名气多大，地位多高，对其错误的观点都要进行辩论。他认为只有这样做，才会促进学术进步。

其次，章学诚的学问不合时好，很难被人理解，而在他看来，学术界处处是弊端，出于责任感，不得不辩。他的一些主张，“与流俗言则不解，与通人言又每多不以为然，斯道之所以难也。辛楣先生尚不谓然”[②]。实际上，他“从事于文史校雠，盖将有所发明。然辨论之间，颇乖时人好恶，故不欲多为人知”[③]。除了朱筠、邵晋涵、朱锡庚、史致光等少数学者外，几乎没有多少知音。他一向敬重钱大昕，对他始终没有贬词，并将论文呈送以求教正。然而，钱大昕却始终没有揄扬之词，在《廿二史考异序》中说：“更有空疏措大，辄以褒贬自任，强作聪明，妄生疻痏，不稽年代，不揆时势，强人以所难行，责人以所难受，陈义甚高，居心过刻，予尤不敢效也。”此话很可能就是针对章学诚而发，章学诚与当时学界之寡合，可见一斑。

有鉴于此，章学诚也不大愿意将自己的文章公布于世，以免招致时人的攻击。他作了朱筠家传，劝朱锡庚深藏勿露，以免被人讥弹；“与孙、洪辨驳之文，不必遽示外人，近日名士争心甚炽，鄙深畏以此等文字结成仇雠，所关非细。所谓不朽，原非取辨于生前也”[④]。看来，章学诚将自己的学术思想水平的评定寄托于后世了。在考据学盛行的年代，章学诚绝对是个另类，面对时弊，他就像一个消防员，义无反顾地扑向火海。他“尝谓百年而后，有能许《通义》

---

① 《文史通义新编新注》外篇一《与孙渊如观察论学十规》，第398页。

②④ 《文史通义新编新注》外篇三《又答朱少白书》，第782页。

③ 《文史通义新编新注》外篇三《上辛楣宫詹书》，第657页。

文辞与老杜歌诗同其沈郁，是仆身后之桓谭也”①。事实也正是如此，在章氏学说被埋没百余年后，直至近代，人们才逐渐认识到其中蕴含的精义。

最后，章学诚“好辩”，与其性格也很有关系。章学诚相貌丑陋，生活贫困，学问无人理解，因此，在个性上难免有些叛逆，固执而好辩，凡事总爱争胜。他对戴震的评论还比较公允，既肯定其理论建树，又指出其缺陷；对于汪中，也能赞扬其文学；唯独对袁枚始终深恶痛绝，大加挞伐。此外，章学诚对于阮元，认为其“亦颇高明，所得似在孙、洪之间，但不致放言高论。……然其论刻石如史官纪事之类，则不免乱道矣”②；对于姚鼐，他评价道，“其（指戴震）《原善》诸篇，虽先夫子亦所不取，其实精微醇邃，实有古人未发之旨，鄙不以为非也。姚姬传并不取《原善》，过矣”③。章学诚对于当时负重名的人，都有一些异议，对他们的批评，也难免有偏激之处。

章学诚在论辩文章中，常常不忘申明一下自己并非“好辩”，并非出于意气争胜而论辩，自己“无私心胜气，世道人心所系，名教大义所关，盖有不得已于中者，非好辨也”④。他曾对邵晋涵说：“吾辈辨论学术，当有关于世道，私心争气，何以取后世之平！”⑤人无完人，作为史学大家，章学诚也有弱点和失误，争辩之时，有时意气用事，甚至违背自己的观点也在所难免。但总体而言，章学诚的辩论，还是比较客观公正的，如他指出：“程易畴之于孙、洪诸君自较胜矣，彼刻《通艺录》，直《周官》之精要义也。而不今不古之传志状述，犹自以为文也，而亦列其中，岂非自具村俚供招。若戴东原氏则更进乎程矣！然戴集中应酬传志，亦自以为文也而存之，且以惹人笑柄之《汾州府志》，津津自道得意。”在这里，他既肯定程瑶田与戴震等人的学术成就，又指出他们的不足之处。然而，批驳他人缺失，分辨学问高下，就很容易得罪人。

章学诚个性倔强，尤其在学术问题上坚持己见，遇见不同观点就要辩个水

---

① 《文史通义新编新注》外篇三《又与朱少白》，第774页。
② 《文史通义新编新注》外篇三《与朱少白书》，第787页。
③ 《文史通义新编新注》外篇三《又与朱少白书》，第783页。
④ 《文史通义新编新注》外篇三《与史余村》，第686页。
⑤ 《文史通义新编新注》外篇三《答邵二云书》，第684页。

落石出。即使平常与友朋闲谈，也很较真，他们会就不同学术意见发生争论，如在保定与好友周震荣甚至争得大动肝火，可见其确实好辩。真理越辩越明，章学诚自觉担负起纠正学风流弊的时代责任，勇于发声，敢于辩论，这是值得提倡的学术作风。学术研究存在意见分歧，乃正常现象，必须有敢于坚持真理、勇于修正错误的学人，勇于辩论总比孤芳自赏要有益于学术发展。当然，任何学术批评，都必须做到实事求是，与人为善，不可借此进行人身攻击。章学诚的某些学术批评，就未免失之偏颇，他自己也承认："论锋所指，有时而激，激则恐失是非之平，他日录归《文史通义》，当去芒角而存其英华。"[①]

---

① 《章氏遗书》卷二八《跋〈丙辰山中草〉》。

第十二章　晚年岁月

嘉庆四年（1799），章学诚回到家中，在贫病交加中度过了生命中的最后两年。挚友邵晋涵的去世以及“盗卖《史籍考》”风波，在精神上对他打击很大。在和珅倒台后，他还连续上书执政，揭露时弊。虽然眼睛失明，年老体衰，但仍著作不止，临终前数月，将遗稿委托友人王宗炎校订。

痛悼邵晋涵

章学诚一生为人耿直，交游师友很多，他都赤诚相待，言行一致。章学诚能在学术上作出卓越的贡献，主要依靠自身的刻苦和才学，同时，也离不开师友们在生活上对他的帮助以及学术上的切磋砥砺。

嘉庆元年（1796）六月十五日，章学诚的挚友邵晋涵在北京逝世，这对年近60岁的章学诚在精神上是极大的打击。他生平与邵晋涵交谊最深，情同手足，在学问上又志同道合，论史“契合隐微”，两人的交谊，堪称学界的典范。章学诚追念旧游，伤感地说：“（邵晋涵）惟于予爱若弟兄，前后二十余年，南北离合，历历可溯。得志未尝不相慰悦，至风尘潦倒，疾病患难，亦强半以君为依附矣。”[1]

---

① 《章氏遗书》卷一八《邵与桐别传》。

图12-1 邵晋涵画像
（据《邵晋涵年谱新编》）

邵晋涵的从祖邵廷采曾受教于黄宗羲，受其影响很深，曾辑《东南纪事》《西南纪事》，对南明史极为关注。章学诚很崇拜邵廷采，曾在给儿子的信中提道：“祖父生平极重邵思复文，吾实景仰邵氏而愧未能及者也。盖马、班之史，韩、欧之文，程、朱之理，陆、王之学，萃合以成一子之书，自有宋欧、曾以还，未有若是之立言者也。”[①]有一次，章学诚在邵晋涵面前大力褒扬邵廷采所著《思复堂文集》，并叹道：“五百年来罕见。”邵晋涵以为这不过是章学诚奉承之词，出于谦让，便说了些“不过尔尔”之类的客套话。哪知章学诚正色道：“班马韩欧，程朱陆王，其学其文，如五金贡自九牧，各有地产，不相合也。洪炉鼓铸，自成一家，更无金品州界之分，谈何容易？文以集名，而按其旨趣义理，乃在子史之间。五百年来，谁能辨此？”[②]听了这番话，邵晋涵深刻地感受到了章学诚的诚意，不禁肃然起敬，于是为邵廷采作了行状，并请朱筠表其墓。第二年正月初，章学诚至余姚拜访邵晋涵，在他那里留宿几日，又谈起此事。此时，邵晋涵才彻底了解了章学诚推崇《思复堂文集》的原因，并明白了这部文集的价值。于是他打算将其重新刻版问世，但后来由于应酬繁忙，便不了了之。直到光绪末年，该文集才由蔡元培校定，徐友兰重刻，收入《绍兴先正遗书》。这件事是他们交往中一个小小的细节，却大大增进了两人的友谊。以后，两人如同伯牙、子期，彼此欣赏，做了一辈子知音。

邵晋涵为官多年，经济条件宽裕，常常在生活上给章学诚很大的帮助。章学诚后来卧病京旅，全靠邵晋涵用车载至其家，延医治疗。这样的例子很多，然而他们的友谊，更多的是建立在彼此学问的相互启发上。章学诚所著《文史

① 《文史通义新编》外篇三《家书三》，第819页。

② 《章氏遗书》卷一八《邵与桐别传》附录章贻选按语。

通义》，多有“别识心裁”，不了解他的人，“或相讥议”，而邵晋涵每见其书，“辄谓如探其胸中之所欲言。间有乍闻错愕，俄转为惊喜者，亦不一而足”。章学诚也深知邵晋涵学问，他曾指出：一般人只知其“博洽”，而“不知其难在能守约”；只知其“以经训行世”，而不知“其长乃在史裁”；只知其“以汉诂推尊”，而不知其“宗主乃在宋学”。[①]章学诚对邵晋涵的这个评价，基本上是合乎实际的。邵晋涵与章学诚关系如此密切，在学术上的切磋因而得以频繁进行。仅《章氏遗书》中所收章学诚写给邵晋涵的论学书信，就有十封以上。两人均有重修《宋史》之意，乾隆五十七年（1792），章学诚打算按自己设想的体例写一部《宋史》，于是写信征求邵晋涵意见，请他“于所夙究心者，指示一二”[②]。

章学诚《原道》篇写出后，传稿京师，反应非常强烈，平日素爱章氏之文者，看了此文也“皆不满意，谓蹈宋人语录习气，不免陈腐取憎”，邵晋涵却称颂道：“此乃明其《通义》所著一切创言别论，皆出自然，无矫强耳。语虽浑成，意多精湛，未可议也。”[③]邵晋涵亦从章学诚处获益匪浅。面对邵晋涵花10年之功写成的《尔雅正义》，章学诚写信作了直率的批评。信中说：

足下《尔雅正义》，功赅而力勤，识清而裁密，仆谓是亦足不朽矣。抑性命休戚之故，亦有可喻者乎？《尔雅》字义，犹云近正，近正之义，犹世俗云官常说话，使人易解。足下既疏《尔雅》，则于古今言语能通达矣；以足下之学，岂特解释人言，竟无自得于言者乎？君家念鲁先生有言：“文章有关世道，不可不作，文采未极，亦不妨作。”仆非能文者也，服膺先生遗言，不敢无所撰著，足下亦许以为且可矣。

足下于文，漫不留意，立言宗旨，未见有所发明，此非足下疏于学，恐于闻道之日犹有待也。足下博综十倍于仆，用力之勤亦十倍于仆，而闻见之择执，博综之要领，尚未见其一言蔽而万绪该也。足下于斯，岂得无意乎？《宋史》之愿，大车尘冥，仆亦有志而内顾楞然，将资于足下而为之

① 《章氏遗书》卷一八《邵与桐别传》附录章廷枫语。

② 《文史通义新编新注》外篇三《与邵二云论修〈宋史〉书》，第672页。

③ 《章氏遗书》卷二《原道下》附录邵晋涵语。

> 耳。足下如能自成一史，仆则当如二谢、司马诸家之《后汉》，王隐、虞预诸家之《晋书》，亦备一家之学。如其未能，则愿与足下共功；其中立言宗旨，不侔而合，亦较欧、宋《新唐》必有差胜者矣。[①]

章学诚极希望邵晋涵能将自己全部精力用于《宋史》研究上，以成一家之学，认为其不应把有限的精力用于“解释人言”，为当时学术界的考据之风所囿。这样诚恳的批评和规劝，只有肝胆相照的挚友之间才能作出，也只有这样诚恳的批评和规劝，才是对友人真正有益的帮助。邵晋涵在考据盛行的乾隆时期，能够不局限于辑佚、考证，而对史学理论有所关心，与受到章学诚的影响有关。

两年后，章学诚再次去信谈论著述之事：

> 足下今生五十年矣，中间得过日多，约略前后自记生平所欲为者，度其精神血气尚可为者有几？盖前此少壮，或身可有为，未可遽思空言以垂后世；后此精力衰颓，又恐人事有不可知，是以约计吾徒著述之事，多在五十六十之年，且阅涉至是不为不多，中间亦宜有所卓也。足下《宋史》之愿，大车尘冥，恐为之未必遽成；就使成书，亦必足下自出一家之指，仆亦无从过而问矣。[②]

才过四年，年仅54岁的邵晋涵便与世长辞了，他一生所要经营的《宋史》，遂成泡影。

邵晋涵与章学诚都重视以约驭博的史学专著。乾嘉时代，大多数史学家从事史料编纂或考逸搜遗的工作，“其研索之苦，襞绩之勤，为功良不可少”，然而他们未能“决断去取，各自成家”，不讲求经世致用，是一个极大的缺陷。章学诚对此极为不满，他曾对邵晋涵说，研究史学“不求家法，则贪奇嗜琐，但

① 《文史通义新编新注》外篇三《与邵二云论学》，第644—665页。

② 《文史通义新编新注》外篇三《与邵二云论修〈宋史〉书》，第671页。

知日务增华”，这样发展下去，恐天下之大，也将不足以容纳存放史书的架阁。邵晋涵听后，颇有同感。他立志改编《宋史》，除获得钱大昕启发外，还受到章学诚这番话的影响。他想以章学诚所说的“家法”，“刊定前史，自成一家”，又看到“前史榛芜莫甚于元人三史，而措功《宋史》尤难”，遂“慨然自任”。对于邵晋涵的去世，章学诚非常震惊，在给友人的信中一再表达其悲痛的心情：

> 昨闻邵二云学士逝世，哀悼累日，非尽为友谊也。浙东史学，自宋元数百年来，历有渊源，自斯人不禄，而浙东文献尽矣。鄙宿劝其授高第学子，彼云未得其人，劝其著书，又云未暇而今长已矣，哀哉！前在楚中，与鄙有《宋史》之约，又有私辑府志之订，今皆成虚愿矣。[1]

他在晚年作《邵与桐别传》时哀叹，邵晋涵的去世，“不特君之不幸，亦斯文之厄也已”。章学诚之所以如此悲痛，“非尽为友谊”，更重要的还在于深深惋惜邵晋涵的学问未能传承下来，生平计划的著作亦未能完成，因而“自斯人不禄，而浙东文献尽矣”，这是学术文化上的一大损失。

挚友汪辉祖

章学诚与汪辉祖是绍兴府同乡，乾隆三十四年（1769）正月同赴礼部试，在朱筠家相识，从此结交长达32年。章学诚从湖北回乡后，游幕江、浙、皖三省，屡次到萧山拜访汪辉祖，见其撰述，辄作序言、书后以赠。嘉庆六年（1801），章学诚写信给汪辉祖，请他教导次子华绂如何当军府参谋、节镇奏记之类的幕友，汪辉祖作《论幕学书》，谆谆教诲。

章学诚多次为汪辉祖撰写序跋、书信，主要有：《汪氏二节母家传》，收录于《双节堂赠言集录》卷三，作于乾隆四十四年（1779）七月；《〈史姓韵编〉序》，作于嘉庆元年（1796），是汪辉祖《史姓韵编》与《二十四史同姓名录》

---

① 《章氏遗书》卷一三《与胡雒君论校〈胡稚威集〉二简》。

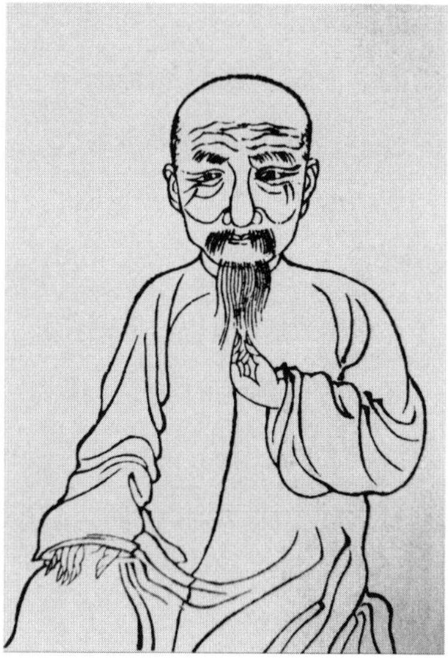

图12-2　汪辉祖画像

二书的合序；《与汪龙庄书》，作于嘉庆元年三月；《〈双节堂杂录〉序》，收录于道光三十年（1850）清河龚裕重刻《汪龙庄先生遗书》所附《双节堂杂录》卷首，嘉庆二年十二月十一日作；《〈三史同姓名录〉序》，嘉庆三年三月下旬作；《书汪龙庄〈越女表微录〉后》，嘉庆三年三月十六日作；《与汪龙庄简》，作于嘉庆三年重阳节后不久；《书〈病榻梦痕录〉后》，作于嘉庆二年至三年间；《汪龙庄七十寿言》，收录于《汪辉祖行述》卷三，台北广文书局1977年影印傅斯年图书馆藏清刊本。胡适《章实斋先生年谱》嘉庆四年条云："此文今不传。"可见他未见过这篇寿言。还有《汪焕曾豫室志铭》，收录于《汪辉祖行述》卷三，台北广文书局1977年影印傅斯年图书馆藏清刊本。此文作于嘉庆六年夏，为章学诚绝笔之作。

章学诚与汪辉祖在为人处世、伦理道德以及学术思想等方面都有许多共同之处，他在《与汪龙庄简》中云："足下与弟议论浃洽者多。"[①]章学诚对汪辉祖的肯定与赞扬，主要体现在以下几个方面：

第一，对汪辉祖为人处世之道的赞许。汪辉祖为人正直、坦诚，出入官场近40年，始终洁身自好。章学诚在《〈史姓韵编〉序》中称其"惇行工文，初以名幕成名进士，试为州县，以名宦闻，究以直道龃龉，投劾归里"[②]。正直、不欺的处世哲学，是章学诚与汪辉祖成为毕生好友的基石。他们都多次应试才中进士，章学诚是为了解决家庭生计问题，无奈才参加科举考试的，其实他更钟情于纵论文史、品评古今学术的研究工作。汪辉祖则不同，佐幕所得足以养家，他锐意科举，是为了实现读书人"学而优则仕"的人生理想。章学诚在

① 《文史通义新编新注》外篇三。

② 《文史通义新编新注》外篇二。

《与汪龙庄简》中，对汪辉祖教子专攻科举文章的做法颇有异议，说，“令子爱读古书，足下怪其不为时墨，故得失学之名”，“足下有如此贤子，而足下反屈折之也。读古何损于举业哉?”“弟生平不见考墨之卷”，“但教人为文，而不教人为揣摩之文”。章学诚自以迂疏，考中进士后始终不敢入仕。晚年他在《汪焕曾豫室志铭》里讲道：“余与焕曾，籍同府，举附同岁，志同道，所愧有不同者，少豫力之学也。读书服古，期许不甚让于前贤，而有体无用，涉世迂拙，失人失言，悔尤时见。”其实，问题的关键不在有无“豫力之学”。在乌烟瘴气的清代官场，清正廉洁的官员很难立足，连精于吏治的汪辉祖尚且被劾罢官，何况学问主张不合时好，又毫无官场经验的章学诚呢！

此外，他们在宣扬封建伦理道德、维护封建礼教方面也是高度一致的。汪辉祖继母王氏、生母徐氏守节多年，被朝廷旌表为“双节”，他为二母乞言数十年，刊刻《双节堂赠言集录》三集，又撰《越女表微录》《春陵褒贞录》，大力表彰贞烈妇女。章学诚对此举非常赞赏，在《书汪龙庄〈越女表微录〉后》中称其“真仁人孝子之思，可谓不匮而又能广其类锡者也”。袁枚招收女弟子创作诗歌，章学诚对其人深恶痛绝，在《妇学》《〈妇学〉篇书后》《书坊刻诗话后》等文中展开猛烈抨击。汪辉祖对袁枚之为人也颇为鄙视，有人欲替其向袁枚求赠言诗，他谢绝说：“某乞言以宠先人，此君轻薄为文，恐非先人所乐闻也。”章学诚因此称赞汪辉祖道，“母节征诗文，遍及海内知名之士，意有所鄙，虽表表负盛名者，摈不与也。余尝谓论文至此，方可为洁”。汪辉祖笃信宣扬因果报应、纲常伦理的《太上感应篇》，指出生平“得力于经义者犹鲜，而得力于《感应篇》者居多，故因果之说，实足纠绳”[①]。与此相同，章学诚也刊刻《太上感应篇》，欲“取福善祸淫、天人感应之不爽毫末者，以昭其信”[②]。

第二，肯定汪辉祖经世致用的学术思想。汪辉祖读书贵通大义，主张居处宜穷经蕴，在官宜览史事。章学诚称赞他擅长“引经折狱”，“读书通变而不失其正，可为经旨通其外义”[③]；在《汪焕曾豫室志铭》中则称其“讲学论文，务

---

①〔清〕汪辉祖：《双节堂庸训》卷二《因果之说不可废》，乾隆五十九年刊本。

②《章氏遗书》卷二九《刻〈太上感应篇〉书后》。

③〔清〕汪辉祖：《梦痕录余》，嘉庆十年条，道光十年刻本。

期实用，不随时尚，不求世誉”；在《〈史姓韵编〉序》中亦赞其“著书满家，多孝友蕴积及恺惠绪言，其书布粟而不雕绘”。汪辉祖的幕学与吏治著作海内风行，被誉为“宦海舟楫”“佐治津梁”，居官佐幕者几乎人手一册，视为枕中鸿宝。章学诚《汪龙庄七十寿言》云：“居闲习经，服官究史，君有名言，文能称旨，布帛菽粟，人情物理。国相颁其政言，市贾刊其《佐治》，雅俗争传，斯文能事。”《〈双节堂杂录〉序》又云：“幕治吏书，官通民隐，文须共白，不事琢雕，则犹农贾质言可以参经传也。”

第三，表彰汪辉祖在编纂史学姓名工具书上的成就。汪辉祖用整整26年时间，不惮钩稽爬梳之烦劳，辑著《史姓韵编》《三史同名录》等史学姓名工具书五种，为学术界检索和研究历史人物提供了极大便利，并为后人编制同类工具书打下了良好的基础。章学诚非常重视此项工作，在《文史通义》外篇三《与族孙守一论史表》中指出，编制索引“不特为读史要领，且为一切考订关人事者作资粮也”，并提出欲通编全史人名。后因故只纂成《明史列传人名韵编》。汪辉祖《史姓韵编》六十四卷，收录二十四史世家、列传及附传所载人名，分姓汇录，以韵编次，是中国古代第一部二十四史人名索引，正好契合章学诚的构想。索引工作一向为人所轻视，都以为人人能为而不足以称著述。章学诚《文史通义》外篇三《又上朱大司马书》提道，他为汪辉祖《三史同名录》作序，“叙中极论名姓之书，古有专门，因欲史家急复班固人表之例，以清列传，觉于史学稍有扩清之功，而闻者多大笑之”。索引书非极细致、极有毅力不能为不可为，为亦不精而不适于用。章学诚在《校雠通义》内篇一《校雠条理》中，提出了极有见地的编制群书索引的主张，在《与汪龙庄简》中还提出编纂历代人物姓名韵编的设想。章学诚《〈三史同姓名录〉序》云，“见龙庄《三史同名》之录，盖先得我心之同然”，“视前人所考，不啻倍蓰，则此书之精详，不可不著者也”。他很赞赏汪辉祖“特撰为《同名考》，将全史所载，毋论有传无传之人，凡有同名，详悉考别，勒为专篇”的做法。汪辉祖后来修订纂成《二十四史同姓名录》一百六十卷，可惜未能刊刻传世。章学诚两次为汪氏之书作序，充分肯定史学姓名工具书的学术意义，在《与汪龙庄书》中指出：“序意发明，实为史学大关键，俾阅是两书者大开眼孔，知有经史专门之学，各自理会大本领，成古今来大著作，毋以比类征事、文人游戏手眼亵玩此书。”章学诚有编制索引的丰富理论，汪辉祖则埋头苦干，成果斐然，二人相得益彰，都称得上我国古代不可多得的索引学家。

上书论时政

嘉庆四年（1799）正月初三，太上皇乾隆帝去世。嘉庆帝亲政后，立即向执掌国政20余年的和珅开刀，下刑部严讯，查抄家产，十八日即赐令自尽。全国第一大贪官和珅终于轰然倒台，人心为之一振。嘉庆帝踌躇满志，颇有中兴王朝之意，下诏征求直言。一时士大夫纷纷上书，议论时政，出谋划策。

当时的社会呈现衰败之象，统治者奢侈腐化，官员贪污成风，国库空虚，阶级矛盾、民族矛盾尖锐，人民反抗斗争风起云涌。在众多社会问题中，吏治腐败最为突出，危害极大。章学诚只做过一段时间的国子监典籍，从未做过大官，但时刻关注时政，阅览邸抄，在著《文史通义》时，“虽以文史标题，而于世教民彝，人心风俗，未尝不三致意，往往推演古今，窃附诗人义焉”[①]。因为一生坎坷，游历南北各地，又当过一些达官要员的幕僚，所以章学诚不仅对当时的各种社会现象和民间疾苦有较为真切的感受和观察，还洞悉朝政内幕和官场黑暗。正如他自己所说：“以贫贱之故，周流南北，于民生吏治，闻见颇真。”[②]章学诚中进士而不入仕途，形同布衣，没有资格直接上书皇帝，只能向大臣献言。此时他虽已“华发盈颠，两耳重听”，步入“垂老之年”，但还是奋笔疾书，连续写成《上执政论时务书》《上韩城相公书》《再上韩城相公书》《三上韩城相公书》《上尹楚珍阁学书》《上曹定轩侍御论贡举书》等六篇时事政论文章，剀切陈词，洋洋上万言。

韩城相公即王杰（1725—1805），字伟人，号惺园，晚号葆醇，陕西韩城人。乾隆二十六年（1761）状元，曾任四库馆副总裁、三通馆副总裁、军机大

① 《章氏遗书》卷二九《上尹楚珍阁学书》。

② 《章氏遗书》卷二九《上韩城相公书》。

臣、上书房总师傅、东阁大学士、内阁学士等。嘉庆时为首辅，晋太子太傅。王杰在乾、嘉两朝为官40余年，耿直刚正，敢于直言，反对和珅，参与了和珅一案的审理。他是当时朝廷重臣中难得的廉洁之士，文章道德为当世楷模。王杰辞京还乡之日，嘉庆皇帝特赐诗两首，赞其“直道一身立庙朝，清风两袖返韩城”。卒谥“文端”，著有《惺园易说》《葆醇阁集》等。王杰是章学诚中进士时的副主考，因以门生之礼与其交往。

尹楚珍阁学即尹壮图（1738—1808），云南蒙自人，字万起，又字楚珍。乾隆三十一年（1766）进士，改庶吉士，官至内阁学士兼礼部侍郎，以参天下仓库亏缺降补御史，放归，掌教五华书院。有《楚珍自记年谱》《楚珍诗稿》等。尹壮图是章学诚乡试中举时的房考官，嘉庆帝亲政后，有意起用，允许其在家上疏言事。

曹定轩侍御即曹锡龄，生卒年不详，乾隆四十年（1775）进士。字受之，号定轩，晚居新堡，室名翠微山房。授编修，历云南学政、吏科给事中。有《周易集粹》《翠微山房诗文集》。曹锡龄的父亲曹学闵与朱筠为同榜进士，曹锡龄也是朱筠门生，故与章学诚相识。

章学诚提出了“以吏治为急”的政治改革主张，对吏治腐败的社会现象加以无情地揭露，明确指出：

> 自乾隆四十五年以来，讫于嘉庆三年而往，和珅用事几三十年，上下相蒙，惟事婪赃渎货，始如蚕食，渐至鲸吞。初以千百计者，俄而非万不交注矣，俄而万且以数计者，俄以数十万计，或百万计矣。一时不能猝办，率由藩库代支，州县徐括民财归款。贪墨大吏，胸臆习为宽侈，视万金呈纳，不过同于壶箪馈问；属吏迎合，非倍往日之搜罗剔刮，不能博其一欢。官场如此，日甚一日。①

他又指出：“公事之借端横敛，印官上任，书役馈送，辄数万金；督抚过

①《章氏遗书》卷二九《上执政论时务书》。

境，州县迎送，必数千金。此皆日朘月削，闾阎不可旦夕安者。”[①]可见，吏治之腐败，已是病入膏肓，使民不聊生。

章学诚分析，当时社会主要有三大问题：一是民众动乱，二是国库亏空，三是吏治腐败。实际上，“事虽分三，寻原本一，亏空之与教匪，皆缘吏治不修而起”。所以，吏治腐败乃头等突出的问题，危害极大。官吏贪赃枉法，侵吞国家财产，造成国库日益亏空，为了弥补亏空，又“上下相与讲求弥补，谓之设法”。而对于所谓的“设法”，章学诚一针见血地指出，不过是各级官吏“巧取于民之别名耳”！因为“既讲设法，上下不能不讲通融。州县有千金之通融，则胥役得乘而牟万金之利；督抚有万金之通融，州县得乘而牟十万之利。……设法之权，操于督抚，然则督抚将设法而补今缺数，民间将受百倍之累，其与明责民偿，相去轻重为何如哉！……设法之弊，至于斯极，民生固万不堪此；即为国计，亦何堪有此哉！”[②]

政治腐败、国库亏空与民众动乱，形成一个恶性循环：越是腐败，越是亏空；越是亏空，越要设法弥补；在设法弥补时，官吏又借机大肆搜刮贪污；这一切的后果最后又都转嫁到广大民众身上，百姓“万不堪此”，只好起来反抗。章学诚说，这就是所谓的“官逼民反”。故而他对这些贪官污吏恨之入骨，“今之寇患皆其所酿，今之亏空，皆其所开。其罪浮于川陕教匪，骈诛未足蔽辜”，真是“蠹国殃民”！[③]总之，“吏治之极弊”已到了“不可不急挽”的地步。在《章氏遗书》卷二五《湖北通志检存稿二》的《复社名士传》和《明季寇难传》等文中，章学诚还提醒和告诫当局，如果不及时采取措施，整饬吏治，后果将不堪设想，“必待习气尽而人心厌而气运转，而天下事已不可为矣！岂不痛哉！”为什么明末“流贼一呼，从者数十万”？“亦贪虐之吏，有以驱使然也。”

章学诚着重提出了自己“澄清吏治”和反腐倡廉的具体意见。在《文史通义》内篇二《古文十弊》中，他说：“我宪皇帝澄清吏治，裁革陋规，整饬官方，惩治贪墨，实为千载一时。彼时居官，大法小廉，殆成风俗，贪冒之徒，

---

① 《章氏遗书》卷二九《再上韩城相公书》。

②③ 《章氏遗书》卷二九《上执政论时务书》。

莫不望风革面，时势然也。”所以，如今也要向先祖学习，继续整饬吏治。总的来说，他的六篇上书主要提出了以下几点具体意见：

第一，惩治腐败，“不得不严”。

章学诚认为，治理国家，一般来说，“宜尚宽大”，但对于整治腐败，“追籍贪污官吏，搜查隐匿”，抄没他们的“家产”等，又“不得不严”。[①]因为腐败分子所贪污的财富都是“国币民膏”，严厉打击这些腐败分子，就可减轻民众负担，故而实际仍然是一种“体恤民隐”的宽政。对于国家财政来说，“贪吏上盗下敛，并合所聚”，必定大大超出国库所亏之数，故而狠抄并罚没他们的赃款和家产，就可以用来抵补国库亏空，缓解国家财政困难。章学诚这一建议确实是大胆可行的。同时，他还指出，整饬吏治，要把导致腐败的“一切极弊”，如“漕规之斗斛倍蓰，丁粮之银钱倍折，采买之短价抑勒”，等等，统统“荡涤振刷”，以从根本上杜绝腐败之源。[②]

第二，当权者应“率先恭俭廉隅”。

章学诚进一步指出，反腐与倡廉是统一的，两者应并举，正所谓“欲清吏治，必励廉隅”[③]。首先是那些“议国是者”必须“率先恭俭”，“奉公守法，毋为奸蠹”，并且要以身作则，“正己率属，严绝赃私”，“不苛暴于民”。[④]“无欲则刚”，当权者自己没有贪欲之心，才可以整治下属，要求下属廉洁。如果地方督抚大员自己就贪欲无穷，则府州县官吏必为了“取悦督抚之心，蠹国殃民，以饱督抚之欲”，贪污起来，便更加有恃无恐、肆无忌惮了。二者关系，用章学诚的话来说，就是“上行下效，相习成风”，“州县先以术饵督抚，而随挟督抚；奸吏蠹役，亦先以术饵州县，而随挟州县，助虐肥家”。上官因为收受下官的贿赂而被下官所牵制，“天下之势，方且倒持，而欲吏治之清，奸民之靖，使教匪不得施其蛊惑，其道何由？”[⑤]

① 《章氏遗书》卷二九《上韩城相公书》。
② 《章氏遗书》卷二九《再上韩城相公书》。
③ 《章氏遗书》卷二九《上执政论时务书》。
④ 《章氏遗书》卷二九《再上韩城相公书》。
⑤ 《章氏遗书》卷二九《三上韩城相公书》。

第三，完善“举报”制度。

朝廷要“大开言路”，虚心纳谏，特别是对于举报“官邪民隐”的奏文，一定要从速处理，并且要随时检查下属是否如实执行。章学诚提出的具体方法是，由朝廷授权原举报人员“随时纠劾，量加甄叙”，一旦发现问题，继续举报，或者由朝廷委派专员下去“勘验”，“以收实效”。总之，朝廷对于这些举报“官邪民隐”的奏文，要做到“求之必有其道，择之必有其方，按之必有其实”，使惩治腐败，不徒具“一纸空文”，“有名无实”。[①]

第四，“理财必以治政为先”。

章学诚在论解决吏治腐败时，还提出了一个颇有见地的观点，即“理财必以治政为先”。也就是说，治理国家财政，首先必须抓好政治。他说：“国家大计，未问财赋之盈亏，先问政治之得失。孟子曰：‘无政事，则财用不足。’然则理财亦以治政为先，非但弭寇先须清吏治也。”[②]只有“吏治肃清”了，人们才能安居乐业，进行生产，国家的赋税也才会有保障；如果“吏治不清”，就会直接危及经济建设，府库也就日益空虚。章学诚打比方说，“理财之道，同于治水”，腐败的政治，如经济建设和国家财政的“暗流”和“决口”。不清除腐败，严饬政治，就无异于“日凿既竭之泽”，最终使经济建设和国家财政，与布满“暗流”和“决口”的河道一样，“枯竭且干”。[③]

章学诚能抓住吏治腐败这一当时最为突出的社会问题，提出上述反腐倡廉、整顿吏治的建议，应该说是切中时弊，非常中肯的。此外，他还对言路闭塞、科举弊端等问题，提出解决方法。这比起那些醉生梦死、歌舞升平的官僚，那些沉湎考据、“烂然如日中天”的俗儒，不知要冷静、高明多少！但是，章学诚的这些政治改革主张，是自上而下的改良主义。他敢于对腐败的政治进行猛烈的抨击并提出改革措施，却不敢也不可能触及整个封建制度本身。在《章氏遗书》外编《丙辰札记》中，他极力为清统治者争正统地位：

---

① 《章氏遗书》卷二九《上尹楚珍阁学书》。

② 《章氏遗书》卷二九《再上韩城相公书》。

③ 《章氏遗书》卷二九《上执政论时务书》。

> 自唐虞三代以还，得天下之正者，未有如我大清。魏晋唐宋之禅让，固无论矣，即汉与元，皆是征诛而得天下。然汉自灭秦，而元自灭宋，虽未尝不正，而鼎革相接，则新朝史官之视胜国，犹不能无仇敌之嫌。惟我朝以讨贼入关，继绝兴废，褒忠录义，天与人归，而于故明，但有存恤之德，毫无鼎革之嫌。

在《章氏遗书》外篇《乙卯札记》中，他对明朝遗民的一些反清思想言论予以批评："亡国之音，哀而不怨，家亡国破，必有所以失之之由，先事必思所以救之，事后则哀之矣。不哀己之所失，而但怨兴朝之得，是犹痛亲之死，而怨人之有父母也。故遗民故老，没齿无言。或有所著诗文，必忠厚而悱恻。其有谩骂讥谤为能事者，必非真遗民也。"

在这里，章学诚只允许百姓"哀而不怨""忠厚而悱恻""没齿无言"，不许他们对封建统治有所怨恨，有所讥骂，这显然是在宣传一种顺民思想。

章学诚甘冒政治风险，直斥赃官墨吏，发出反映严重社会问题的正直言论，这与他勇于批评学风流弊一样精神可贵，不啻是开了后来龚自珍、魏源激烈抨击时政的先声。章学诚的友人洪亮吉、汪辉祖，当时都曾上书执政，体现了士人的忧国忧民情怀。洪亮吉时为翰林院编修，因上书直言朝政弊端，言辞激烈，触怒嘉庆帝，被下令"斩立决"，幸遇大赦免死，发配伊犁。所以，嘉庆帝诏求直言是叶公好龙，真正面对逆耳忠言，非但不采纳，反而恼羞成怒。这预示着清王朝统治的江河日下。

临终托遗稿

章学诚生命不息，著述不止。据学者新发现的佚文，章学诚嘉庆元年（1796）八月下旬作《春山书塾记》，嘉庆二年十二月上旬作《〈春农先生文集〉书后》，嘉庆五年春至六年冬之间作《马人龙墓志》。[①]由于贫病交加，章学诚在

① 曹天晓：《章学诚集外文三篇辑考》，《古籍研究》2022年第2期。

嘉庆五年春双目失明，两耳重听，即便如此，著作仍未中断，如《文史通义》中非常重要的文章《浙东学术》即成于此年，《邵与桐别传》亦作于此时。他说："今目废不能书，疾病日侵，恐不久居斯世。苟终无一言，不特负死友于九原，亦且无以报锡庚之责。口授大略，俾儿子贻选书之。"这一年，编有文集《庚申新订》《庚申杂订》。嘉庆六年夏，又为汪辉祖作《汪焕曾豫室志铭》，邮筒往返，商榷再三，稿甫定而疾作，遂成绝笔。

临终前数月，他将所著文稿委托友人萧山王宗炎校订。王宗炎（1755—1826），字以除，号谷塍，晚号晚闻居士，浙江萧山人。乾隆四十五年（1780）进士，毕生从事教育，主讲杭州紫阳书院，有"东南硕师"之誉。嘉庆朝工部尚书陆以庄、道光朝协办大学士汤金钊等，都是他的门生。王宗炎筑"十万卷楼"，收藏古籍，有《晚闻居士遗集》传世。汤金钊《寸心知室诗文经进集》卷二《寄呈王谷塍师》赞云："东南文献属先生，吴越师儒仰大名。一代文章曾子固，六经著述郑康成。"

早在乾隆四十年（1775）正月，王宗炎与绍兴同乡汪辉祖一起进京会试并订交，大概经汪辉祖介绍，此时与章学诚相识，时年仅20岁。乾隆四十三年，王宗炎再次参加会试，与章学诚见面时，请他为汪辉祖母亲写家传。[①]章学诚从湖北归里后，渡钱塘江，往来萧山，时常与王宗炎晤谈。王宗炎之子王端履，是嘉庆十九年（1814）进士，曾记载：

> 会稽章实斋先生，深于古文法律，端履偶以此条质之。先生曰："说部记载无关文义，然亦不可草草。如云'试士于鄞'，'鄞'字当作'宁波'。以杨慈溪籍，若仅试鄞士，则杨不得与矣。且提学校士，试宁波阖属，非仅试鄞也。'杨昆阜庶子'下，当增'时尚为诸生'五字，不然竟似庶子对提学言矣，有是理乎？'会、状两元'，当省作'状元'二字。上云'子必状元及第'，下云'会、状两元'，则'会'字从何杂出耶？"先君闻之，戒

① 〔清〕章学诚：《汪氏二节母家传》，载汪辉祖编：《双节堂赠言集录》卷三，乾隆四十四年刻本。

端履曰："汝辈作文当刻刻如此留心，自然精审不苟矣！"[①]

王宗炎平日与章学诚议论颇洽，认为其"题《随园诗话》，持论甚正"，并评价说："实斋地产霸材，天挺史识。学古文于朱笥河太史，沈雄醇茂，过于其师。尤长攻难驳诘之文，班（指班固）范（指范晔）而下，皆遭指摘。自谓卑论仲任（指王充），俯视子玄（指刘知几），未免过诩，平心而论，夹漈（指郑樵）之伯仲也。"[②]王宗炎认为章学诚才学与南宋史学家郑樵不相上下，推崇备至。

章学诚自知将不久于人世，可怜一辈子寄人篱下，为他人作嫁衣，到头来又不得不将自己毕生心血，托付给友人整理。由于时人的漠视，在章学诚生前，其著述"为一时通人所弃置而弗道"，大多没有机会刊印出来。官方刻印的仅有一部《永清县志》，其余著述，从最早的《和州志》到后来的《亳州志》《湖北通志》《史籍考》，最后结局都是不能刊刻传世。他不得不一次又一次将这些纂述的梗概保存下来，如将《和州志》节略成《志隅》，将《湖北通志》编为《湖北通志检存稿》。自从河南遇盗后，章学诚就非常注意保存自己的文稿，在中国古代的文人当中，像他这样高度重视个人著述保存的，确实比较少见，可见他对著述留传之焦虑。

这时章学诚的好友已纷纷谢世，汪辉祖年迈多病，只有王宗炎年富力强，学识渊博，为人值得信赖，于是章学诚将全部文稿委托他代为校订。文稿寄出后，章学诚非常挂念，又去信询问编纂情况，王宗炎回信说："惟是稿本丛萃，而又半无目录，卷帙浩繁，体例复杂，必须遍览一二，方能定其去取。拟编出清目，俟稍有就绪，当先奉请尊裁。"[③]他在匆忙中提出一个编排义例，章学诚未答而逝。后来，王宗炎订定目录一卷，连同原稿并交章学诚长子贻选。

国家图书馆藏有王宗炎十万卷楼抄本《章学诚全集》，据学者研究，十万卷

① 〔清〕王端履：《重论文斋笔录》卷十，道光二十六年刻本。

② 《章氏遗书》附录《两浙辅轩录补遗》。

③ 〔清〕王宗炎：《晚闻居士遗集》卷五《复章实斋书》，道光十一年刻本。

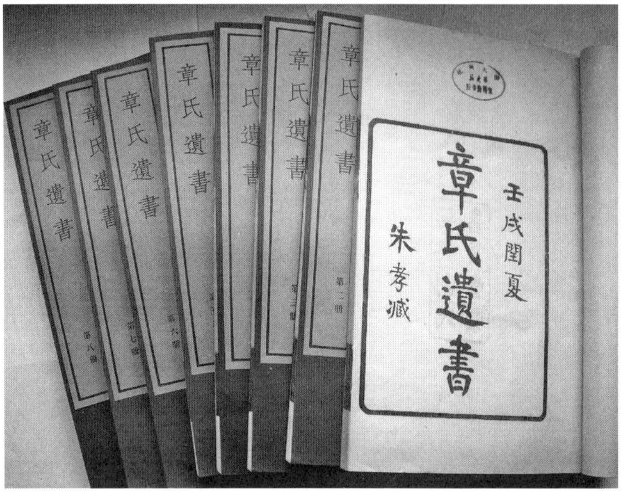

图12-3 《章氏遗书》书影

楼抄本或由王氏后人抄成。[1]该本部分篇章内容与“大梁本”《文史通义》《校雠通义》一致，部分与嘉业堂本《章氏遗书》一致，亦有超出两者之外的异文、跋语、佚文，有助于改进刊本之讹误、阙佚等，可促进章学诚研究进一步深入。十万卷楼抄本经平步青、周作人递藏，平氏还对该本作了不少批校，亦颇有价值。

嘉庆六年（1801）十一月，章学诚因病与世长辞，享年64岁。道光年间会稽进士沈元泰根据采访撰成《章学诚传》，感叹章氏“少患鼻痈，中年两耳复聩，老苦头风，右目偏盲，其殁也以背疡。晚景贫病交加，极文人之不幸”[2]。

据光绪《会稽偁山章氏家乘》卷二所载开三十五房世系，章学诚将父母灵柩归葬于绍兴城外栖凫村。他有一妻二妾和五个儿子、若干个女儿。妻俞氏，生子贻选；妾蔡氏，生子华绂；妾曾氏，生子华绶、华练、华纪；第五子殇。家属最多时达20余人。但由于长期过着贫穷流浪生活，子孙多有因病死亡者。章学诚去世后与俞氏、蔡氏合葬于山阴方坞，曾氏分葬泾口村。章学诚墓原在今绍兴市柯桥区福全街道锦坞村方坞，墓平面呈圆形，四周以块石砌垒，墓前竖碑，两侧立石质望柱，墓周有石围栏，毁于20世纪60年代，今不存。

他的五个儿子的情况如下：

长子贻选，生卒年不详，原名贻祖，字杼思，由国子监省中顺天乡试举人。自父亲死后，以授馆为生。然自道光四年（1824）以后，连年脱馆，窘至无以

---

① 王园园：《十万卷楼钞本〈章学诚全集〉研究》，《中国典籍与文化》2023年第3期。

② 《道光会稽县志稿》卷十七《章学诚传》。

为生，只得到河南投靠二弟华绂，亦无所得。道光十年归里，生活穷困。妻孙氏，继妻吴氏，妾李氏，合葬于今绍兴市柯桥区柯岩街道州山村东担山。李氏生子汝麟，原名绍增，号邹生，葬泾口村。

次子华绂，生卒年不详，字授史，又字绪迁，号芑阡，增监生。道光七年（1827）前后，在河南巡抚幕府。道光六年，他向长兄贻选索寄父亲著作全稿以及王宗炎所定目录，先录得副本十六册，尚未录完，四弟华练从邓州来信说，当地的易良俶愿刊刻遗著，华绂遂将原稿寄往邓州，本人只存留未录完的副本。道光十年至十一年间，华绂将副本请刘师陆、姚椿代为核勘，校订《文史通义》内篇五卷、外篇三卷，《校雠通义》三卷，于道光十二年刊刻于开封，并亲自作跋。华绂妻蒋氏，妾周氏，合葬于木栅村，有昕、景、炳、烺四个儿子。

姚鼐弟子姚椿（1777—1853），江苏娄县人，字春木，监生。在京师与洪亮吉、张问陶等唱和，有诗名。他的《通艺阁诗三录》卷一有《章丈（学诚）遗书书后》（华绂作），诗云："汉廷儒术苦纷糅，良史三长妙独操。穷老一编非国语（丈著撰多与先儒说异），牢愁千载反离骚。学嗟子政藜然远，文喜中郎帐秘叨。晚向梁园问耆旧，肯将金玉掩蓬蒿。"

第三子华绶，过继给章学诚的族兄垣业做儿子，具体生平不详。胡适《章实斋先生年谱》记载华绶为蔡氏所生独子，出继为垣业后。独子出继，不符合情理，曾氏有华绶、华练、华纪三子，其中一子过继给族人，理应如此。

第四子华练，生卒年不详，字祖泉，号仍湖。流寓河南邓州，索得父亲著作原稿后，并未刊刻，竟视为田畴货物以为利。章氏著作原稿，从此下落不明。

第五子华纪，生卒年不详，字竹书，号竹史，增广生。妻柴氏，合葬于泾口村。有子启昆，字同卿，号莲州，葬山阴方坞。章启昆咸丰初客梁宋间，曾印"大梁本"《文史通义》数十册分送友人。咸丰末，"大梁本"书版在战火中略有损毁。启昆有子季真，原名乔林，字佳木，号小同，兼祧汝麟为子。季真以军功保举知府，补同知，有子仪隆、仪清。游幕贵州提刑按察使司，在光绪三年（1877）重刻《文史通义》，次年刊行，即"黔本"。

从章学诚的一生中，我们可以看到，一位如此杰出的史学大师，大部分时间都处在饥寒交迫的境地，生活是那样的坎坷悲惨，这是那个时代对人才的极大摧残。他曾为“刘知几负绝世之学，见轻时流”[①]而不平，然而刘知几毕竟曾出入史馆，三为史臣，他却连史馆的门槛也未能跨入。他自甘寂寞，除少数知己以外，学术界名流对他都不屑一顾，更有甚者，则把他“视为怪物，诧为异类”[②]。面对如此冷酷的社会现实和极不公正的待遇，他从不沮丧，仍矢志不渝地坚持文史校雠之业，最后为我们留下了《文史通义》《校雠通义》等重要著作，为祖国历史文化宝库作出了卓越的贡献。

① 《文史通义新编新注》内篇四《知难》，第232页。

② 《文史通义新编新注》外篇三《与族孙汝楠论学书》，第801页。

第十三章　《文史通义》

《文史通义》是章学诚学术研究的代表作。他在30岁以前，已有著述此书的想法。乾隆三十一年（1766），他在《与族孙汝楠论学书》中就曾表示，要探讨二十一史得失利弊。他撰写此书，实始于乾隆三十七年，在《候国子司业朱春浦先生书》中提到自己已经开始撰写《文史通义》，并抄寄三篇给钱大昕。章学诚在同一年给钱大昕的信中明确表示，他要“取古今载籍，自六艺以降讫于近代作者之林，为之商榷利病，讨论得失，拟为《文史通义》一书，分内外杂篇，成一家言。虽草创未及什一，然文多不能悉致，谨录三首呈览，阁下试平心察之，当复以为何如也?”①司马迁曾提出“究天人之际，通古今之变，成一家之言”的宏伟著述目标，后来在众多的中国古代历史学家中，明确提出要“成一家之言”的还不曾有过。章学诚竟也提出要“成一家之言”，可见其雄心壮志。后来，因为生活不安定，无法集中精力，章学诚只有利用课诵之余撰写。严格地说，全书直到他逝世也尚未完成。像《浙东学术》一篇，成于逝世前一年，而很重要的《圆通》《春秋》等篇，是早有计划，却终未撰成。由此可见，该书撰述几乎历30年之久。

① 《文史通义新编新注》外篇三《上晓徵学士书》，第648页。

著述目的

《文史通义》的著述目的，据章学诚本人所说，归纳起来有如下几点：

第一，阐明史学的意义，进一步发扬“史意”。这是他撰述《文史通义》最重要的目的，也是他进行史学研究和史学评论的根本出发点。他在《文史通义》外篇三《家书二》中说：“吾于史学，盖有天授，自信发凡起例，多为后世开山。而人乃拟吾于刘知几，不知刘言史法，吾言史意；刘议馆局纂修，吾议一家著述，截然两途，不相入也。”又在内篇四《申郑》中说：“史家著述之道，岂可不求义意所归乎?”一部史书编纂得好坏，不仅要看它的体例和方法是否得当，重要的是看它能否总结历史经验教训，探索历史发展规律，并认识历史本身的得失利弊，也就是反映作者的历史理论和观点。然而，长期以来，史学界很少有人重视阐发史意，所以，章学诚明确表示：“郑樵有史识而未有史学，曾巩具史学而不具史法，刘知几得史法而不得史意，此予《文史通义》所为作也。”①

第二，为著作之林校雠得失。章学诚在《文史通义》外篇三《与陈鉴亭论学》中说明自己著作宗旨时，直接提出“《文史通义》专为著作之林校雠得失”。又在外篇三《与严冬友侍读》中说，“日月倏忽，得过日多，检点前后，识力颇进，而记诵益衰，思敛精神，为校雠之学，上探班、刘，溯源《官礼》；下该《雕龙》《史通》，甄别名实，品藻流别，为《文史通义》一书。草创未多，颇用自赏”。关于这点，章学诚在许多地方都有强调。如在外篇一《与孙渊如观察论学十规》中，再三说明他的著述宗旨，“期于明道，非争胜气也”，因此，对于前人著作一般“但辨其理，未尝指斥其人”。

第三，“盖将有所发明”。章学诚不是为校雠而校雠，在驳正错误观点以后，还要阐发自己的见解，成一家之言。他在35岁那年给钱大昕的《上辛楣宫詹书》和《上晓徵学士书》两封信中，就表示自己“从事于文史校雠，盖将有所

① 《文史通义新编新注》外篇四《〈和州志·志隅〉自叙》，第887页。

发明”，“成一家言”。他在史学上贵著述成家，不取方圆求备，学术研究上贵创造发明，反对依傍门户。他认为“史学义例，校雠心法，则皆前人从未言及”[①]，因而他立志于“文史之争义例，校雠之辨源流”。他在《文史通义》中确实提出了不少文史理论方面的可贵见解，发前人之所未发。他自信地说：“拙撰《文史通义》，中间议论开辟，实有不得已而发挥，为千古史学辟其蓁芜。”[②]还说：“吾于史学，盖有天授，自信发凡起例，多为后世开山。”这些豪言壮语，都表明他在著作上不愿墨守成规，而要闯出一条新路。朋友们深知其见识高远，富有创见，诚如姚椿所云，其“著撰多与先儒说异”。后来的事实证明，章学诚的这一宏伟目标是完全实现了的。他在史学、文学、方志学、校雠学等领域都建立起了自己的理论体系，对于推动这些学科的发展，起到了重大作用。这种学术研究的独创精神，值得加以提倡。

第四，评论当时的学风流弊、世教民俗。早在《上辛楣宫詹书》中，章学诚就指出：“世俗风尚必有所偏，达人显贵之所主持，聪明才隽之所奔赴，其中流弊必不在小。载笔之士，不思救挽，无为贵著述矣。苟欲有所救挽，则必逆于时趋。时趋可畏，甚于刑曹之法令也。”这说明，还在青年时代，他就深感社会学风之不正，并表示正直的学者应该挺身而出，对其加以抨击和救挽，否则，著作再多也无价值。他的这种思想，一直到晚年都未曾改变。对于当时的文风学风之不正，《文史通义》中都有专篇进行评论。如他之所以要写《砭俗》篇，自云是“因世俗拘文体为优劣，而不察文之优劣，并不在体貌推求，故撰《砭俗》之篇，欲人略文而求实也”[③]。《原道》篇之发表，是“为三家之分畛域设也”[④]。在宋学、汉学之争激烈进行的时候，他发表了《言公》《说林》诸篇，并说这些“十余年前旧稿，今急取订正付刊，非市文也，盖以颓风日甚，学者相与离跂攘臂于桎梏之间，纷争门户，势将不可已也”，他希望通过自己文章的发表，“或于风俗人心不无小补”。还说：“鄙著《通义》之书，诸知己者许其可

① 《文史通义新编新注》外篇三《家书二》，第817页。
② 《文史通义新编新注》外篇三《与汪龙庄书》，第693页。
③ 《文史通义新编新注》外篇三《答朱少白书》，第776页。
④ 《文史通义新编新注》外篇三《与陈鉴亭论学》，第717页。

与论文，不知中多有为之言，不尽为文史计者，关于身世有所枨触，发愤而笔于书。”①

第五，与时人在学术上展开论战。他在《文史通义》外篇三《与胡雒君》信中说：“又区区之长，颇优于史，未尝不受师友之益，而历聘志局，频遭目不识丁之流横加弹射，亦必补录其言，反复辨正。此则虽为《文史通义》有所借以发明，而屡遭坎坷，不能忘情。”《文史通义》中的许多篇章，如《答客问》《记与戴东原论修志》等文，都是学术论战之作。

综上所述，《文史通义》一书评论的内容相当广泛，而中心是文史校雠。有些学者不了解这一点，对章学诚横加指责，说他到处骂人，是个“绍兴师爷”，这实际上是一种误解。章学诚所从事的是文史校雠，既然如此，他对著作之林得失优劣加以评论，是敬业之举。既搞文史评论，而不对文体史裁等方面出现的问题加以评论，不去“甄名别实”，那才是失职。他认为“古人差谬，我辈既已明知，岂容为讳？但期于明道，非争胜气也”。况且他的做法又是“但辨其理，未尝指斥其人”。不仅如此，他还希望别人“辨正文字”时，亦能做到“但明其理而不必过责其人”。直到晚年，他还说，“所著《文史通义》，弹劾古人，执法甚严”②，而绝不是到处随便骂人。他在生前，也已深知歌功颂德易，批评指正难，此种文字“颇乖时人好恶”，会遭到后人的指责。章学诚在《与孙渊如观察论学十规》中举刘知几为例说：“其卓识不磨，史家阴用其法；其论锋可畏，故人多阳毁其书。”文中也承认自己早年所作之文，有些过于偏激，太锋芒毕露。在晚年的许多回忆文中，他常常自我悔恨，并教导晚辈引以为戒，对自己所作论文更是非常注意，“涉世文字，尝自检点，不敢轻訾于人，犹恐不自省察，为人隐恨”③。但章学诚对于学术原则，仍然时刻坚持，在《文史通义》外篇二《〈唐书纠谬〉书后》中说：

> 校雠攻辨之书，如病之有药石，如官之有纠弹，皆为人所患苦者也。

---

① 《文史通义新编新注》外篇三《又与朱少白》，第774页。

② 《文史通义新编新注》外篇三《论文示贻选》，第811页。

③ 《文史通义新编新注》外篇三《论文示贻选》，第810页。

然欲起痼疾而儆官邪，则良医直史，不惮人之患苦而必有以期于当也；疾愈而医者酬，奸摘而弹者赏。惟校雠攻辨之书，洞析幽渺，摧陷廓清，非有绝人之姿，百倍攻苦之力，不能以庶几也；其有功古人而光于后学，不特拯一人之疾，劾一官之邪而已也，而人多不甚悦之；则以气之凌厉，义之精严，不肯稍有假借，虽为前人救偏，往往中后人之隐病，故悦之者鲜也。纵使心服其言，亦必口訾其过；甚或阴剿其说，而阳斥其非。甚矣，人心之偏，而从善服义之公，难望之于晚近也。

这一批评，确实切中时弊，同时，也值得今人引以为戒。

主要内容

关于《文史通义》一书究竟应当包括多少篇卷，至今尚无定论。众所周知，该书无严格的义例，作者在生前也没有全部完成，王宗炎在编排时还写信问他“《礼教》篇已著成否?”全书既然未经作者定稿并排定篇目，就给后人留下了难题。章学诚生前为了就正于师友，纠正学风，虽有选刊之本，但既非全部，流传也不广。正如他在《与汪龙庄书》中所说的那样，“恐惊世骇俗，为不知己者诟厉，姑择其近情而可听者，稍刊一二，以为就正同志之质，亦尚不欲遍示于人也”。据燕京大学所藏武昌柯氏《章氏遗书》抄本，《文史通义》的《易教》三篇、《书教》三篇、《诗教》二篇等文章下皆注有“已刻”二字，可证当时确有部分文章得到刊刻。

关于《文史通义》初刻本四卷，章学诚在《报黄大俞先生》一信中讲道：“古香同年来，拜到家刻，无任感荷！奉读手示，奖借逾分，愧不敢当。即日履兹炎暑，想长者道心静摄，起居安和，无任遥企！……拙刻《书教》篇中所谓圆神方智，亦此意也。……家藏诸集，其已有者，乞赐部目，庶所无者可以多方购缉。”[①]这封信又刊载于黄璋《大俞山房诗稿》后的《附录》中，署名“愚侄章学诚顿首”，但删去了原信中议论方志的内容。黄璋（1728—1803），字稚圭，号华陔，晚号大俞居士，黄宗羲玄孙，浙江余姚人。乾隆二十一年（1756）举人，任嘉善教谕。乾隆三十七年诏征天下遗书，浙江设采访局，由黄璋任总编。浙江局得书数千种，黄璋皆“考其撰人爵里，疏其宗旨”，成《总目》若干卷，升江苏沭阳知县。乾隆四十六年弃官归里，优游林下20余年，著有《大俞山房诗稿》《大俞山房文稿》《校补〈宋元学案〉》等。[②]据跋文，《大俞山房诗稿》刊刻于乾隆五十二年，《附录》中都是当时学人的来信，大多谈及对该诗稿的评价。邵晋涵在信中提到他于乾隆五十三年刊刻的《尔雅正义》，可见《附录》是后来增刻的。

章学诚曾说：“又有黄梨洲者，人虽知之，遗书尚多未刻，曾于其裔孙前嘉善训导黄璋家，见所辑《元儒学案》数十巨册，搜罗元代掌故，未有如是之富者也。”[③]章学诚视黄璋为同乡前辈，有交往。古香同年即茹棻（1755—1821），字稚葵，号古香，浙江会稽人，与章学诚同年中举，乾隆四十九年（1784）状元，五十六年归里居父丧，嘉庆元年（1796）服满复职。《报黄大俞先生》本属《甲乙剩稿》[④]，而茹棻知道章学诚回会稽后，带着黄璋的《大俞山房诗稿》去相见。这封信作于会稽无疑，而信中提到的《文史通义》初刻本，当于乾隆六十年二月至盛夏之间在会稽刻成。

章氏在嘉庆元年（1796）《与汪龙庄书》《致孙渊如书》《上朱中堂世叔》以及嘉庆三年《又与朱少白》等书信中，才开始多次提及自刻《文史通义》一事。这个自刻本并未失传，有一本被章华绂分拆保存在其所抄副本《章氏遗书》内，现藏于北京大学图书馆。1936年，钱穆已经发现这个初刻本，并在《图书季刊》第3卷第4期发表《记抄本〈章氏遗书〉》一文。

---

① 《文史通义新编新注》外篇三。上海古籍出版社2010年版《清代诗文集汇编》第363册，收录黄璋《大俞山房诗稿》十二卷（诗稿十一卷词一卷）、《附录》一卷。此信也收于《附录》中。

② 〔清〕周炳麟修，〔清〕邵友濂等纂：《余姚县志》卷二三《黄璋传》，光绪二十五年刻本；方祖猷：《余姚〈竹桥黄氏宗谱〉的史料价值》，《宁波大学学报（人文科学版）》1996年第2期。

③ 《文史通义新编新注》外篇三《与胡雒君论校〈胡稚威集〉二简》，第704页。

④ 《章实斋年谱》，第119页。甲乙指甲寅（乾隆五十九年）、乙卯（乾隆六十年）。

今《章氏遗书》中有《跋〈丙辰山中草〉》一文，写于嘉庆元年（1796），其中有一段话值得研究。他说："所草多属论文，是其长技，故下笔不能自休。而闲居思往，悼其平日以文墨游，而为不知己者多所牴牾，而谬托于同道也。故其论锋所指，有时而激，激则恐失是非之平，他日录归《文史通义》，当去芒角而存其英华，庶俾后之览者，犹见其初心尔。"这几句话，表达了两层意思：

其一，他所写文章并不都是《文史通义》的内容，凡是要编到《文史通义》里的都要经过选择，这就是他所说的"他日录归《文史通义》"。

其二，凡是选进《文史通义》的文章，都还须作必要的修改，即"当去芒角而存其英华"。这就是说，他想在去世之前，对自己的著作全面加以整理修订，尤其是他视若性命的《文史通义》，首先要修改定稿。他写《跋〈丙辰山中草〉》一文时，距离去世仅仅五个年头，而在这有限的几年中，他为了《史籍考》一书还在四处奔走，多方求援，根本无暇顾及此事。到了去世的前一年，他已双目失明，这时虽然"犹事论著"，但不得不"倩写官录草"，有的则是"口授大略，俾儿子贻选书之"。这样一来，他虽然有亲自整理著作的打算，但显然已经有心无力，不可能实现了。所以临终前数月，只得将所著文稿委托王宗炎校订。

王宗炎收到章学诚寄出的文稿后，为了早日给他回信，便在匆忙中提出了一个编排意见，请示学诚。他在信中说："奉到大著，未及编定体例，昨蒙垂问，欲使献其所知，始取《原道》一篇读之，于'三人居室而道形'一语，尚有未能融彻者。……《质性》篇题欲改《文性》，亦似未安，不如竟题《性情》乃得。……至于编次之例，拟分内、外二篇，内篇又别为子目者四，曰《文史通义》，凡论文之作附焉；曰《方志略例》，凡论志之作附焉；曰《校雠通义》，曰《史籍考叙录》，其余铭志叙记之文，择其有关系者录为外篇，而以《湖北通志》传稿附之，此区区论录之大概也。"由此信可知，王宗炎的整理编订工作，不仅包括文稿分类，目录、体例编订，还涉及文字、篇名修订，工作量很大。王宗炎在信中表示，他所提目录尚属初步意见，欲待"遍览一二，方能定其去取"，然后"编出清目，俟稍有就绪，当先奉请尊裁"。而事实上，后来因人事变迁，岁月蹉跎，这最初的意见，竟成为最后的定论。章学诚没来得及发表意见，就离开了人世，王宗炎也就再没有机会编出正式“清目”，“奉请”章学诚“尊裁”。

这封信还告诉人们，《文史通义》中的《礼教》篇的撰成时间很晚，王宗炎直到将其全部文稿作了初步分类编次后，还在信中问“《礼教》篇已著成否”，所以，我们说此篇可视为章氏《文史通义》的绝笔之作。王宗炎在信中还说：“《春秋》为先生学术所从出，必能探天人性命之原，以追阐董江都（指董仲舒）、刘中垒（指刘向）之绪言，尤思早成而快睹之也。”[①]可惜的是，《春秋》《圆通》诸篇最后均未撰成。

版本流传

对于王宗炎的编排分类，章学诚本人意见如何已不得而知，但章学诚次子华绂对此显然并不满意。所以，他于道光十二年（1832）在开封另行编定了“大梁本”《文史通义》，并在序文中说，嘉庆辛酉年（即章学诚去世之年），他父亲“以全稿付萧山王谷塍先生，乞为校定”，“谷塍先生旋游道山。道光丙戌，长兄杼思自南中寄出原草并谷塍先生订定目录一卷，查阅所遗尚多，亦有与先人原编篇次互异者，自应更正，以复旧观。先录成副本十六册。……今勘定《文史通义》内篇五卷，外篇三卷，《校雠通义》三卷，先为付梓。尚有杂篇及《湖北通志检存稿》并《文集》等若干卷，当俟校定，再为续刊”。这里值得注意的是，他说王宗炎所编目录“亦有与先人原编篇次互异者，自应更正，以复旧观”，说明章学诚生前对自己著作虽未能全部加以整理审定，但关于如何编排分类还是有所考虑的。所以华绂所作编排，与王宗炎所编目录有所不同。

章华绂编定的“大梁本”是《文史通义》正式刊行的第一个本子，嗣后谭廷献刻于杭州、伍崇曜刻于广州，光绪四年（1878）章学诚曾孙季真刊行于贵州，所使用的都是这个“大梁本”。光绪年间，桐城萧穆在《记〈章氏遗书〉》

---

① 《晚闻居士遗集》卷五《复章实斋书》。此信亦载于《文史通义新编新注》附录，篇名为《王宗炎复书》。

一文中，记述了章氏著作的聚散经过，并将旧抄本和“大梁本”《文史通义》作了比较，认为：“华绂所云王公订定目录一卷，查阅所遗尚多，尚有实据。”[①]但萧穆对“大梁本”并未作任何评议。光绪年间，江标所刻的《灵鹣阁丛书》中收有《文史通义补编》一卷，然所补并不完备。

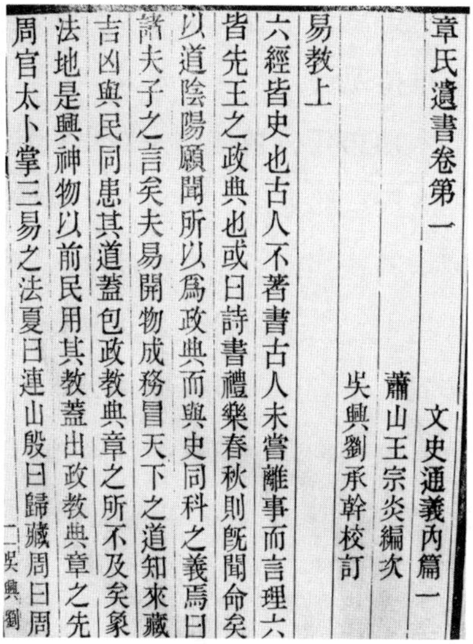
章氏遺書卷第一
文史通義內篇一
蕭山王宗炎編次
吳興劉承幹校訂
易教上
六經皆史也古人不著書古人未嘗離事而言理六
皆先王之政典也或曰詩書禮樂春秋則既聞命矣
以道陰陽願聞所以為政典而與史同科之義焉曰
諸夫子之言矣夫易開物成務冒天下之道知來藏
吉凶與民同患其道蓋包政教典章之所不及矣象
法地是興神物以前民用其教蓋出政教典章之先
周官太卜掌三易之法夏曰連山殷曰歸藏周曰周

图13-1 《文史通义》书影

章学诚本人早就说过，《文史通义》一书，分内篇、外篇、杂篇三部分。其中，他明确表示方志论文是该书外篇，但“驳议序跋书说”是否就是杂篇呢？其实并非如此，如章学诚在《与邵二云论文书》中，就讲到“《郎通议墓志书后》，则《通义》之外篇也”。因为章学诚生前没有区分“驳议序跋书说”中哪些属于外篇，哪些属于杂篇，所以王宗炎、章华绂也很难区分。这样，两种版本中就都只有内篇、外篇，没有杂篇。从现存《文史通义》自刻本四卷编排体例来看，章学诚将《文史通义》分为四部分，具体篇目如下：

内篇：《易教》(上中下)、《书教》(上中下)、《诗教》(上下)、《言公》(上中下)、《说林》、《知难》；

外篇：《方志立三书议》《州县请立志科议》；

杂篇：《评沈梅村古文》《与邵二云论文》《评周永清书其妇孙孺人事》《与史余村论文》《又与史余村》《答陈鉴亭》；

杂著：《论课蒙学文法》。[②]

从上述篇目来看，外篇与杂篇界限模糊，只有章学诚亲自整理书稿，并慎

① 〔清〕萧穆：《敬孚类稿》卷九《记〈章氏遗书〉》，光绪三十三年刻本。

② 梁继红：《章学诚〈文史通义〉自刻本的发现及其研究价值》，载中国历史文献研究会编：《章学诚国际学术研讨会论文集》，北京图书馆出版社2004年版，第202页。

重考虑后，才能确定外篇与杂篇的具体篇目，连章华绂都无法区分，后人也只好维持现状。

1920年，浙江图书馆得会稽徐氏抄本《章氏遗书》，铅印行世，亦未能包括章氏全部著作。1922年，吴兴嘉业堂主人刘承干依据王宗炎所定之目录，搜罗增补，刊行了《章氏遗书》五十卷。台湾汉学研究中心藏鸣野山房抄本《章氏遗书》三十四册，是沈复粲从章学诚长子章贻选处借抄而成的。该本递经平步青、章善庆、章寿康、吴申甫、周莱仙、萧穆、沈曾植、陈群等收藏、传抄或筹划刊刻，是在流经沈曾植海日楼时，被刘承干借刊而成嘉业堂本《章氏遗书》的底本。[①]嘉业堂本《章氏遗书》内容大体分三个部分：第一部分是《文史通义》内篇六卷、外篇三卷，《校雠通义》内篇三卷、外篇一卷，《方志略例》二卷，《文集》八卷，《湖北通志检存稿》四卷、外集二卷，《湖北通志未成稿》一卷，凡三十卷，目录大体照王宗炎编次；第二部分为外编十八卷，即《信摭》《乙卯札记》《丙辰札记》《知非日札》《阅书随札》各一卷，《永清县志》十卷，《和州志》三卷；第三部分是补遗及附录各一卷。后来又增补了《历代纪年经纬考》《历代纪元韵览》两种各一卷。从此，章氏著作遂得以比较完整地刊行于世，于是《文史通义》也就有了另一种版本——《章氏遗书》本。1985年，文物出版社据吴兴嘉业堂刘承干刻本，并从抄本中选录若干篇断句影印出版，书名改为《章学诚遗书》，这是至今搜集章氏著作最全的一个本子。

《章氏遗书》本《文史通义》与“大梁本”的不同之处有：内篇的排列次序及分卷不同，“大梁本”为五卷，《章氏遗书》本为六卷；在所收篇目上，《章氏遗书》本多出《礼教》《书〈朱陆〉篇后》《所见》《士习》《书坊刻诗话后》《同居》《感赋》《杂说》八篇，而少《〈妇学〉篇书后》；两种本子的外篇，虽都分为三卷，内容却完全不同，“大梁本”所收的是论述方志之文，《章氏遗书》本则为“驳议序跋书说”，二者孰是孰非，前人亦有争论。

新中国成立后至20世纪90年代出版的《文史通义》整理本主要有：1956年古籍出版社印行的《文史通义》，1985年中华书局出版的《文史通义校注》。

---

① 王园园：《鸣野山房抄本〈章氏遗书〉流传及版本价值考述》，《文献》2021年第4期。

前者基本依据《章氏遗书》本，后者则依“大梁本”。这两个本子的编印整理者虽然都力图体现《文史通义》的原貌，但可惜由于对此书的情况了解不够，编排方式都不能令人满意。

这段时期流行的大部分《文史通义》版本，主要底本就是“大梁本”和《章氏遗书》本两种。两种版本内容的不相一致，不仅为今人阅读、研究和引用《文史通义》带来极大不便，而且也难以反映《文史通义》的原貌。从某种程度上来说，两种版本所定内容都不能完全代表章学诚本人的想法，要尽可能恢复《文史通义》的原貌，自然应以他本人的意愿为准。

王宗炎在编目中，将方志主题的论文，全部排除在《文史通义》之外，而另编《方志略例》，这一做法就不符合章学诚本意。章学诚在《又与永清论文》中云，“近日撰《亳州志》，颇有新得……此志拟之于史，当于陈、范抗行，义例之精，则又《文史通义》中之最上乘也”，并认为史家若能“得其一二精义，亦当尊为不祧之宗”。他在《论文上弇山尚书》中又说：“欧苏族谱，殊非完善，而世多奉为法式；康氏《武功》之志，体实芜杂，而世乃称其高简，其名均可为幸著矣。鄙选《文史通义》，均有专篇讨论。”所谓专篇，指《家谱杂议》《书〈武功志〉后》。由此可见，章学诚本人是明确将方志论文作为《文史通义》内容之一的。不仅如此，章学诚在自己的文章中还明确指出了放入外篇中的方志论文篇目，他在《释通》篇云：“又地理之学，自有专门，州郡志书，当隶外史。”自注曰“详外篇《亳州志议》”。显然，王宗炎将方志论文从《文史通义》中排除出去，是违背章学诚意愿的。

这些方志论文本身名为讨论方志，而大量篇幅都是论述历史编纂学上的许多重要问题，不仅对史体演变作了比较全面的论述，而且对史家、史著、史学思想、史学流派等，都从不同角度进行了评论，有许多评论确实做到了“发前人所未发”，内容如此丰富、如此集中的史学评论专篇以前还不多见。因为章学诚认为，方志本属史体，两者不分畛域。我们在讨论这个问题时，也必须注意这样一点，即章学诚的一生遭遇，使他根本无条件坐下来专门论史，他的一生大部分是在替人家修志中度过的。他丰富的史学理论，无法试之于史，于是就在修志中加以实践，再从实践中总结提高。在章学诚的心目中，史与志的关系非常密切，他许多重要的史学理论都是在修志的实践中总结出来的。既然如此，把方志论文放在《文史通义》中，显然是名正言顺的。

至于王宗炎所编之外篇——序跋书评驳议之类，当然也属于《文史通义》的内容。章学诚在《与邵二云论文书》中即明确说过："《郎通议墓志书后》，则《通义》之外篇也。族籍名字，书法之难，本文论之详矣。"又在《上朱大司马书》中说，自己从"编书体例"角度所写的《吴澄野太史〈历代诗钞〉商语》一文，"亦《通义》之支翼"。可见作者自己也是明确将此类文章定为《文史通义》外篇的。但正如章华绂所说，王宗炎对这类文章选录"所遗尚多"。《吴澄野太史〈历代诗钞〉商语》以及前述《家谱杂议》《书〈武功志〉后》等文，王宗炎所编《文史通义》均未收入。

由上可见，为了使《文史通义》按照作者撰述此书的本意来重编，不仅上述两种版本的外篇皆须收录，《章氏遗书》中现存有关论述文史的篇章亦应加以选录，因为王宗炎的编目收录并不全面，许多很明显属于《文史通义》内容的也未加收录。不过，从现有材料来看，《文史通义》中有不少重要内容无疑已经散佚了，如作者自己在有些文章中曾提到的《诸子》《家史》《三变》等篇已不可复得。

浙江大学教授仓修良基于上述考虑和原则，对《文史通义》进行了重新整理编订，题为《文史通义新编》，由上海古籍出版社1993年7月出版。新编本不仅包括了原来通行的两种版本内容，而且选录了《章氏遗书》中的有关篇目和部分散佚的重要篇目。全书共收文章三百零三篇，其中原两种版本所收之文合计二百一十八篇，新增补之文为八十五篇。为了帮助读者了解该书的流传情况，除了将章华绂在刊刻"大梁本"时所作的序收入外，还将伍崇曜、季真、王秉恩三人为该书所写的跋和王宗炎《复章实斋书》作为附录收入。仓修良此后还编注了《文史通义新编新注》，浙江古籍出版社于2005年出版，全书83万余字，后商务印书馆亦出了2017年版、2023年版。《文史通义新编新注》注释部分对每篇文章的主题思想或写作宗旨作了说明，并对书名、人名作了考释，可以说是迄今为止《文史通义》最详尽的版本。

章学诚的这部文史理论名著，至此总算能以比较完整的面貌问世。需要说明的是，《文史通义》的内容十分庞杂，这是由作者研究范围太广所致。他于“古今著述渊源，文章流别”都殚心研讨，“自六艺以降讫于近代作者之林，为之商榷利病，讨论得失”，显然这就不限于文史了。由于作者一生中生活极不安定，其文章大多写于“车尘马足之间”，许多篇章还是“借人事应酬以为发挥之地”，因此各篇之间缺乏紧密的联系。也许当年他已意识到自己研讨内容之庞杂，所以在给钱大昕的信中，曾提出自己要撰著的《文史通义》，拟“分内外杂篇，成一家言”。此前流行的版本均分为内、外两篇，而信中分明是说“分内外杂篇”。如果按作者原意分为三篇，那自然就得打乱这些版本的次序。为了保持新编本与通行本之间的连贯性，也为了照顾长期以来已形成之习惯，便于读者使用，新编本没有将此前流行的两种版本篇目打乱重新编次，也不再另设“杂篇”，而是在两种版本基础上加以增补。具体而言，内篇以《章氏遗书》本为主，增以“大梁本”多出之篇；外篇则将原来两种的外篇合并收入，编为六卷，前三卷为“驳议序跋书说”，后三卷为方志论文。每卷排列顺序亦基本依旧，仅稍作调整，而增补的各篇，则按其内容性质分别编入各有关篇卷中。

图13–2 《文史通义新编新注》书影

值得一提的是，关于《文史通义》内篇中的《士习》一文，此前各种版本均未收录。其实，《士习》篇并未亡佚。周作人从在杭州购得的安越堂平氏旧藏书籍中，发现了王宗炎十万卷楼抄本《章学诚全集》十六册，其中就有《士习》篇以及《丙辰山中草》篇目。周作人于1943年发表《文史通义逸文》，刊于《东北编译馆馆刊》第2卷第5期。《士习》篇与《感遇》篇文字大同小异，可能是《感遇》篇的初稿，故之前的各版本均未予收录。

第十四章 治学精神

章学诚一生坎坷，发奋治学，“撰著于车尘马足之间”，终于在学术方面取得了杰出成就，特别是在史学、方志学等方面提出了一整套完整的理论体系，真正做到了集古之大成，成一家之言。他的代表作《文史通义》与唐代刘知几的《史通》，被称为中国古代史学理论的“双璧”。他的学术贡献是多方面的，在社会政治、哲学、文学、教育学、谱牒学等方面，都提出了许多富有时代意义的独到见解。此外，他宝贵的治学经验与精神，值得我们继承与发扬。

治学目的

章学诚认为，一个人要在学术上有所建树，首先必须明确治学目的，端正治学态度。他指出：“为学之要，先戒名心，为学之方，求端于道”[①]；“好名之甚，必坏心术”，“凡好名者，归趣未有不俗者也”[②]。在他看来，做学问就是为了“明道”，为了“经世致用”，而不是追名逐利。他认为：“学问文章，君子之出于不得已也。人皆心知其意，君子方欲忘言，惟不能不迹于学问文章，不幸而学问文章可以致名，又不幸而其名诚有所利，慕利者争名，而托于学问文章，甚至忮很贪求，无所不至，君子病焉。”[③]这就是说，学问文章，不过是人们治

① 《文史通义新编新注》外篇三《答沈枫墀论学》，第713页。

② 《文史通义新编新注》外篇三《家书七》，第825页。

③ 《文史通义新编新注》外篇三《答吴胥石书》，第646页。

学的心得体会，如果成为追求名利的手段和资本，势必腐蚀人们钻研学问的意志。

好争名者，必然是“趋风气而为学业”，赶风头以从时尚，在世人的毁誉中患得患失，精力耗费在追名逐利上，不可能安心做学问。他强调，做学问必须专心致志，按照自己的兴趣爱好，努力钻研，决不为社会风气所左右。“世之所重而非吾意所期与，虽大如泰山，不遑顾也；世之所忽而苟为吾意之所期与，虽细如秋毫，不敢略也。趋向专，故成功也易；毁誉淡，故自得也深。”[①]在考据盛行的时代，章学诚故能不受此种风气所影响，坚持自己的文史校雠之业。他一贯淡泊名利，“不羡轻隽之浮名，不揣世俗之毁誉”。生平不作违心之论，乡试时不屈从主考官观点，中了进士却弃官不做。即使是写应酬文章，他也能借题发挥自己的见解与主张，正所谓“应酬人事，亦以吾道施之”[②]。

学者有了名利之心，必然产生门户之见，交相攻讦。章学诚反对这种无谓的纷争，主张学派之间应当相互尊重，互相推服，取长补短，共同提高，以促进学术的发展与繁荣。那些无真才实学的人，往往好名争胜，“但空言德性，空言问学，则黄茅白苇，极面目雷同，不得不殊门户以为自见地耳。故惟陋儒则争门户也”[③]。他们往往会装腔作势，故弄玄虚，有时互相吹捧、标榜，有时攻击别人，甚至造谣中伤。可见，名利之心确实是做学问的一大障碍。

治学经验

章学诚重视做学问基本功的训练，对于一个初学者来说，记诵乃知识积累过程中必经的步骤，“记诵者，学问之舟车也”[④]。为了练好基本功，帮助记诵，巩固积累的知识，他又大力提倡平日做好札记，指出“札记之功，必不可少；

① 《文史通义新编新注》外篇三《与朱沧湄中翰论学书》，第709页。

② 《文史通义新编新注》外篇三《答陈鉴亭》，第720页。

③ 《文史通义新编新注》内篇二《浙东学术》，第122页。

④ 《文史通义新编新注》内篇三《辨似》，第158页。

如不札记，则无穷妙绪，皆如雨珠落大海矣”[①]。这就是说，平日见解、体会，如果不及时记载下来，就会如同雨点落入大海，无处可寻。他以顾炎武的《日知录》为典范，指出大学者案头翻书，每日必有所记，日后才能提炼升华而成专门著作。所以他说：“惟札记之功，逐日不可间断。看书有触即笔于书，而所笔必当参以所见，自作一番小议论，既以炼笔，且以炼其聪明。夫聪明如水银流走不定者也，炼久成识，则自有家数矣，亦如水银既炼成丹朱也。”[②]

札记还是“读书练识”的重要手段，“读书服古，时有会心，方臆测而未及为文，即札记所见以存于录。日有积焉，月有汇焉，久之又久，充满流动，然后发为文辞，浩乎沛然，将有不自识其所以者矣。此则文章家之所谓集义而养气也。《易》曰：‘神以知来，知以藏往。’存记札录，藏往以蓄知也；词锋论议，知来以用神也。不有藏往，何以遂知来乎！”[③]可见，“存记札录”是积累知识、读书练识、“藏往以蓄知”的重要手段，是做学问的重要基本功。要做好学问，既要手勤，多做札记，又要脑子勤，多思考。要善于发现问题，进而研究和解决问题。读书中若发现不了任何问题，那做学问也就无从着手了。

当然，既然要多读、多记、多思考，那就需要有足够的时间和精力。章学诚在这方面深有体会，他希望有志于做学问的年轻人，要抓紧眼前点滴时间从事自己的研究工作，不要把自己有限的时间和精力“分于声色与世俗酬应”，更不要把自己的研究事业寄托于遥远的将来。他在《假年》一文中指出，有这种思想的人“非愚则罔”。他奉劝那些有志青年，不要羡慕那种毫无意义的虚名，只要能顶得住来自世俗的毁誉，不居功，不为名，不管天资如何，不论别人是否顾盼，勤勤恳恳数十年，就一定能够有所成就。要注意的是，立定志向后，不能动摇，更不要为了迎合社会风气而随波逐流，经常变更自己的研究方向。他告诫大家：“大抵文章学问，善取不如善弃。天地之大，人之所知所能，必不如其所不知不能，故有志于不朽之业，宜度己之所长而用之，尤莫要于能审己

---

① 《文史通义新编新注》外篇三《家书一》，第815页。

② 《文史通义新编新注》外篇三《与朱少白书》，第787页。

③ 《文史通义新编新注》外篇二《跋〈香泉读书记〉》，第587页。

之所短而谢之。是以舆薪有所不顾，而秋毫有所必争，诚贵乎其专也。”[1]要想在学术领域中做出成就，就要有这种“善弃”的精神，否则，将很难在专的方面作出贡献。人的精力是有限的，不分主次样样都去研究，结果必然是一事无成。所以扬长避短，集中精力，珍惜光阴，这是治学中不可忽视的重要经验。

独创精神

章学诚在做学问上最重要的特点就是具有独创精神，他说：“吾于史学，贵其著述成家，不取方圆求备，有同类纂。”[2]作为浙东史学殿军，他在《浙东学术》一文中指出：“浙东贵专家，浙西尚博雅，各因其习而习。”[3]浙东学派重专门之学，贵创造发明，不停留在单纯为前人的著作注释考订上，亦不为前人所形成的条例所束缚。章学诚在这一方面做得尤为突出，敢于发前人所不敢发。

时人批评南宋郑樵的疏漏，他却十分推崇郑樵，特地写了《申郑》《答客问》等文为其申辩。他指出，郑樵在史学上的成就在于“慨然有见于古人著述之源”，“独取三千年来遗文故册，运以别识心裁，盖承通史家风，而自为经纬，成一家言者也”。[4]可以非常清楚地看到，他的着眼点就在于郑樵的“成一家言”。还在35岁那年，章学诚就已经立下了将来要在文史研究领域里成一家之言的雄心壮志，要成一家之言，就必须有自己见解，有真正的心得体会，拾人牙慧、人云亦云之作，绝不可能藏之名山、传之后世。当时考据之风盛行，许多人就是以摘抄汇集前人著作而成书，既谈不上心得体会，又没有创见卓识。

如何处理好博与约的关系，是治学过程中的一个重大问题，章学诚提出“学必求其心得，业必贵于专精”[5]的主张。要成一家之说，首先必须有渊博的

---

① 《文史通义新编新注》外篇三《与周次列举人论刻先集》，第750页。
② 《文史通义新编新注》外篇三《家书三》，第819页。
③ 《文史通义新编新注》内篇二。
④ 《文史通义新编新注》内篇四《申郑》，第249页。
⑤ 《文史通义新编新注》内篇二《博约下》，第120页。

知识作为基础，然后方能择一而专，积累广博的知识最终是为了专精，因此博与约看起来矛盾，实际上是对立统一的关系，是相辅相成的。所以章学诚说："博详反约，原非截然分界。"[①]而乾嘉时代的学风是贪多求全，一意以渊博来炫耀于人，于是就有"一物不知，儒者所耻"的说法。章学诚批评了专事"骛博以炫人"的做法，他说："天下闻见不可尽，而人之好尚不可同，以有尽之生而逐无穷之闻见，以一人之身而逐无端之好尚，尧舜有所不能也。"[②]人生有限，学海无涯，博览载籍，是为专精服务，立学成家是最终的目的。为了说明问题，章学诚还作了形象的比喻："大抵学问文章，须成家数，博以聚之，约以收之，载籍浩博难穷，而吾力所能有限，非有专精致力之处，则如钱之散积于地，不可绳以贯也。"[③]做学问若只是漫无边际地泛览，而无专精之处，则如铜钱散于地而不可收拾，所看到的不过满地皆钱而已。

为了说明博与约的关系，他在《文史通义》一书中特地写了《博约》《博杂》等多篇文章。特别是《博约》上、中、下三篇，把博与约的辩证关系论述得十分透彻。大意是，博本来就是为了约而设，为约而求博，博的目的性才更加明确；反之，约也只有在博的基础上才能实现，故两者乃治学过程中相互依存的统一体。他在《博杂》篇所作的比喻十分形象，他说："学之要于博也，所以为知类也。张罗求鸟，得鸟者不过一目，以一目为罗，则鸟不可得也。然则罗之多目，所以为一目地也。"[④]张罗的本身在于捉鸟，如果所张之罗只有一目，自然无法捕捉到鸟了，因此所张之罗目之多少，无不服务于捕鸟这个目的。这里需要说明的是，章学诚在论述治学中，常把学问分为"藏往之学"与"知来之学"两种，所谓知来之学，就是指具有独创性的专家之学，这两种学问对于博的要求从表面上看似乎有所不同，"藏往之学欲其博，知来之学欲其精"，然而"真能知来者，所操甚约而所及者甚广"[⑤]。可见知来之学本身要求精专，但

---

① 《文史通义新编新注》外篇三《与族孙汝楠论学书》，第800页。

② 《文史通义新编新注》内篇六《假年》，第338页。

③ 《文史通义新编新注》外篇三《与林秀才》，第741页。

④ 《文史通义新编新注》内篇六。

⑤ 《文史通义新编新注》内篇一《礼教》，第71页。

仍离不开以广博的知识为基础。当然，总的说来，倡导“学贵专门”“学必有所专”，乃章学诚论述博约关系的最终目的。

章学诚还一再说明，功力不等于学问。在考据之风盛行的乾嘉时代，许多人把抄录资料看成自己的学问，把做学问的功力与学问本身等同起来。章学诚在《又与正甫论文》一文中指出：“功力之与学问，实相似而不同。”①记诵名数，搜剔遗逸，排纂门类，考订异同，诸如此类，实际上都是学者寻求知识所用的功力。在这数者之中，产生了自己的心得体会，有所创见，并因此能“上阐古人精微，下启后人津逮”，确有独到见解，才能称作学问。他在《与汪龙庄书》一文中指出：“今日学者风气，征实太多，发挥太少，有如桑蚕食叶而不能抽丝。”②正所谓“学而不思则罔，思而不学则殆”，为了讲清问题，他还作了比喻，秫黍可以造酒，但秫黍本身并不是酒，只有通过酿造加工，方能得到芳香的美酒；功力可以达到学问，但本身还不是学问，同样需要通过头脑的冶炼加工，才可产生出独到的学问。他认为，南宋学者王应麟所纂辑诸书，“谓之纂辑可也，谓之著述则不可也；谓之学者求知之功力可也，谓之成家之学术则未可也。今之博雅君子，疲精劳神于经传子史，而终身无得于学者，正坐宗仰王氏，而误执求知之功力以为学即在是尔”③。他非常强调做学问中札记的重要性，但这种札记显然并不就是学问，在《与林秀才》中就这样写道，“为今学者计，札录之功必不可少”，“然存为功力，而不可以为著作”④。在章学诚看来，考据不过是做学问过程中所采用的一种手段，一个环节，一种途径，是求得学问的一种功力。

敬业精神

章学诚在青年时代，就确定以文史校雠为研究对象，立志成一家之言，并为之奋斗终身。他的一生中，从来没有一个可以养家糊口的固定职业，全靠断

①②④ 《文史通义新编新注》外篇三。

③ 《文史通义新编新注》内篇二《博约中》，第117页。

断续续的书院讲学、为人修志编书来维持生活。尽管生活颠沛流离、坎坷潦倒，他却矢志不渝地坚持学术研究。他认为“神仙长生之说，诚渺茫矣”，“学问之于身心，犹饥寒之于衣食也。不以饱暖慊其终身，而欲假年以穷天下之衣食，非愚则罔也”。[①]他不相信有所谓神仙长生不老之说，充分利用自己短暂的数十年生命，去完成所要做的事业，“每念人生不过阅历数十寒暑，其中无论菀枯迟疾，终必同归于尽，而所以耿耿不可磨灭者，精神而已”[②]。他的毕生精力几乎全部用在治学上面，正因为具有如此执着的敬业精神，他才能在学术上取得巨大成就。

乾隆四十六年（1781），章学诚河南之行归途遇盗，44岁以前的著作文稿，全部被抢掠一空，打击之大，可以想见，但他并没有心灰意冷，而是继续努力。此后，主讲过清漳书院、敬胜书院、莲池书院、文正书院，“江湖疲于奔走”。特别是在中进士后，“已垂得知县”，可是想到了自己所热爱的文史校雠之业，又决计舍去，仍旧过着寄人篱下、动荡不定的生活。有官不做，仅此一点，今天又有多少人可以做到？他从来没有为了改善生活而去做官、经商，从事的都是教育教学、编史修志等与治学相关的文教工作。他为人编修地方志，不仅是为了解决生活来源的问题，更是为了实践自己的史学理论。因此，他所修的每一部方志，从体例到内容，都是经过深思熟虑的，不是为了混饭吃的应酬而已。这从他修过的志书就可以看出，这些方志体例一部比一部完善。乾隆五十七年，他的方志核心论著《方志立三书议》正式产生。就在次年，他用自己新创的修志理论，开始编纂大型志书《湖北通志》。此志纪、图、表、考、传一应俱全，除主体志外，尚有《文征》《掌故》和《丛谈》。这种编修方法，自然是前无古人，完全出于章学诚之独创的，这自然也体现了他对修志事业精益求精。他主持编纂《史籍考》，经历三上三下，晚年的精力几乎都倾注在这部著作上面，即使生活上已落到“沿途托钵”的地步，还是对其念念不忘。每当贫困交加，几乎失去生活乐趣的时候，只要一想到自己所爱好的文史校雠事业，“则觉饥之可

① 《文史通义新编新注》内篇六《假年》，第337页。

② 《文史通义新编新注》外篇三《候国子司业朱春浦先生书》，第752页。

以为食，寒之可以为衣”，“旦暮得此，所由以生，不啻鱼之于水，虎豹之于幽也”。[①]为了在学术上能够取得不朽的成就，不管生活上多么艰苦，不管精神受到多大刺激，他都能以惊人的毅力坚持下来。正因如此，他才能为我们留下如此丰富的史学理论、哲学理论、文学理论、方志学理论、教育学理论和校雠学理论。他这种以学术为生命，孜孜以求的敬业精神，不仅值得我们敬佩，更值得我们学习并加以发扬。

批判精神

面对乾嘉时期不良的学术风气和社会风气，章学诚敢于大胆地进行批判。当时考据之风盛行，无论是研究经学、史学，还是研究文字学、地理学等，走的几乎都是考据的途径。对于这一现象，他在许多文章和给友人的信中，都表达了不满的态度，并提出了尖锐的批评。他认为“天下事凡风气所趋，虽善必有其弊。君子经世之学，但当相弊而救其偏”[②]。在这一时期，他先后撰写《博约》《博杂》《假年》等文章，批评社会上许多人在做学问上不仅泛泛无所主，还“骛博以炫人”，于是出现了“无所为而竞言考索”，“其为考索也，不求其理之当，而但欲征引之富，以谓非是不足以折人之口也”[③]。章学诚不仅批判考据学，对宋学末流所产生的弊病，同样进行了毫不留情的批判。他指出宋学之所以“见讥于大雅”，就在于它“空言义理以为功”[④]，“第其流弊，则于学问、文章、经济、事功之外，别见有所谓‘道’耳。以‘道’名学，而外轻经济事功，内轻学问文章，则守陋自是，枵腹空谈性天，无怪通儒耻言宋学矣”[⑤]，特别是对宋学那种舍器求道的学风深恶痛绝。他对宋儒轻视考据、忽视文辞的“玩物丧志”“工文则害道”的荒谬观点，同样多次进行批判，指出这种观点是学术发

① 《文史通义新编新注》外篇三《与史余村论学书》，第691页。
② 《文史通义新编新注》外篇一《〈淮南子洪保〉辨》，第381页。
③ 《文史通义新编新注》内篇六《博杂》，第339—340页。
④ 《文史通义新编新注》内篇二《浙东学术》，第121页。
⑤ 《文史通义新编新注》外篇三《家书五》，第822页。

展的大敌。对于汉学、宋学之间各执一端、毫无意义的纷争，章学诚亦曾作过这样的批评：

> 学问之途，有流有别，尚考证者薄词章，索义理者略征实，随其性之所近，而各标独得，则服、郑训诂，韩、欧文章，程、朱语录，固已角犄鼎峙，而不能相下。必欲各分门户，交相讥议，则义理入于虚无，考证徒为糟粕，文章只为玩物。汉唐以来，楚失齐得，至今嚣嚣，有未易临决者。惟自通人论之则不然，考证即以实此义理，而文章乃所以达之之具。事非有异，何为纷然？①

鉴于汉学、宋学之纷争，他当时还发表了《言公》《说林》等文章，说明古人为言，在于明道，所以为公，未尝据为私有，“其道果明于天下，而所志无不申，不必其言之果为我有也”②。面对社会上各种不良的学术风气，章学诚从各个角度进行批评，把挽救时风流弊视为自己不可推卸的责任。他的行动并不为社会所认可，他也知道逆时趋而进是十分危险的，但为了坚持真理，弘扬正确的学术风气，必须和不良的学风作斗争。为此，他一再大声疾呼：“所贵君子之学术，为能持世而救偏。”③“天下事凡风气所趋，虽善必有其弊。君子经世之学，但当相弊而救其偏。”④“人心风俗不能历久而无弊，犹羲和、保章之法不能历久而不差也。因其弊而施补救，犹历家之因其差而议更改也。”⑤在他看来，有责任心的学者应当去匡扶社会风气和学术风气，不为时风流弊所囿。

章学诚对当时学术界的弊端作了较为全面的揭露和批判，尽管这样做要得罪人，但他仍然义无反顾地做了。尽管不幸的是，章学诚因这些言论和举动，

---

① 《文史通义新编新注》外篇三《与族孙汝楠论学书》，第799—800页。
② 《文史通义新编新注》内篇四《言公上》，第200页。
③ 《文史通义新编新注》内篇二《原学下》，第112页。
④ 《文史通义新编新注》外篇一《〈淮南子洪保〉辨》，第381页。
⑤ 《文史通义新编新注》内篇六《天喻》，第332页。

竟被视为“怪物”，诧为“异类”，但他仍毫不气馁。他在做学问上具有追求真理的精神，并且早就立志要为古今著作之林校雠得失，这就成为支持他顶住来自周围讽刺、歧视和打击的巨大压力的坚定信念，更成为他忍受一生困苦磨难的精神支柱。

第十五章　史学开山

章学诚一生热爱史学研究，对自己的史学天赋与理论建树十分自信，曾言“吾于史学，盖有天授，自信发凡起例，多为后世开山”[①]，又说：“拙撰《文史通义》，中间议论开辟，实有不得已而发挥，为千古史学辟其蓁芜。”[②]事实上，他的史学理论的确“多为后世开山”，“为千古史学辟其蓁芜”。章学诚阐述了史学经世致用的宗旨，高唱“六经皆史”论，创立了史义论和史德论，在史书体裁、史料学、史籍分类等方面都有系统的理论创见。他既总结了古代史学的基本理论，又赋予其崭新的内容，继往开来，成为中国古代史学理论的集大成者。

经世致用论

乾嘉时代，学者们埋头考据，闭口不言现实，章学诚大声疾呼学术必须经世致用。他认为：“文章经世之业，立言亦期有补于世，否则古人著述已厌其多，岂容更益简编，撑床叠架为哉。”[③]又举例论证说：“人生不饥，则五谷可以不艺也；天下无疾，则药石可以不聚也。学问所以经世，而文章期于明道，非为人士树名地也。”[④]他反复强调，做学问不是为了个人名利，而是期于“经世”

---

① 《文史通义新编新注》外篇三《家书二》，第817页。

② 《文史通义新编新注》外篇三《与汪龙庄书》，第693页。

③ 《文史通义新编新注》外篇三《与史余村》，第686页。

④ 《文史通义新编新注》内篇四《说林》，第226页。

“明道”，史学研究更要于世有用。

他对史学经世致用的宗旨作了深刻阐发，明确指出：“史学所以经世，固非空言著述也。且如六经同出于孔子，先儒以为其功莫大于《春秋》，正以切合当时人事耳。后之言著述者，舍今而求古，舍人事而言性天，则吾不得而知之矣。学者不知斯义，不足言史学也。”①也就是说，史家写史要以孔子著《春秋》为榜样，记载国家兴亡、生民休戚、人物善恶，使人可以从中得到借鉴垂诫。在他看来，“史家之书，非徒纪事，亦以明道也。如使《儒林》《文苑》不能发明道要，但叙学人才士一二行事，已失古人命篇之义矣”②。史书不只是记事记人，更要起到“明道”的作用，能“激切于人心，而有裨风教”③。史书如果脱离现实空谈理论或专务考索，就无法起到有益于社会的资治教化作用。从事史学研究和著述的人，不懂得为社会服务这一宗旨，就没有资格来谈论史学。

章学诚还提出，历史研究要有效发挥上述作用，就必须坚持详近略远的优良传统，注重研究当代史。他说：“历观前史记载，每详近而略于远事，刘知几所谓班书倍增于马，势使然也。”④又说：“史家详近略远，自古以然。”⑤此外，“君子经世之学，但当相弊而救其偏”⑥，应当根据不同的社会特点，使研究符合时代需要。要敢于开风气之先，不可为世风所囿。对于历史考据，他既揭露其偏弊，又肯定其价值与成绩，指出，“学业将以经世，当视世所忽者而施挽救焉，亦轻重相权之义也”，“今之学者，虽趋风气，兢尚考订，多非心得；然知求实而不蹈于虚，犹愈于掉虚文而不复知实学也”。⑦考订名物虽然“多非心得”，但其求实精神优于“掉虚文而不复知实学”，因此，章学诚提出：

君子苟有志于学，则必求当代典章以切于人伦日用，必求官司掌故而

---

① 《文史通义新编新注》内篇二《浙东学术》，第122页。

② 《文史通义新编新注》外篇五《〈永清县志·前志列传〉序例》，第985页。

③ 《章氏遗书》卷一六《为曾转运撰曾襄愍公祠堂碑》。

④ 《章氏遗书》卷一七《刘氏三世家传》。

⑤ 《文史通义新编新注》外篇三《为毕制军与钱辛楣宫詹论续鉴书》，第653页。

⑥ 《文史通义新编新注》外篇一《〈淮南子洪保〉辨》，第381页。

⑦ 《文史通义新编新注》外篇三《答沈枫墀论学》，第714—715页。

通于经术精微，则学为实事而文非空言，所谓有体必有用也。不知当代而言好古，不通掌故而言经术，则鞶帨之文，射覆之学，虽极精能，其无当于实用也审矣。[①]

这就是说，博古是为了通今，通晓当代典章制度才是最重要的实学，空谈经术没有实用价值。章学诚在著述中始终贯彻经世致用这一治学宗旨。在考据之风盛极一时的乾嘉时代，学者不敢正视和研究现实，而大搞训诂名物，章学诚能不为此风所囿，高唱学术研究必须经世致用，力图改变学术研究脱离社会现实的不良学风。他的思想与当时潮流不合，竟被视为异端邪说。

“六经皆史”论

章学诚在《文史通义》的卷首，开宗明义地提出“六经皆史”这个论断，而在书中许多篇章内又一再论述“六经皆史”“六经皆器”“六经皆先王之政典”，这些观点成为他史学思想中重要的组成部分。“六经皆史”命题在明代中叶已经出现，章学诚虽非首创，但他针对时弊，对这一命题进行了系统论述。

为什么说“六经皆史”呢？他从多方面进行论证。首先，“古人不著书，古人未尝离事而言理，六经皆先王之政典”[②]。其次，古代根本无经史之别，六经皆由史官所掌管，《尚书》与《春秋》都是如此。[③]再者，“三代学术，知有史而不知有经，切人事也”[④]。这就是说，古代都重视人事，所记皆有事实内容，因而人们也就不知道还有空洞说教的经文。既然孔子只不过是整理先王的“典章”“政典”，并删订成书，时人当然就不会像后世那样将六经尊奉为神圣不可侵犯的经典，这是显而易见的。至于尊奉为经，他也作了详尽的论证，指出“六经

① 《文史通义新编新注》内篇五《史释》，第271页。

② 《文史通义新编新注》内篇一《易教上》，第1页。

③ 《文史通义新编新注》外篇一《论修〈史籍考〉要略》，第432页。

④ 《文史通义新编新注》内篇二《浙东学术》，第121页。

之名，起于孔门弟子”，“儒家者流乃尊六艺而奉以为经”。[①]他还进一步指出，经之本意，并非尊称，当时诸子著书，往往自分经传，“自以其说相经纬”，“有经以贯其传”，都乃平常之事，这就说明，以经为尊称，本出于儒者之吹捧。这一系列论述，就把六经的源头与称经的来历一一揭示了出来。这样做的学者在历史上还找不出第二个。

至于章学诚“六经皆史”论的意义，首先表现在政治上，是将这几部儒家著作拉到与史并列的地位，从而抹去了千百年来笼罩在它们上面的神圣的光辉，恢复了它们作为史的本来面貌，并依据历史观点，将六经作为古代典章制度，研究其源流演进，使之成为研究古代社会历史的重要依据。其次，扩大了历史研究、史料搜集的范围，因为六经既然都是先王的“政教典章”，那么无疑就是研究当时社会政治制度的重要史籍。这里所讲的“史”，首先应当是史料。最后从著书体例来看，章学诚再三强调，“夫子述而不作”，“夫子未尝著述”，故六经是选辑、掌故、记注，但不是著述。他在《报孙渊如书》中说：“愚之所见，以为盈天地间，凡涉著作之林，皆是史学。六经特圣人取此六种之史以垂训者耳。子集诸家，其源皆出于史。”[②]他认为，天地间的一切著作，都是史料，都是历史学家编著史书时搜集研究的对象。既然如此，六经也不例外。他所修之《史籍考》，把经部、子部、集部诸书也引入其中。史料本身无不包含着史义，绝不会有脱离史料的抽象史义。反之，也没有不具备史义的史料，否则就不成其为史料。

当然，“六经皆史”的“史”，又具有“经世”之史的内容。他指出孔子删订六经，目的在于“存道”“明道”，“以训后世”，让后人从先王政典中得知治国平天下的道理。“先圣先王之道不可见，六经即其器之可见者也。后人不见先王，当据可守之器而思不可见之道，故表章先王政教与夫官司典守以示人。”[③]唯其如此，章学诚认为，在研究六经时，应从六经的具体事实中去领会其精神实质，为当前社会服务，切不可死守经句，拘泥于古义，专搞名物训诂而脱离

---

① 《文史通义新编新注》内篇一《经解上》，第76页。

② 《文史通义新编新注》外篇三。

③ 《文史通义新编新注》内篇二《原道中》，第101页。

现实。

史义论

史义相对于史事（历史事实）、史文（历史文笔）而言，是指史家写史的观点和见识，并用此观点来总结历史经验，探索历史规律。章学诚与唐代刘知几同为史学评论大家，但评论重点并不相同，他说："刘言史法，吾言史意；刘议馆局纂修，吾议一家著述，截然两途，不相入也。"[①]对此，清光绪年间，安徽桐城学者萧穆曾作过论述：

> 近人有以章氏之书拟之《史通》者，然两家同一论史而宗旨各殊，刘氏之书论史法，章氏之书论史意，刘氏之论为馆局纂修，章氏之论乃一家著述。名为同条共贯，实则分道扬镳，非深玩两家之书者，未之能深悉也。两人才识既高，文笔犀利，又足以达其所见；而恃才傲物，轥轹古今，几于前无古人，后无来者矣。两人之书，两人之情性，既足遥遥相对，有时呈其笔锋，放言高论，不察事实，凿空蹈虚，以致全书得失具陈，醇驳互见者，亦往往有之。……章氏所论，有文章可以学古，而制度则必从时，此真为千古之名言，后著作之家所当奉为严师之训也。[②]

萧穆对刘、章二人史论之比较的论述还是有见地的，章学诚对刘知几的历史编纂学既有继承，也有发展，刘知几所忽略的史义，更成为他探讨的重点，史义论是他在史学理论方面的一大贡献。在章学诚看来，自唐设史馆修史以来，史家修史只按程式照办，不敢稍作变更，更谈不上别出心裁。有鉴于此，他把研究史义作为首要任务。《文史通义》中许多篇章都从不同角度论述史义，要求史家"作史贵知其意"，此乃"史氏之宗旨"。

---

① 《文史通义新编新注》外篇三《家书二》，第817页。

② 《敬孚类稿》卷五《跋〈文史通义〉》。

为什么要重视史义呢？他说："史所贵者，义也；而所具者，事也；所凭者，文也。"[①]又说："载笔之士，有志《春秋》之业，固将惟义之求，其事与文，所以借为存义之资也。"[②]这就是说，史义是历史观点，反映作史者的政治立场与政治主张。史事是指对历史事实的记载，而史文则是根据历史事实所写成的文章，它是观点与事实的表现形式。三者相比，显然观点最为重要，它通过具体史实来体现，史实也要借文辞来表达。总的来说，事和文只不过是存义的材料和工具，三者有轻重主次之别，不能等同视之。他还举例说明："国史、方志，皆《春秋》之流别也。譬之人身，事者其骨，文者其肤，义者其精神也。"[③]他提出"作史贵知其意"，"孔子作《春秋》，盖曰其事则齐桓、晋文，其文则史，其义则孔子自谓有取乎尔。夫事即后世考据家之所尚也，文即后世词章家之所重也。然夫子所取，不在彼而在此，则史家著述之道，岂可不求义意所归乎？"[④]这就要求史家在作史时，必须明确地总结历史经验，探讨历史规律。在他看来，"史氏之宗旨"，是"取其义而明其志，而事次文篇，未尝分居立言之功也"[⑤]。重视史义的研究，并从理论上对其进行反复探讨，这在古代史家当中还不多见，章学诚应是第一人。

史德论

一位优秀的历史学家究竟应当具备哪些条件？刘知几提出才、学、识三长说，章学诚又增加了一个"史德"标准，从而完善了传统史学关于史家修养的理论，这四个概念成为中国史学批评中考察史家修养的基本范畴。他特地作《史德》篇，提出："能具史识者，必知史德。德者何？谓著书者之心术也。"对于章学诚的史德概念，历来有不同解释，有的认为这只是封建伦理道德，有的

---

① 《文史通义新编新注》内篇五《史德》，第265页。
② 《文史通义新编新注》内篇四《言公上》，第202页。
③ 《文史通义新编新注》外篇四《方志立三书议》，第829页。
④ 《文史通义新编新注》内篇四《申郑》，第250页。
⑤ 《文史通义新编新注》内篇四《言公上》，第202页。

将其理解为“贯彻主体性，避免主观性”，主流的解释则是史家作史忠实于客观史实，从而做到“善恶褒贬”、务求公正的一种品德。史德与史识是两个不同概念，史识是指对历史发展、历史事件、历史人物是非曲直的观察、鉴别和判断能力，是观点问题、识断问题，而史德则是指史家的思想修养问题。

章学诚在《史德》篇中指出：“盖欲为良史者，当慎辨于天人之际，尽其天而不益以人也。尽其天而不益以人，虽未能至，苟允知之，亦足以称著书者之心术矣。”在他看来，“是尧、舜而非桀、纣”“崇王道而斥霸功”“善善而恶恶，褒正而嫉邪”这样的基本心术要求，“凡欲托文辞以不朽者，莫不有是心也”，“然而心术不可不虑者，则以天与人参，其端甚微”，“所患夫心术者，谓其有君子之心而所养未底于粹也。夫有君子之心而所养未粹，大贤以下所不能免也”。章学诚指出，要达到“尽其天而不益以人”的境界，“自非夫子之《春秋》不足当”。[1]

那么，何谓“天”“人”？他说：“气合于理，天也；气能违理以自用，人也。情本于性，天也；情能汩性以自恣，人也。史之义出于天，而史之文不能不借人力以成之。人有阴阳之患，而史文即忤于大道之公，其所感召者微也。”[2]他又解释说：“道，公也；学，私也。君子学以致其道，将尽人以达于天也。人者何？聪明才力，分于形气之私者也。天者何？中正平直，本于自然之公者也。”[3]史家通过撰写史文来揭示史义，阐明大道之公，必须“尽人以达于天”。“天”“人”是对立的两个概念，不是“天理”与“个人”或者“主体性”与“主观性”，而是客观事实与史家主观认识。史家要克制主观情感，平气正情，“尽人以达于天”，努力做到史实记载与价值评判“中正平直”，这就是“尽其天而不益以人”。

章学诚主张因材施教，曾讲过，“善为教者，达其天而不益以人，则生才不枉，而学者易于有成也”[4]，教育学生要“达其天而不益以人”，即教学要发挥

① 《文史通义新编新注》内篇五《史德》，第265页。
② 《文史通义新编新注》内篇五《史德》，第266页。
③ 《文史通义新编新注》内篇四《说林》，第221页。
④ 《文史通义新编新注》外篇一《论课蒙学文法》，第417页。

学生天性，不听从别人摆布。此处的“天”“人”概念，不同于章学诚史德论中“尽其天而不益以人”的含义。史德的要求是历史学家应当慎辨主观认识与客观史实之间的关系，尽量做到公正平允，不要随心所欲地把自己的主观意图掺杂到历史记载中去。只要抱着这个态度去努力，即使达不到圣人修养高度，也可以称得上具备“著书者之心术”了。当然，章学诚也深知史学家在历史事实面前不可能没有自己的想法，看到史实中的是非得失、盛衰消息，不能不动感情，问题在于如何以理性制约感情，使感情符合事理，这需要不断提高学养。

当然，章学诚的史德论强调必须遵循纲常名教，他说：“史臣不必心术偏私，但为君父大义，则于理自不容无所避就，夫子之于《春秋》，不容不为君亲讳也。”①在章学诚看来，才、学、识、德四者中，“史识”“史德”比“史才”“史学”更为重要，前者是灵魂，后者是躯体。只有好的文笔和丰富的历史知识，而没有观察鉴别能力，就无法对历史事件和人物作出正确的判断；“著书者之心术不正”，没有史德，就不能分辨主客观。任情褒贬的秽史、谤书，自然无法如实反映客观历史面貌。

史书编纂论

章学诚史学评论的重点在于阐发史义，但他在历史编纂理论上也很有建树。他对纪传、编年二体的长短得失均有论述，肯定南宋袁枢所创立的纪事本末体，认为此种体例起到了化臭腐为神奇的作用，指出：“本末之为体也，因事命篇，不为常格，非深知古今大体、天下经纶，不能网罗隐括，无遗无滥。文省于纪传，事豁于编年，决断去取，体圆用神，斯真《尚书》之遗也。”②他对于纪传体的各种体裁的性质、内容及其写法都有自己的见解，如认为本纪是按时间顺序编排的大事记，强调书志、图表的作用，倡导修正史应设立书部，重视史注与史家自注的价值。此外，他在史书编纂体裁、体例、方法、文笔等方面，都

① 《章氏遗书》外编三《丙辰札记》。

② 《文史通义新编新注》内篇一《书教下》，第38页。

有许多真知灼见。

第一，提出改造旧史籍，创立新史体。新史体由本纪（指按年编排的大事纪要）、因事命篇的纪事本末、图表三部分组成，纲举目张，图文并茂。这种新史体，“较之左氏翼经，可无局于年月后先之累；较之迁史之分列，可无歧出互见之烦。文省而事益加明，例简而义益加精”[①]。他还提出用互注、别录法弥补编年、纪传的缺陷，以方便人们的阅读研究；倡议纪传体史书应增立“史官传”，记载史家生平与学术渊源、史书编纂过程与方法等。

第二，主张编写通史。通史编写要“纲纪天人，推明大道，所以通古今之变而成一家之言”[②]。也就是说，一部通史，不仅要能揭示出人与自然的关系，更重要的是说明历史的发展和变化，即“通古今之变”。章学诚在《释通》篇中提出，编修通史有六便：免重复、均类例、便铨配、平是非、去牴牾、详邻事；有二长：具剪裁、立家法。总之，通史之修，不仅可以做到“事可互见，文无重出”，更重要的还在于历代人物、学术典制，皆可依照时代，“约略先后，以次相比”。这样，“制度相仍”，“时世盛衰”，均“可因而见矣”。[③]

第三，将史籍按内容和功能分为撰述（著作之书）和记注（为著作提供材料的资料汇编，又称比类）两类。他说：“古今之载籍，撰述欲其圆而神，记注欲其方以智也。夫智以藏往，神以知来，记注欲往事之不忘，撰述欲来者之兴起，故记注藏往似智，而撰述知来拟神也。藏往欲其赅备无遗，故体有一定而其德为方；知来欲其抉择去取，故例不拘常而其德为圆。”[④]撰述应当有观点、有材料、有分析、有组织，是具有一定创造性的著作活动，并且要能够体现出史义和史识。记注只不过是原始资料的记录、整理、选辑、汇编而已，实际上就是“掌故令史之孔目，簿书记注之成格，其原虽本柱下之所藏，其用止于备稽检而供采择，初无他奇也。然而独断之学，非是不为取裁；考索之功，非是

① 《文史通义新编新注》内篇一《书教下》，第39页。

② 《文史通义新编新注》内篇四《答客问上》，第252页。

③ 《文史通义新编新注》内篇四《释通》，第238—239页。

④ 《文史通义新编新注》内篇一《书教下》，第36页。

不为按据”[①]。因此，记注本身只能反映做学问的功力，而不能看作成家的著作学问，而撰述则为经过整理加工的高级产品，应当“别识心裁”，具有独创精神。两者性质、作用并不相同，他把著述比作韩信用兵，把比类比作萧何转饷，两者缺一不可。

第四，扩大了史料收集范围。章学诚在《报孙渊如书》里已经提出“盈天地间，凡涉著作之林，皆是史学”的主张。在《论修〈史籍考〉要略》一文中曾拟义例十五条，明确提出“经部宜通”“子部宜择”“集部宜裁”“方志宜选”“谱牒宜略”等为该书内容取舍之原则。他还十分重视官府案牍、金石图谱、私家著作的史料价值。他在《韩柳二先生年谱书后》一文中，认为“文集者，一人之史也，家史、国史与一代之史，亦将取以证焉，不可不致慎也”。章学诚还十分注重年谱的作用，认为这是知人论世之学，不能只把它看作考一人之生平事迹而已。

值得指出的是，章学诚不仅扩大了史料搜集范围，还为辨别史料真伪提供了宝贵意见。他在《金君行状书后》一文中所提八点考辨办法，都是经验之谈，对于分辨私人著作真伪有很大帮助。随着社会不断发展，人们搜集史料的范围越来越广泛，有文献，有口传史料，有实物，有官府案牍，亦有私家文集、野史、民间歌谣谚语等。生活在乾嘉时代的章学诚，能够认识并高度重视广泛搜集史料的重要性，应当说是难能可贵的。

第五，文人不能修史。他认为，“文士为文，不知事之起讫，而以私意雕琢其间，往往文虽可观，而事则全非；或者事本可观，而文乃不称其事”[②]。文人修史讲求文字技巧，往往影响史书记事的真实性。他又说：“文人之文，与著述之文不可同日语也。著述必有立于文辞之先者，假文辞以达之而已。”[③]这就是说，文士作文，可以凭借自己想象加以创作，可以虚构夸张；而史家著作必有所本，绝不可以私意妄作增删。所以，他的结论是“辞章之士，不可与论经史专门之学久矣……八家文章，实千年来所宗范，而一涉史事，其言便如夏畦人

① 《文史通义新编新注》内篇四《答客问中》，第257页。

② 《章氏遗书》卷一九《庚辛之间亡友传》。

③ 《文史通义新编新注》内篇六《答问》，第324页。

谈木天清秘，令人绝倒，至于如是，人才之有区别，良有以也”[1]。文人不修史，是长期以来社会分工不同造成的，而不是因为个人聪明才智不及史家。既然有分工，就必然有所专长，史家修史，文人作文，也是自然之事。

---

①《章氏遗书》外编一《信摭》。

第十六章　方志之祖

地方志是以记载一方之事为内容的一种综合性著作，起源于两汉之地记，但直到清代才成为一门专门的学问——方志学，章学诚就是方志学理论的奠基人。他一直过着苦饥谋食的生活，虽有丰富的史学理论，却无法完成一部完整的史著。他在编修方志中将自己的史学理论加以实践，又从方志的编修实践中总结出方志理论，建立起一整套比较完整的方志学理论体系，从方志的起源、演变到性质、作用，从方志的记载范围到编修体例，乃至资料的搜集、修志人员的修养素质等，均作了论述。因此，章学诚被后人推许为“方志之祖”“方志之圣”。

志属信史说

长期以来，方志归属地理类，不为史家所重视。直到清代，章学诚才从史学理论和方志的实际情况出发，提出了“志属信史”的主张，认为“志乘为一县之书，即古者一国之史也”[①]。因此，方志就是一个地方的历史，既不属于地理类，又有别于唐宋以来的图经，而是“国史羽翼”，故其价值亦应与国史相同。他从“志为史体”的角度出发，认为春秋战国时期那些记载各地方诸侯国历史的史书，如晋之《乘》、楚之《梼杌》、鲁之《春秋》等，应是最早的方志。

① 《文史通义新编新注》外篇五《〈永清县志·前志列传〉序例》，第986页。

既然如此，则内容的记载、体裁的形式，都必须绳之以史法，而不能仅限于地理沿革的考证。

方志的性质既属史体，就要起到垂鉴、惩劝和教育的作用，并负有为朝廷修国史提供资料的责任。然而，以前修志诸家未辨清方志的性质，把方志当作地理之书，方志就变成文人游戏、应酬文字或私家墓志寿文的汇集。这样一来，方志当然就起不到惩恶劝善的作用，也无从为编修国史提供有用的资料。章学诚强调“志属信史”，目的在于提高方志的地位，在对方志性质和体例认识混乱、众说纷纭的当时具有积极作用。但时至今日，方志已经成为一门独立学科，他的一些理论显然就不合时宜了，特别是地方志就是地方史的说法，在今天看来就不确切。

修志义例论

章学诚创立了一套完整的修志义例，提出了方志分立三书的主张，这是他在方志理论上的一个杰出贡献。他说：“凡欲经纪一方之文献，必立三家之学，而始可以通古人之遗意也。仿纪传正史之体而作志，仿律令典例之体而作掌故，仿文选、文苑之体而作文征。三书相辅而行，阙一不可；合而为一，尤不可也。”①

三书当中，“志”是主体，“仿纪传正史之体而作志”，“是《春秋》之流别”。因此，它是“词尚体要”、成一家之言的史著，不仅在体例上要有所讲究，还必须注意语言文字上的“属辞比事”。他提出：“志为史裁，全书自有体例。志中文字，俱关史法，则全书中之命辞措字，亦必有规矩准绳，不可忽也。”②志书的编修工作，没有史才、不通史法的人是无法胜任的，而当时“文士囿于习气，各矜所尚，争强于无形之平奇浓淡”。因此，“法度义例，不知斟酌，不惟辞不雅驯，难以行远，抑且害于事理，失其所以为言”，到头来必然造成“虚

① 《文史通义新编新注》外篇四《方志立三书议》，第827页。

② 《文史通义新编新注》外篇四《与石首王明府论志例》，第875页。

文害实事矣”。[①]所以，他得出了“文人不可与修志”[②]的结论。

“掌故”如同会要、会典，目的在于既使志书简洁明晰，又使重要资料得以保存，故在志书之外，将当地政府机关的章程条例和重要文件，按类编选，勒成专书，与“志”相辅而行。章学诚认为，“治方志者，转从掌故而正方志。盖志义久亡，而掌故之守未坠，修其掌故，则志义转可明矣”，若是“不整齐掌故，别为专书，则志亦不能自见其意矣”。[③]

“文征”则类似于文鉴、文类，其“大旨在于证史”，是挑选那些足以反映本地生活民情、“合于证史”的诗文，以及那些即使不“合于证史”，也实属“名笔佳章”“人所同好”的诗文，汇编成书。

方志分立三书，是为了解决“不失著述之体”与保存重要资料之间的矛盾。“志”是主体，是“词尚体要”的著作，“掌故”“文征”是两翼，是保存原始文献的资料汇编。“掌故”“文征”之设立，目的在于保存一套可靠而丰富的资料，为后人著述博览约取创造条件，就其性质而言，是资料汇编。三者相辅而行，构成一部完整的新型方志。

除三书之外，修志过程中，因搜集了丰富资料，“取摭所余，虽无当于正裁，颇有资于旁证”。因此，这一部分资料，“阑入则不伦，弃之则可惜”，于是，“考据轶事，琐语异闻”，别为“丛谈”，以附于后。这样处理，与编书义例无妨。方志分立三书的提出，为方志学的发展开辟了新的广阔天地。

章学诚所撰诸志，包括纪、传、书（考）、表、图，诸体俱备。

纪是指按年编写的大事记，要把这个地区“古今理乱”之重大事件都“粗具于编年纪”中[④]，作为全书大纲。至于纪的写法，他说：“纪以编年为名，例仿纲目，大书分注，俾览者先知古今，了如指掌。”[⑤]

传的设置在于补充本纪未尽之事，“编年文字简严，传以申其未究，或则述

① 《文史通义新编新注》外篇四《与石首王明府论志例》，第875页。

② 《文史通义新编新注》外篇六《书〈姑苏志〉后》，第1059页。

③ 《文史通义新编新注》外篇五《〈亳州志・掌故〉例议下》，第1005—1006页。

④ 《文史通义新编新注》外篇六《〈湖北通志〉序传》，第1026—1027页。

⑤ 《文史通义新编新注》外篇六《〈湖北通志〉凡例》，第1012页。

事，或则书人，惟用所宜”，而不应“执于一也”。[①]方志列传应本着“详今而略古”“详后而略前”的原则，人物传宜较国史翔实。所志人物，“以名宦乡贤、忠孝节义、儒林卓行为重，文苑方技，有长可见者，次之。如职官而无可纪之迹，科目而无可著之业，于法均不得立传”[②]。人物事迹必须严加核实，“取舍贵辨真伪”，立一名宦传，一定要说明此人“曾任何职，实兴何利，实除何弊，实于何事有益于国计民生，乃为合例”[③]。相反，对于那些“穷乡僻壤，畸行奇节，子孙困于无力，或有格于成例，不得邀旌奖者，踪迹既实，务为立传，以备采风者观览”[④]。

“考之为体，乃仿书志而作，子长八书，孟坚十志，综核典章，包函甚广。”[⑤]要写好诸考，必须分纲列目，必须澄清内容，将无关治体、无益风教者悉数删除。此外，修志人员不仅要学识渊博，对所写内容比较了解，更要通晓史法。

方志中表的作用很多，既可表人、表年，又可以列表事类，其中人表尤为重要。在章学诚看来，图的作用，有时胜于表。他说：“史不立表，而世次年月，犹可补缀于文辞；史不立图，而形状名象，必不可旁求于文字。此耳治目治之所以不同，而图之要义所以更甚于表也。”[⑥]当然，方志所绘之图，不可流于形式，应当取其有关经要而规方形势所必须者，详系之说，而次之诸纪表之后，这样才可以备用一家之学。

为了撰写好方志，他晚年在修《湖北通志》时，便提出作者秉笔应当做到“持论不可不恕，立例不可不严，采访不可不慎，商榷不可不公”[⑦]。章学诚在修志理论中还提出，各地修志，应当注意对本地方言进行广泛的采集。章学诚论述的方志，实际上是一种图文并茂、纲举目张、言简义明的地方史。旧的方

① 《文史通义新编新注》外篇六《〈湖北通志〉序传》，第1027页。
② 《文史通义新编新注》外篇四《修志十议呈天门胡明府》，第858页。
③ 《文史通义新编新注》外篇四《修志十议呈天门胡明府》，第856页。
④ 《文史通义新编新注》外篇四《答甄秀才论修志第一书》，第842页。
⑤ 《文史通义新编新注》外篇四《答甄秀才论修志第二书》，第845页。
⑥ 《文史通义新编新注》外篇五《〈永清县志·舆地图〉序例》，第960页。
⑦ 《文史通义新编新注》外篇六《〈湖北通志〉序传》，第1029页。

志按照他的理论改造后，就从地理沿革之书，变成一种具有史义、能够经世的史书了。

关于修志的断限问题，章学诚认为“修志者，非示观美，将求其实用”，不必每部都从古修起。“如前志无憾，则但当续其所有；前志有阙，但当补其所无”。[①]修志是为了切合实用，必须注意修当代之书，反映当代社会之现实，所以他认为“方志之修，远者不过百年，近者不过三数十年”。他还提出修志“当续前人之记载，不当毁前人之成书”的主张，深得阮元赞赏。

明清以来，志书种类繁多，但记载内容十分混乱，有的简单地把诸州、县志内容合并便成府志，将诸府志加以合并又成通志。章学诚特地写了《方志辨体》一文，从理论上对此混乱现象加以澄清，指出各类方志有各自的内容范围，也有不同的编纂方法与要求，切不可简单分合，否则将不成其为志书，[②]这在方志发展史上又是一大贡献。比如编修一省通志，“所贵乎通志者，为能合府州县志所不能合，则全书义例，自当详府州县志所不能详。既已详人之所不详，势必略人之所不略，譬如揖左则必背右，挥东则必顾西，情理必然之事”[③]。能按此要求去编纂各类方志，就可以做到各有侧重，各有特点，详略适宜，避免混杂。因此，这一理论的提出，有助于澄清方志编修中越俎代庖的混乱现象。

章学诚还建议州县设立志科。要提高方志的质量，资料搜集非常重要，除了现成的乡邦文献以外，还需要进行实地访问调查，掌握第一手资料。为了解决修志过程中所遇到的材料获取困难的问题，他建议清政府在各州县建立“志科”，专门掌管搜集乡邦文献，为编好各类方志创造条件。他在《州县请立志科议》中说：“州县之志，不可取办于一时，平日当于诸典吏中，特立志科，佥典吏之稍明于文法者，以充其选。而且立为成法，俾如法以纪载，略如案牍之有公式焉，则无妄作聪明之弊矣。积数十年之久，则访能文学而通史裁者，笔削以为成书，所谓待其人而后行也。如是又积而又修之，于事不劳，而功效已为文史之儒所不能及。”至于志科的搜罗资料范围和保存办法，他在文中指出：

---

① 《文史通义新编新注》外篇四《记与戴东原论修志》，第885页。

② 《文史通义新编新注》外篇四《方志辨体》，第870—873页。

③ 《文史通义新编新注》外篇四《方志辨体》，第871页。

“六科案牍，约取大略而录藏其副可也。官长师儒，去官之日，取其平日行事善恶有实据者，录其始末可也。所属之中，家修其谱，人撰其传志状述，必呈其副。学校师儒，采取公论，核正而藏于志科可也。所属人士，或有经史撰著，诗辞文笔，论定成编，必呈其副，藏于志科，兼录部目可也。衙廨城池，学庙祠宇，堤堰桥梁，有所修建，必告于科，而呈其端委可也。铭金刻石，纪事摛辞，必摩其本而藏之于科可也；宾兴乡饮，读法讲书，凡有举行，必书一时官秩及诸名姓，录其所闻所见可也。”可见此文罗列的资料搜罗范围相当广泛，不仅对搜集办法写得十分具体，就连如何保管，亦有详细说明。在志科以外，四乡还各设采访一人，平时负责采访搜集遗文逸事，及时上呈志科。

理论源泉

章学诚能够建立起一整套丰富的方志理论体系，并使之发展成为方志学，绝非出于偶然。

首先，史学理论是他建立方志学的重要源泉。有学者认为，章学诚的史学理论来源于方志实践。其实，章学诚从小爱好史学，16岁就编纂《东周书》，21岁就能指陈史书利弊得失，先有一定的史学理论造诣，才使他27岁就能参编《天门县志》，提出重要的修志观点。他从史学的发展源流来论述志属史体，确定了方志属史而绝不是地理著作。然后针对方志的特点及其发展过程中所形成的规模和体裁，选定要用纪传正史之体来编修方志。他的方志分立三书理论，来源于他对史学义例的理解；对方志列女传的看法，与其史学思想也密切相关；“文人不可与修志”的主张，也是受到刘知几“文人不能修史”观点的启发。统观他所修的《和州志》《亳州志》《永清县志》和《湖北通志》等各书序例，每一篇都是从史学角度入手加以论述，最后才落实到方志的编修，可谓事事论述有据，篇篇言之成理。所以说，他用史学理论来指导方志的编修和方志理论的探讨，是他在方志理论上所以能取得巨大成就的重要因素，当然，修志实践也促进其史学理论不断成熟。

其次，以修志实践经验不断丰富方志理论。他以丰富的史学理论为指导，每修完一部志书，都认真加以总结，将修志的实践经验及时理论化，并使它们在修志中具有普遍意义，反过来再指导方志的编修，这就是他方志理论所以能得到不断发展的关键。

最后，总结吸取前人修志的经验和教训，经过自己的努力改造，使之上升为修志理论，这是章学诚方志理论形成的又一重要源泉。章学诚在总结前人修志经验时，一般都要用三条标准，一是史学法度，二是方志体例，三是内容价值。三者都符合标准，自然就是一部佳志。关于用史学法度来衡量志书优劣，在他留下的方志评论文章中几乎都有涉及，因为“志属信史”，故编纂中绝不应当违背史法。方志编修，本应反映社会现实，官名、地号都应以修志当时名称为准，不能随意乱用古代官名、地名，否则将今古不分，是非莫辨。一部方志编纂得好坏，还要看它的体例如何。如果不合方志体例，内容再好也不能算是方志。方志既然是著作，而不是资料汇编，自然就有自己的体例，所以章学诚十分强调这点。至于方志的内容是否有益于社会风尚，是否有补于政事，则更是章学诚衡量前人所撰方志价值高下的重要标准之一。可见章学诚在方志理论中，是很重视修志的社会效益的，这正是他经世致用的学术思想在修志方面的体现。

综上所述，章学诚产生、发展乃至最后形成系统的方志理论体系，建立起较完备的方志学，自非一朝一夕之功，乃经过一生苦心经营的结果。“问渠那得清如许？为有源头活水来。”他方志理论的形成，有着三条源头活水，通过他的消化提炼，最后形成了别具一格的方志理论。

第十七章　学术地位

章学诚是清代著名的学者、思想家，一生坎坷潦倒，热爱文史校雠之业，在学术文化方面取得杰出的成就，特别是在史学、方志学、校雠学等方面，提出了系统完整的理论体系，真正做到了集古之大成，成一家之言。他在社会政治、哲学、文学、教育学、谱牒学、目录学等方面，也都提出过许多富有时代意义的独到见解。章学诚还是清代浙东史学的殿军和集大成者，发扬光大了浙东史学的学术思想和治学精神。同时，他也称得上是中国封建史学的殿军，是古代史学发展史上的最后一座高峰。他生前学问不合时好，被视为“怪物”，诧为“异类”，如今却已成为一位国际上颇有影响的文化名人。

杰出的文史理论家

章学诚首先是一位杰出的史学评论家，《文史通义》与唐代刘知几的《史通》是我国古代史学理论的“双璧”。章学诚以其进化论的观点对2000年来史学的发展、演变进行了探索，提出了创立新史体的设想。他是第一个对“史义论”进行重点论述的中国古代史学家，在史学理论上取得重大的突破。他在《史德》篇中向史家提出“当慎辨于天人之际，尽其天而不益以人”的要求，认为史家要辨清主观与客观的关系，以客观的态度去尊重历史事实，尽量不将主观的成分掺杂到客观的历史事实撰述中去。这一思想比起刘知几的“直书”论无疑是一个飞跃。他在《文德》篇中对历史评论者提出严格要求，认为评论古人必须做到“知人论世”，应当设身处地对古人进行考察和研究，既不能苛求古人，又不能无是非之别，应尽量做到客观公允。这些史学理论，后来居上，许多方面都超过了刘知几的论述，成为我国古代史学不可多得的宝贵财富，一直启迪着人们对传统史学的研究和思考。

图 17-1　章学诚画像

章学诚还有另一部重要著作《校雠通义》，对我国校雠学与目录学的发展进行了全面的、系统的探索和论述。他在书中第一次提出，图书目录的编写必须起到“辨章学术，考镜源流”的作用，也就是说，要使人们能够从目录编纂中看出学术发展的趋势、学术流派的兴衰和发展。他的校雠学思想，对后世目录学理论和方法具有很大的影响。

他虽长于史学，但从未进入史馆，因而只能通过修志将自己丰富的史学理论加以实践，在实践中又不断总结经验，写出了一系列方志理论文章，从而提出了一整套修志理论，创立了修志体例，建立起方志学。他是我国方志学的奠基人，被梁启超称为“方志之祖”“方志之圣”，这些称号的确当之无愧。他丰富的方志理论，在今天仍有借鉴的价值。

章学诚从事文史校雠，《文史通义》是一部纵论文史、品评古今学术的理论著作，其中有许多篇章专门谈论文学理论，而更多的时候是文史兼论，提出了许多别具一格的文论标准。他继承和发扬“文以载道”的优良传统，提出了“文贵明道”“文期用世”的创作目的论，强调文学创作必须反映现实社会，起到应有的社会作用，即使写应酬文章，也要能够明道经世。他在文学创作态度和文学批评态度方面倡导“文德”，从而使“文德论”与“史德论”一起，成为其文史批评理论的两大创见。他说：“凡为古文辞者，必敬以恕。临文必敬，非修德之谓也；论古必恕，非宽容之谓也。敬非修德之谓者，气摄而不纵，纵必不能中节也；恕非宽容之谓者，能为古人设身而处地也。嗟乎！知德者鲜，知临文之不可无敬恕，则知文德矣。”[1]所谓“临文必敬”，指的是作者要通过“修德”“养气”，最终在“心平”的状态下去从事创作，才能合于“法度”。所谓“论古必恕”，指的是文学评论者应根据作品产生的时代和作者个人的处境、写作背景等，来分析评价该作品，既不可苛求古人，也不能无原则地“宽容”，一句话就是，文学评论要“知人论世”，“能为古人设身而处地”。章学诚强调文学创作和批评的态度应该是“敬”和“恕”，必须端正“心术”。章学诚强调文学创作要遵循其本身的规律，提出“文理”“文心”“文性”“文情”“文例”等概念，力主“文贵有物”“中有所见”“有所发明”。他坚决反对无病呻吟、机械模仿古文辞的不良风气，特作《古文十弊》一文，对当时的文坛弊端予以深刻批判。在文学的形式与内容的关系问题上，他又强调“清真”“自然”“文如其质”“因质施文”。所谓“清真”，是要求文学创作达到艺术形式上的纯洁无杂和思想内容上的意味深长，也就是做到形式与内容的完美统一。他还提出“文生于质”，即文章的形式是由内容事实决定的，反对一味模仿古人和形式主义的文风。章学诚在文学理论上的主张以及对于当时文风的批评，都具有现实的进步意义。

章学诚是一位杰出的文史理论家，又是一位具有朴素唯物论思想的哲学家。他远继先秦诸子朴素自然的天道观，近承明末清初进步思想家尤其是浙东学派前辈黄宗羲等人的唯物论思想，对哲学史上存在和意识的关系、认识论以及人生观、伦理观等一系列重大问题，都提出了自己的看法。章学诚旗帜鲜明地提出了“道不离器”“道因器显”的命题，并且阐发了一些独特见解，进而指出世界的物质性。他从唯物主义认识论的名实关系论出发，强调实是首要，名乃其次。他意识到认识对象的客观性和主观认识对客观事物的依赖性，强调人的“行事”实践对检验认识的重要性，书本知识最终还要通过“效法成象”加以检验。章学诚对于人生的看法，同样体现了朴素唯物论的观点。他强调人生在世，要不断地奋斗，发展和完善“自我”，主张为人处世要正直、坦诚。他一生中备尝人世间的冷暖和艰辛，穷困潦倒，坎坷曲折，却能不屈不挠，同险恶的命运

① 《文史通义新编新注》内篇二《文德》，第136页。

抗争，默默无闻地辛勤耕耘，生命不息，著述不止，这与他所持有的正确的人生观是分不开的。

综上所述，章学诚通古今之变化，立时代之潮流，发思想之先声，在我国古代学术体系建设方面作出了多方面的重要贡献，在中国文化史上具有十分重要的地位。他的理论自成一家之言，是宝贵的文化遗产，值得继承借鉴。

浙东史学殿军

浙东史学在宋代形成，经元明时期的过渡，到清代达到鼎盛。清代浙东史学开山祖师是黄宗羲，弟子有万斯同、万斯大、邵廷采、全祖望，后出者则有邵晋涵、章学诚等，而章学诚是浙东史学的殿军和集大成者。从黄宗羲到章学诚，史学宗旨一脉相承，他们都反对门户之见，贵发明创造，主张经世致用，在史学上多有重大贡献。

章学诚和浙东诸史学大师都生活于浙东地区，与他们在学术上有着密切的师友传承关系，并发扬光大了浙东史学的学术思想和治学精神，在史学上取得了罕有其匹的成就。他始终以浙东史学的一员自居，并在晚年著成《浙东学术》一文，对浙东学派进行了反思和总结。[①]他说："浙东史学，自宋元数百年来，历有渊源。"[②]章学诚文章中有关黄宗羲、全祖望的论述很多，他对黄宗羲是满口赞语，无一贬词，对全祖望是颂其思想学问，肯定其表彰明季忠义、保存东南文献之功。浙东诸大师的学术思想文章对章学诚的影响是多方面的，特别是邵廷采的学术文章，对他影响尤深。他对邵氏推崇备至，认为《思复堂文集》是熔经、史、文于一炉的著作，为500年来罕见之书。章学诚学术思想中的精髓——学术必须"经世致用"和"成一家之言"，可以说是受到了邵廷采思想的影响，故而当时邵晋涵称章学诚为"念鲁身后桓谭"[③]。邵晋涵是邵念鲁的从孙，其祖父邵向荣又是邵廷采的受业弟子，所以，邵晋涵的学术不仅受到了家

① 《文史通义新编新注》内篇二《浙东学术》，第121—122页。

② 《文史通义新编新注》外篇三《与胡雒君论校〈胡稚威集〉二简》，第703页。

③ 《文史通义新编新注》外篇三《答邵二云书》，第684页。

传的影响，也受到了包括刘宗周、黄宗羲在内的浙东学术先辈的熏陶。

《浙东学术》一文的创作，标志着浙东史学已发展到了自我反省总结的阶段，是浙东史学发展到极盛时期的产物，也是章学诚对浙东史学的巨大贡献。在该文中，章学诚不仅追根溯源，论述了清代浙东学派的发展脉络和体系，更总结了它的一系列特点和主要精神。章学诚认为，浙东史学的最大特点是“言性命者必究于史”，强调史学必须“经世致用”，反对“空言著述”，这是它区别于宋学和汉学的根本所在，也是其最杰出的地方。此外，浙东史学还有反门户之见和贵专家之学两个特点，而这两点也是由其“经世致用”“切于人事事功”的学术宗旨所决定的。因为“讲学者必有事事，不特无门户可持，亦且无以持门户矣”，“朱陆异同，干戈门户，千古桎梏之府，亦千古荆棘之林也。究其所以纷纶，则惟腾空言而不切于人事耳”，“彼不事所事，而但空言德性，空言问学，则黄茅白苇，极面目雷同，不得不殊门户以为自见地耳。故惟陋儒则争门户也”。这是极有见地的分析。而章学诚本人正是继承和光大了浙东史学的这三大特点，从而把浙东史学推到了最高峰，真正做到了集浙东史学之大成。

清代浙东史学在清代史学发展中占有举足轻重的地位，乾嘉史学作为清代史学的顶峰，如果排除浙东史学名家全祖望、章学诚等人，剩下的就只有钱大昕、王鸣盛、赵翼这些考史家了。他们虽说在整理古籍、考订真伪方面作出了成绩，但毕竟只是做些考据工作，并无多少发明创造精神。章学诚则不然，他集传统史学、方志学、校雠学以及谱牒学理论之大成，继往开来，独具创见。从这个意义上说，章学诚不仅是清代浙东史学的殿军，更是中国古代史学的殿军。

从“异类”到国际文化名人

章学诚治学逆时趋而进，单枪匹马地针砭时弊，当时竟被视为“怪物”，诧为“异类”，遭到社会的冷落。他特写《知难》篇，抒发自己胸中的郁闷：“贤者不得达而相与行其志，亦将穷而有与乐其道；不得生而隆遇合于当时，亦将殁而俟知己于后世。”[1]看来，他是将自己学术思想遇知音的希望寄托于后世了。

胡适在《章实斋先生年谱序》中说：“他生平眼高一世，瞧不起那班‘襞绩补苴’的汉学家；他想不到，那班‘襞绩补苴’的汉学家的权威竟能使他的著作迟至一百二十年后，方才有完全见天日的机会，竟能使他的生平事迹埋没了一百二十年无人知道。”虽然章学诚著述等身，但在他去世后的百余年间，仍然很少有人去宣传他的学术思想与史学主张，更无人给他写一篇翔实的传记。

国家图书馆藏朱锡庚抄本《章氏遗著》第三册有跋云：“实斋长于史学，为乾隆年间一代通人。每有所著，则抄录寄余。余收藏之成帙，因为装订大小五册，后阅者幸勿亵视之。……道光三年冬十一月又五日，少河山农识。”道光六年（1826）三月，朱锡庚在给章学诚长子章贻选的信中，对其父学术给予极高评价，他说：

> 乾隆年间积学之士与嘉庆年间所学似出两途，以阮制军为当代龙门，尚不能深知尊大人之底蕴，他人不待言矣。前拟撰《〈文史通义〉书后》，只以尊大人之学当世罕有知者，唯锡庚尚能窥其旨趣。第其事重大，未敢轻易下笔。近复拟作乾隆年间三绝学传……一为尊大人实斋先生。原夫周秦以上，但有史官，而无私学，其诗书礼乐以及典章象数皆史官职守。故孔子适周，问礼于老聃；韩宣聘鲁，观《易象》《春秋》，曰周礼尽在鲁矣，俱指史官而言也。自刘向区六艺为九，汉唐以降，经史各立专家，言史者祖马班，言经者尊贾郑。从是史家者流，或考其事迹同异为刊误之书，或订其疆域沿革为地理之学，其于著述之旨趣，体例之要删，鲜有讲明其故者。唐刘子玄、宋郑渔仲，间有著论，第驳而未醇，偏而未全。且株守史氏之一家，隔阂六经之条理。实斋先生以毕生所读之书，自成一家之学，勘辨同异，抉择是非，合而知要，离而能通。著《文史通义》内外篇若干卷，盖上穷《官礼》之遗意，下溯中垒之校雠，合经史为一者也。不知者见其详论史裁，近于刘郑两家之绪余。是犹目考古音者谓出于吴棫韵谱，

[1] 《文史通义新编新注》内篇四《知难》，第233页。

岂其然乎。其为绝学，知之者希，空前绝后鼎立为三矣。[①]

朱锡庚指出章氏“上穷《官礼》之遗意，下溯中垒之校雠，合经史为一”的独特贡献，盛推其史学与孔广森之《春秋》学、王念孙之训诂学为乾隆年间三大绝学，并感慨“知之者希”。阮元与朱锡庚有交往，虽与章学诚无直接学术关系，但对其学术有所了解。阮元于嘉庆年间撰成国史《儒林传稿》，其中邵晋涵、周永年、任大椿三传，参考了章学诚的《邵与桐别传》《周书昌别传》《任幼植别传》。在《邵晋涵传》中，阮元提及章学诚及其《文史通义》，这是其事迹进入国史的开端。据台北“故宫博物院”藏清国史馆传包传稿，光绪年间，缪荃孙负责国史类传修纂，将章学诚正式列入《文苑传》，这就是后来《清史列传》卷七二《文苑传三·章学诚传》[②]。1927年大致完成的《清史稿》卷四八五《文苑二·章学诚传》，在《清史列传》基础上稍加修改而成，代表官方评价，兹录如下：

章学诚，字实斋，会稽人。乾隆四十三年进士，官国子监典籍。自少读书，不甘为章句之学。从山阴刘文蔚、童钰游，习闻蕺山、南雷之说。熟于明季朝政始末，往往出于正史外，秀水郑炳文称其有良史才。继游朱筠门，筠藏书甚富，因得纵览群籍，与名流相讨论，学益宏富。著《文史通义》《校雠通义》，推原《官礼》而有得于向、歆父子之传。其于古今学术，辄能条别而得其宗旨，立论多前人所未发。尝与戴震、汪中同客冯廷丞宁绍台道署，廷丞甚敬礼之。

学诚好辩论，勇于自信。有《实斋文集》，视唐宋文体，夷然不屑。所修和州、亳州、永清县诸志，皆得体要，为世所推。

这一传记中，“从山阴刘文蔚、童钰游，习闻蕺山、南雷之说。熟于明季朝

① 〔清〕朱锡庚：《朱少河先生杂著·答章杼思贻选书》，国家图书馆藏稿本。

② 戚学民：《清廷国史〈章学诚传〉的编纂：章氏学说实际境遇之补证》，《社会科学研究》2016年第2期。

政始末，往往出于正史外”，依旧沿袭过去张冠李戴之误，然而对于章学诚的学术路数、风格、方志学成就，皆予以揭示或肯定。

在近代，章学诚的“六经皆史”论、治学合一论，尤其是方志学理论，在学术界产生过一定影响，魏源、李慈铭、谭献、李元度、康有为、章太炎等人都读过章氏著作。学者何绍基（1799—1873）《东洲草堂诗抄》卷二三《阅〈登封县志〉，示章霱堂》诗云：

> 昨读《偃师志》，秉笔孙与汤。（渊如、毓倬。）论议每锋起，史例少思量。今阅《登封志》，毕洪名更彰。（秋帆、稚存。）舆图仿隋志，户口效元康。列士遒华俊，会计依李常。标题近琐屑，提挈失纪纲。昔年游醴泉，史笔渊如长。开卷昭陵图，全误所向方。令余掩卷叹，才大意不详。岂知志乘作，先贵客气忘。简炼有康、陆，（对山、稼书。）翔实惟钱、章。（竹汀、实斋。）

何绍基对乾隆年间章学诚友人孙星衍主修的《偃师县志》、洪亮吉主修的《登封县志》均提出批评，而称赞修志“翔实惟钱、章”，将章学诚与钱大昕相提并论。

谭献（1832—1901）生平服膺章氏之学，作章学诚传记，叙述其史学、方志学、教育学观点。[①]光绪年间，安徽桐城萧穆在他的论文集《敬孚类稿》中，留下《记章氏遗书》和《跋〈文史通义〉》两篇文章，并在光绪二十九年（1903）撰文称赞云：

> 《文史通义》系论修史各条，与唐人刘知几分道扬镳。刘氏所论为史法，先生所论为史意，刘氏乃论官局纂修，先生所论为一家著述，体大思精，远过刘氏。《文集》多当代名人碑传及熙朝掌故，文笔与《文史通义》不同，即以古文而论，亦不愧为一代作者，竹垞（朱彝尊）、西溟（姜宸

① 《章氏遗书》附录《谭廷献文林郎国子监典籍会稽实斋章公传》。

英）诸公所不及也。《湖北通志》虽未成书，而所纂各类及其序例，均出前人意表，实在阮文达（阮元）、谢蕴山（谢启昆）二公《两广志》之上。[①]

蔡元培在青少年时期，就喜读《文史通义》，曾说："章先生这部书里面，对于搭空架子、抄旧话头的不清真的文弊，指摘很详。对于史法，主张先有极繁博的长编，而后可以有圆神的正史。又主张史籍中人地名等均应有详细的检目，以备参考；我在二十余岁时，曾约朋友数人，试编二十四史检目；后来兼长国史馆时，亦曾指定编辑员数人试编此种检目，都是受章先生影响的。"[②]光绪十二年（1886）武进盛氏思补楼重校本，贺长龄所辑《清经世文编》卷五八，收录章学诚所撰写《庐江章氏义庄记》，这是一篇佚文，内容是表彰庐江章氏捐田3000亩以赡其族，建义门、义仓、义学。蔡元培在光绪十六年任《上虞县志》总纂，在《重修上虞县志例言》中指出："例因事而立，不强事以就例，皆章先生家法也。"[③]总的来讲，章学诚在晚清学术思想界，确实具有一定影响。

谁也不会想到，对于这样一位旷世史学大师，近代最早宣传他事迹的竟是一位外国人，日本学者内藤湖南于1920年发表了《章实斋先生年谱》。1921年，刘承干编定《章氏遗书》，在章学诚殿试卷末敬识云，"实斋先生深于《周官》之学，生平著述皆发明政教合一之义"，"先生之学深通精博，至今成为宗派"。1922年胡适撰写的《章实斋先生年谱》问世，随后姚名达作了补正。与此同时，梁启超在其《清代学术概论》《中国历史研究法》和《中国近三百年学术史》中，也对章氏史学、方志学上的贡献作了阐述。梁启超认为章氏"学识在刘知几、郑樵上"，"其所著《文史通义》，实为乾嘉后思想解放之源泉"。[④]他称章氏为"清代唯一之史学大师"，"方志学之成立，实自实斋始也"，[⑤]并指出，"可以说截至现在，只有他配说是集史学之大成的人"，"最近德国才有几个人讲

---

① 〔清〕吴庆坻：《蕉廊脞录》卷五，1928年刻本。

② 蔡元培：《我青年时代的读书生活》，载《蔡元培全集》第八卷，浙江教育出版社1997年版，第85—86页。

③ 《重修上虞县志例言》，载《蔡元培全集》第一卷，第27页。

④ 梁启超：《清代学术概论》，上海古籍出版社1998年版，第18、69页。

⑤ 《中国近三百年学术史》，第368—369页。

历史哲学，若问世界上谁最先讲历史哲学，恐怕要算章学诚了”。[①]何炳松从1922年起发表研究章学诚的系列文章，认为“其史学见解之卓绝精微，在著者眼中观之，有时且远驾西洋名史之上”[②]，“章氏已经当得起世界上史学界里面一个‘天才’的称号”[③]。随着梁启超、胡适、何炳松等人的大力揄扬，章学诚研究逐渐成为一门显学。

20世纪五六十年代，研究章氏之学者为数较少。在80年代初兴起的修志热潮中，章学诚的方志学著述成为修志工作者广为传颂的启蒙教材。随后，对章氏生平及其史学、方志学、目录学等研究论著逐渐丰富，研究逐步深入。章学诚学术思想的影响早已超越国界，成为一位国际文化名人，日本、韩国、法国、美国等都有学者对他的学术思想进行专门研究，出版专著或发表论文。法国汉学家保尔·戴密微在其《章学诚及其史学》一文中，称章学诚是“中国第一流之史学天才”，可以与阿拉伯的史家伊本·卡尔顿或欧洲最伟大的史学家们并驾齐驱；美国学者倪德卫早在1966年就出版了《章学诚的生平与思想》一书，全书洋洋洒洒数十万言，对章氏生平、学术思想、政治思想与哲学思想作了全面论述。他在自序中指出，章学诚的许多史学理论都已经具有现代色彩。

章学诚后人将其晚年住所出让给外姓，多家杂居。2000年，仓修良呼吁恢复章学诚故居，2002年，绍兴市政府修复章学诚故居，公布为市级文物保护单位。2023年，故居改名为章学诚方志馆，与越城区方志馆、绍兴市方志馆和方志文化公园（塔山公园）合称“三馆一园”，打造全国方志文化宣教基地。

2003年10月28日至11月2日，中国历史文献研究会与绍兴市政府联合召开了首届“章学诚国际学术研讨会”，美国、韩国、日本及国内学者共80余人出席了会议，提交论文七十余篇，会后出版了论文集。

2005年11月，章学诚故里上虞区道墟街道隆重举行章学诚铜像揭幕和纪念室落成开放仪式，纪念室展示了章学诚的生平、学术成就和中外学者研究成果，成为爱国主义教育基地。

---

① 梁启超：《中国历史研究法》，上海古籍出版社1987年版，第308、310页。

② 何炳松：《〈通史新义〉自序》，载《何炳松文集》第四卷，商务印书馆1997年版，第78页。

③ 《增补章实斋先生年谱序》，载《何炳松文集》第二卷，第236页。

图17-2 《章学诚国际学术研讨会论文集》书影

章学诚研究逐渐升温，这本是正常的现象。可是有的人说，“五四”以后，梁启超、胡适都大捧章实斋，又援引某权威人物的话说，章实斋是个“乡曲之士”，“读书少的人，好发议论”；还有的就某个问题或某条史料来议论章学诚，认为其学问浅薄疏漏。因此，有必要以历史事实为依据，对章学诚作出公正合理的评价。白寿彝在《〈文史通义校注〉书后》一文开头便说：“《文史通义》是在史学史上占有重要地位的一部书，也是我喜欢阅读的一部书，但这书也确实不好读。我喜欢阅读，是因为它有功力，有见识，提出的问题耐人寻味。说它不好读，因为它涉及的学术领域相当广泛，它有多方面学术渊源的继承关系，还有作者处时代之特定的政治环境和学术环境以及作者所特有的表达形式和语言。”[①]张舜徽也说：“当举世沉酣于穷经考礼、审音说字之际，章氏独究心乙部，出其弘识孤怀以救末流之弊，而卓然有以自立，不可谓非豪杰之士也。”[②]仓修良讲道：“我对章学诚的研究几乎持续四十年之久，从研究史学史以后，就一直以他为主轴而向外辐射，因为他不单是位杰出的史学评论家，而且又是我国方志学的奠基人，他对文学、哲学、校雠学、谱学亦多有建树。在我国封建社会里，他的史学理论与刘知几齐名，按白寿彝先生所讲，他的史学理论比刘知几还要高一个层次。但他的一生非常坎坷，使我很同情，他的品德非常高尚，使我很敬佩，他的治学精神非常认真，使我很感动，他的敬业精神和学术贡献，又使我非常推崇。”[③]这些评价是恰如其分的。毋庸讳言，章学诚的学术思想与成就，不可避免地存在着一定的历史局限性，有些封建卫

① 白寿彝：《〈文史通义校注〉书后》，《史学史研究》1988年第2期。

② 张舜徽：《史学三书平议》，中华书局1983年版，第217页。

③ 仓修良：《我与中国史学史》，载张世林编：《学林春秋三编》上册，朝华出版社1999年版，第223—224页。

道士习气，著作中也有考证粗疏与观点偏颇之处，但谁也无法否认他在学术文化发展史上的卓越贡献。时至今日，中国史学史、方志学著作中，几乎都有对章学诚的专篇评介。所以，尽管有些不同看法，但丝毫不影响他在我国史学上的重要地位和杰出的学术成就。

图 17-3　章学诚铜像
（于道墟章学诚纪念室）

章学诚研究已成为学界热点，甚至有人提出了“章学”的说法，发表的论著可以说是汗牛充栋，研究的深度、广度不断拓展。据笔者不完全统计，近百年来，国内外研究章学诚的论著已有两千多篇（部）。黄兆强《章学诚研究述评（1920—1985）》，全面探析1920年至1985年的研究成果，潘捷军主编的《章学诚研究概览——章学诚诞辰280周年纪念文集》附录有笔者所编截至2018年的主要论著索引。近20年来在章氏著述及近人研究文献整理方面，就有《内藤文库藏钞本章氏遗书》、《〈文史通义〉庐江何氏钞本》、《章学诚文献辑刊》（全四十六册）等出版，其中有研究专著十余种，如：罗炳良《传统史学理论的终结与嬗变——章学诚史学的理论价值》《章实斋与邵二云》，日本学者山口久和《章学诚的知识论——以考证学批评为中心》，刘延苗《章学诚史学哲学研究》，周建刚《章学诚的历史哲学与文本诠释思想》《章学诚与清代中期的思想史变迁》，刘雄伟《章学诚“六经皆史”研究》，章益国《道公学私：章学诚思想研究》，唐爱明《章学诚文论思想及文学批评研究》，张坤《章学诚的教育思想与实践》，乔衍琯编著《文史通义：史笔与文心》，石明庆《史意文心：章学诚与史家文论研究》，邓国宏《戴震、章学诚与荀子思想关系研究：透视乾嘉新义理学的一个新视角》，王园园《章学诚著述稿钞本研究》等。论文发表更是源源不断，对章学诚学术体系进行了多层面的挖掘展现。所有这些事实说明，章学诚早已经跻身于世界史家之林，他的学术思想已经成为世界文化宝库中可贵的精神财富，这自然也是我们中华民族的骄傲。

章学诚杰出的学术成就、深邃的学术思想、执着的治学精神，是中华优秀传统文化的宝贵遗产，具有当代价值与现实意义。习近平同志在浙江工作期间，对挖掘浙江历史文脉、展示中华文明风采，多次作出重要指示。他曾说："王阳明以后，黄宗羲在《明夷待访录》中对封建专制的剖析批判，是有清一代浙江学人理性自觉、思想解放、富有创新的最重要代表；而从章学诚的'史学所以经世，固非空言著述'的思想，到马一浮的'默然不语，其声如雷'的箴言，则可以看作浙江学人反对空话、务实创新的一贯思想作风和学术宣言。"[①]弘扬名人文化，传承先贤精神，是新时代赋予我们的新的文化使命。

① 张曦：《"习近平同志既重视战略谋划又强调狠抓落实"》，载中共中央党校采访实录编辑室：《习近平在浙江》（上），中共中央党校出版社2021年版，第103页。

大事年表

1738年（清乾隆三年）　1岁

九月二十九日，出生于浙江省绍兴府会稽县善法弄（今绍兴市越城区塔山街道大禅法弄）。父亲章镳，母亲史氏。

1739—1750年（清乾隆四年至十五年）　2—13岁

章学诚5岁时，章镳中进士，授徒为生。7岁时，史氏开始启蒙教育。

1751年（清乾隆十六年）　14岁

入学凌风书屋，与俞氏成婚。章镳任湖北应城知县，章学诚夫妇随父母前往应城。

1752年（清乾隆十七年）　15岁

在应城官舍，不喜读书。

1753年（清乾隆十八年）　16岁

从江夏生员柯绍庚学。塾课余暇，私自编纂《东周书》。

1754年（清乾隆十九年） 17岁

秋冬之际，购得《韩文考异》。

1755年（清乾隆二十年） 18岁

从柯绍庚学。

1756年（清乾隆二十一年） 19岁

章镳罢官，贫不能归，主讲天门、应城等地书院。

1757—1759年（清乾隆二十二年至二十四年） 20—22岁

在学业上尤其是史学上很有长进。

1760年（清乾隆二十五年） 23岁

进京参加顺天乡试，落第。

1761年（清乾隆二十六年） 24岁

在史学理论上已有一些创见。

1762年（清乾隆二十七年） 25岁

回会稽，再次北上应顺天乡试，落第后，进入国子监读书。

1763年（清乾隆二十八年） 26岁

二月，结交曾慎、甄松年。夏，请假出都，回湖北省亲。九月，去陕西访游，将文稿辑录为《壬癸尺牍》一卷。

1764年（清乾隆二十九年） 27岁

章镳在湖北编修《天门县志》，章学诚协助编修，作《修志十议呈天门胡明府》。去年至今年间，作《答甄秀才论修志第一书》与《答甄秀才论修志第二书》。

1765年（清乾隆三十年）　28岁

第三次顺天乡试落榜，在沈业富府邸任教。

1766年（清乾隆三十一年）　29岁

入朱筠门下，学习古文。因生活贫困，寄居朱筠家中。结交邱向阁、吴兰庭、程晋芳、冯廷丞、蒋雍植等人。拜访戴震。购置二十三史，欲加以评论。国子监祭酒欧阳瑾首擢章学诚第一名。

1767年（清乾隆三十二年）　30岁

欧阳瑾令章学诚参与修纂《国子监志》。

1768年（清乾隆三十三年）　31岁

二月，从朱筠家迁至族兄垣业家。九月，四应顺天乡试，仅中副榜。冬，父章镳病死于湖北应城。将第三子华绶过继给垣业为后。

1769年（清乾隆三十四年）　32岁

三月，租住柳树井南冯廷丞家，六月，家眷从湖北抵达北京。为乡试座师秦承恩校编《续通典》之《乐典》。结识任大椿、陈本忠、汪辉祖。

1770年（清乾隆三十五年）　33岁

秋天，作《〈蒋渔村编修墓志铭〉书后》。八月，抄录《武强德政序》与《何垣序》给垣业，并作《〈武强德政序〉书后》篇。

1771年（清乾隆三十六年）　34岁

退出国子监志局。结交邵晋涵。八月，随朱筠前往安徽太平使院。十一月到达，同游采石矶。

1772年（清乾隆三十七年）　35岁

三月五日，跟随朱筠等游青山。夏天，访宁绍台兵备道冯廷丞于宁波道署，结识冯邵、冯秋山。秋天，经会稽，回到太平使院。开始撰写《文史通义》。与邵晋涵、黄景仁在使院校文，结识顾九苞。岁末，又返回会稽。

1773年（清乾隆三十八年）　36岁

正月，从会稽去余姚拜访邵晋涵，又到宁波拜访冯廷丞。二月，由宁波过会稽、太平至和州，应知州刘长城之聘，编修《和州志》。二月，《四库全书》正式开馆。夏天，第三次到宁波道署拜访冯廷丞，与戴震辩论修志。撰《书友人拟续通志昆虫草木略叙后》反驳戴震与吴颖芳，后改名为《申郑》。

1774年（清乾隆三十九年）　37岁

撰成《和州志》42篇，因安徽学政秦潮不满而未能刊刻。三月，将志稿删存为二十篇，名曰《志隅》。秋天到杭州参加乡试，榜发未中，过会稽，抵宁波，在冯廷丞道署过冬。

1775年（清乾隆四十年）　38岁

春天，回绍兴，参加宗族春社。五月，校编了《章格庵遗书》并作序。秋天回北京，举家迁至金鱼池陋巷。与邵晋涵、任大椿、侍朝、裴振、洪亮吉、胡士震、沈棠臣、陈以纲、乐毓秀、张羲年、周永年等人交游。为《刘忠介公年谱》作序。

1776年（清乾隆四十一年）　39岁

援例授国子监典籍。秋，拜访蠡县县令梁梦善、曲阳县令周震荣。

1777年（清乾隆四十二年）　40岁

春，由于周震荣的推荐，主讲于定州定武书院。五月，周震荣延请主修《永清县志》，离开书院。参加顺天乡试，中举。在永清修志，结识唐风池、钱诏。冬，结识罗有高。

1778年（清乾隆四十三年）　41岁

三月，参加会试，考中二甲五十一名进士。六月，为朱筠作《屏风题辞》。

1779年（清乾隆四十四年）　42岁

七月，《永清县志》修成，凡五体，共二十五篇，另有《文征》五卷。入梁国治家为塾师。撰成《校雠通义》四卷。

1780年（清乾隆四十五年）　43岁

冬，从梁国治家辞馆，第三女病殇。

1781年（清乾隆四十六年）　44岁

三月，到河南开封谋事未果，回京时拜访南乐知县邱向阁，闰月十四作《通说为邱君题南乐官舍》。北归途中遇盗，行李文稿被抢。投奔肥乡县令张维祺，主讲清漳书院。六月，朱筠在北京逝世。十月，作《上梁相公书》。冬，跟随张维祺离开肥乡到大名，年底辞归北京。

1782年（清乾隆四十七年）　45岁

三月，与周震荣在盘山游览胜景。不久，主讲直隶永平府敬胜书院，结识凌世御、蔡薰。编成《文学》一书，以劝诱蒙俗。

1783年（清乾隆四十八年）　46岁

春天，在北京寓所得重病，幸得邵晋涵载至家中调理。病愈后，回永平敬胜书院讲学。夏间，写有《与乔迁安明府论初学课业三简》。七月至八月间，撰《言公》上、中、下三篇，以及《诗教》上、下两篇。自七月初三至九月初二，共得《文史通义》草稿十篇。与朱沧湄论学。九月，与乔钟吴、袁而谷共游阳山九莲寺，作有游记。十月，周震荣除道京东，招章学诚至临榆驻地，谈论文章。冬，离开敬胜书院。

1784年（清乾隆四十九年）　47岁

带全家离开永平，主讲保定莲池书院。

1785年（清乾隆五十年）　48岁

正月到北京，作《张介村封公御赐香楠鸠杖记》。作《论课蒙学文法》。八月，刻《太上感应篇》于石，二日作《刻〈太上感应篇〉书后》。冬天，暂至京城，馆于潘庭筠编修家，与任大椿论学。

1786年（清乾隆五十一年）　49岁

仍在莲池书院主讲。十二月，与张维祺同游莲池，作《月夜游莲池记》。

1787年（清乾隆五十二年）　50岁

失莲池书院讲席，侨寓保定旅店，长孙女与第五子病殇。到北京吏部投牒，又遇宵小剽窃。冬天，已垂得知县，又决计舍去，困居京师近一年。十月，回保定旅舍。十一月，经周震荣的启发，前往投奔河南巡抚毕沅，欲借其力编纂《史籍考》，得到其支持。在开封作有《论修〈史籍考〉要略》。

1788年（清乾隆五十三年）　51岁

正月，作《徐尚之古文跋》。二月，主讲归德文正书院。三月，家眷从保定旅店南迁至归德。五月，遣长子贻选入京乡试，落榜后馆于永清县署。秋，撰《庚辛之间亡友传》。冬季失去归德书院讲席，侨寓亳州。

1789年（清乾隆五十四年）　52岁

春，辗转于当涂、怀宁之间，找不到就馆之地。三月末，为安徽学政徐立纲编辑宗谱。四月至五月间，撰成《文史通义》二十三篇。在太平留三月，六月返回亳州。道经扬州，拜访沈业富。七月抵亳州，长子贻选妇病丧，从县署移居民家。八月游湖北，十月回亳州。十一月，作《答沈枫墀论学》一信，十二月，作《上毕制府书》。

1790年（清乾隆五十五年） 53岁

正月，长孙殇于亳州侨寓。二月，《亳州志》全书告成，由于知州裴振去任，这部志书未能刊刻。二月末，从亳州前往湖北武昌，作有《家书》七篇。在武昌编纂《史籍考》，参编《续通鉴》。十二月，作《任幼植别传》。

此年所作重要文章还有《答客问》《释通》《书〈朱陆〉篇后》《〈史学例议〉书后》《〈郑学斋记〉书后》《朱先生墓志书后》《跋酉冬戌春志余草》《跋陈西峰韭菘吟》《跋〈香泉读书记〉》《与邵二云》《与邵二云论学》等。

1791年（清乾隆五十六年） 54岁

在武昌编纂《史籍考》。此年作《陈伯思别传》《周书昌别传》《史德》《〈唐书纠谬〉书后》《读〈史通〉》《驳孙何〈碑解〉》《论文上弇山尚书》《朱先生别传》《同居》《〈皇甫持正文集〉书后》《〈李义山文集〉书后》《韩柳二先生年谱书后》《与邵二云》《与族孙守一论史表》《〈元次山集〉书后》《〈王右丞集〉书后》《朱校〈韩文考异〉书后》《东雅堂韩文书后》《葛板韩文书后》《朱子〈韩文考异〉原本书后》《〈韩诗编年笺注〉书后》《韩文五百家注书后》《〈宜兴陈氏宗谱〉书后》《冯瑶罂别传》《〈曾麓亭传〉书后》等篇。

1792年（清乾隆五十七年） 55岁

在武昌编纂《史籍考》。闰四月，撰成《历代纪年经纬考》。是年，完成《方志立三书议》。毕沅《续通鉴》修成，作《为毕制军与钱辛楣宫詹论续鉴书》。

1793年（清乾隆五十八年） 56岁

在武昌继续编纂《史籍考》。家眷开始从亳州迁归绍兴故里。秋，节抄友人王凤文《云龙纪往》为《云龙纪略》。

1794年（清乾隆五十九年）　57岁

年初，《湖北通志》脱稿。三月，乾隆帝巡幸天津，毕沅入觐，志稿招致非议，著有《驳陈增议》一卷。

八月，毕沅降补山东巡抚，《湖北通志》交由陈诗校定。滞留武昌，志稿未能刊行，汇订为《湖北通志检存稿》二十四卷、《湖北通志未成稿》一卷。

在武昌期间，还参编《常德府志》《荆州府志》《麻城县志》等。

1795年（清乾隆六十年）　58岁

正月，毕沅由山东巡抚复任湖广总督，调兵镇压苗民起义，无暇顾及编书之事。从武昌回到绍兴。

两次到道墟省亲，祭拜祖茔，作有《仲贤公三世像记》《尤文公像记》《家克毅像记》。二月至盛夏间，刻成《文史通义》。十月，离家往扬州，道经苏州，批评吴敬斋所刻《国朝二十四家古文》选文不当。冬，作《与阮学使论求遗书》《跋甲乙剩稿》。

1796年（清嘉庆元年）　59岁

二月，自扬州暂回绍兴，将往湖北。在扬州期间，协助业师沈业富编纂家谱，作《高邮沈氏家谱序》《高邮沈氏家谱叙例》《沈浔州传》。在扬州所作文章，统名《邗中草》，比较重要者还有《墓铭辨例》《驳张符骧论文》等。三月，遣长子贻选北上赴京，并命其顺道拜访山东兖沂曹济道孙星衍，送呈近刻《文史通义》四卷。作《〈史姓韵编〉序》《与汪龙庄书》。去道墟祭祖，主持仪式，与族人探讨编纂宗谱事宜，作《神堂神主议》及传记多篇。六月，挚友邵晋涵逝世。九月，有《上朱中堂世叔》。自杭州出发，去扬州。岁末，抵达安庆。因朱珪介绍，结识布政使陈奉兹。

是年所作《文史通义》稿，名为《丙辰山中草》，计十六篇。其中可考者，包括《〈史姓韵编〉序》《与汪龙庄简》《文德》《答问》《古文十弊》《〈淮南子洪保〉辨》《答某友请碑志书》《与胡雒君论校〈胡稚威集〉二简》《跋屠怀三制义》以及时文序一篇、书信数篇。此外，又有札记二段，后与丁巳年札记二段合为《古文公式》篇。

1797年（清嘉庆二年） 60岁

正月，致信朱珪，请其代向浙江学政阮元、布政使谢启昆谋一职位，借以编摩《史籍考》。二月，作《陈东浦方伯诗序》。三月，在安徽桐城校阅府试试卷，作《与孙渊如观察论学十规》《地志统部》。此时所作文稿，取名《桐署偶钞》。三月底，返回安庆。五月，被陈奉兹介绍到扬州投奔盐运使曾燠，直到秋天，才与曾燠见面。七月，毕沅卒于湖南辰州军营中。

在扬州期间，拜访了王昶。到苏州会晤钱大昕。

岁末，从扬州辞归，作《丁巳岁暮书怀投赠宾谷转运因以志别》。十二月，作《〈双节堂杂录〉序》。作《妇学》《〈妇学〉篇书后》《题〈随园诗话〉》《书坊刻诗话后》《诗话》，抨击袁枚。

1798年（清嘉庆三年） 61岁

三月，作《〈三史同姓名录〉序》《书汪龙庄〈越女表微录〉后》。应谢启昆之邀，在浙江布政使官署之兑丽轩，编纂《史籍考》，作《史考释例》。五月，到苏州拜访陈奉兹，兼贡《云龙纪略》一卷。九月重阳节后，作《与汪龙庄简》。与谢启昆在编修意见上发生分歧，备受冷落，冬天转投扬州曾燠幕中。在《又与朱少白》信中，披露“盗卖《史籍考》”风波真相。作《立言有本》《〈述学〉驳文》，批评汪中的文集《述学》。

1799年（清嘉庆四年） 62岁

正月，乾隆帝去世，嘉庆帝亲政，和珅倒台，作《上执政论时务书》《上韩城相公书》《再上韩城相公书》《三上韩城相公书》《上尹楚珍阁学书》《上曹定轩侍御论贡举书》等。作《汪龙庄七十寿言》。

1800年（清嘉庆五年） 63岁

双目失明，犹事论著，作《浙东学术》《邵与桐别传》，辑文集《庚申新订》

《庚申杂订》。

1801年（清嘉庆六年）　64岁

夏，作《汪焕曾豫室志铭》，为绝笔之作。临终前数月，将文稿委托友人萧山王宗炎校订。十一月，与世长辞，葬于山阴县方坞。

参考文献

〔清〕章学诚:《章氏遗书》,1922年嘉业堂本。

〔清〕章学诚:《内藤文库藏钞本章氏遗书》,陶德民主编,台湾大学出版中心2017年版。

〔清〕章学诚:《文史通义庐江何氏钞本》,华东师范大学出版社2019年版。

王记录主编:《章学诚文献辑刊》,北京燕山出版社2019年版。

〔清〕章学诚:《文史通义新编新注》,仓修良编注,浙江古籍出版社2005年版。

〔清〕章学诚:《文史通义补编》,灵鹣阁丛书,元和江标湖南使院刻本。

〔清〕朱筠:《笥河文集》,嘉庆八年刻本。

〔清〕邵晋涵:《南江邵氏遗书》,嘉庆九年刻本。

〔清〕戴震:《戴东原集》,乾隆五十七年刻本。

〔清〕纪昀、陆锡熊、孙士毅等:《钦定四库全书总目(整理本)》,中华书局1997年版。

〔清〕汪辉祖:《病榻梦痕录》,台湾商务印书馆1980年版。

〔清〕汪辉祖编:《双节堂赠言集录》,乾隆四十四年刻本。

〔清〕阮元:《研经室二集》,四部丛刊本。

〔清〕洪亮吉:《卷施阁诗》,乾隆六十年刻本。

〔清〕曾燠:《赏雨茅屋诗集》,嘉庆十五年刻本。

〔清〕谢启昆:《树经堂文集》,嘉庆年间刻本。

〔清〕谢启昆：《树经堂诗续集》，嘉庆年间刻本。

〔清〕左眉：《静庵诗集》，同治十三年刻本。

〔清〕吴兰庭：《胥石文存》，《续修四库全书》本。

〔清〕姚鼐：《惜抱先生尺牍》，宣统初元小万柳堂据海源阁本重刊。

〔清〕汪喜孙编：《容甫先生年谱》，中国书店1925年影印本。

〔清〕王宗炎：《晚闻居士遗集》，道光十一年刻本。

〔清〕钱林辑，〔清〕王藻编：《文献征存录》，咸丰八年刻本。

〔清〕李桓编：《国朝耆献类征》，光绪湘阴李氏刻本。

〔清〕萧穆：《敬孚类稿》，光绪三十三年刻本。

〔清〕赵尔巽等撰：《清史稿》，中华书局1977年版。

胡适：《章实斋年谱》，姚名达订补，商务印书馆1934年版。

周康燮主编：《章实斋先生年谱汇编》，香港崇文书店1975年版。

范耕研：《章实斋先生年谱》，台湾文史哲出版社1999年版。

姚名达编：《朱筠年谱》，商务印书馆1933年版。

朱炯：《邵晋涵年谱新编》，浙江大学出版社2018年版。

梁启超：《中国近三百年学术史》，东方出版社1996年版。

梁启超：《清代学术概论》，上海古籍出版社1998年版。

蔡元培：《蔡元培全集》，浙江教育出版社1997年版。

何炳松：《何炳松文集》，商务印书馆1997年版。

闵尔昌录：《碑传集补》，台北文海出版社1973年版。

〔清〕章学诚：《校雠通义通解》，王重民通解，上海古籍出版社1987年版。

余英时：《论戴震与章学诚》，生活·读书·新知三联书店2000年版。

〔清〕叶衍兰、叶恭绰编：《清代学者象传》，上海书店出版社2001年版。

潘荣胜主编：《明清进士录》，中华书局2006年版。

陈烈主编：《小莽苍苍斋藏清代学者书札》，人民文学出版社2013年版。

〔美〕倪德卫：《章学诚的生平与思想》，杨立华译，江苏人民出版社2007年版。

张舜徽：《史学三书平议》，中华书局1983年版。

仓修良、叶建华:《章学诚评传》,南京大学出版社1996年版。

仓修良、仓晓梅:《章学诚评传——独树一帜的史学评论家》,广西教育出版社1996年版。

仓修良:《方志学通论(修订本)》,方志出版社2003年版。

黄兆强:《章学诚研究述评(1920—1985)》,台湾学生书局2015年版。

陈仕华主编:《章学诚研究论丛:第四届中国文献学学术研讨会论文集》,台湾学生书局2005年版。

中国历史文献研究会编:《章学诚国际学术研讨会论文集》,北京图书馆出版社2004年版。

潘捷军主编,鲍永军副主编:《章学诚研究概览——章学诚诞辰280周年纪念文集》,杭州出版社2018年版。

后 记

我初次接触章学诚这个名字，是在大学历史系三年级上《中国史学史》课程，因为没有教材，就到图书馆借了仓修良与魏得良两位教授所著《中国古代史学史简编》作参考。这部著作虽然谦称为简编，却足有46万余字，是当时内容最为翔实的中国古代史学史著作，其中就有专门的一章是对章学诚的评介。章学诚是清代史学大家，思想深邃，贡献卓著，给我留下了深刻的印象。

我对中国古代史学史很感兴趣，在1994年有幸考上了仓修良老师的研究生。仓师是学术界公认的章学诚研究专家，著有《章学诚和〈文史通义〉》以及两种《章学诚评传》，整理出版《文史通义新编》《文史通义新编新注》，并发表了许多重要的研究论文。在仓师教导下，我开始通读《文史通义新编》及相关论著。《文史通义新编》收录了章学诚为好友汪辉祖所作《〈三史同姓名录〉序》《〈史姓韵编〉序》以及《与汪龙庄书》《与汪龙庄简》。受此启发，我写成《汪辉祖史学成就初探》一文，作为《中国史学名著研读》课程作业，经仓师推荐，发表在《浙江学刊》1996年第5期，人大复印报刊资料《历史学》1996年第12期全文转载。这是我正式发表的第一篇学术论文，获得了校董氏文史哲研究奖，给了我很大的鼓励。

章学诚在考据风靡的乾嘉时代，独树一帜，从事文史评论，针砭学术。他生前备受冷落，始终默默无闻，生活上穷困潦倒，但他不屈不挠，在学术上作出了卓越的贡献。20世纪以来，国内外学术界逐渐重视对章学诚及其学术思想的研究。章氏学术体系的博大精深，在当时乃至整个封建时代罕有其匹。研读其著述，常使我产生“仰之弥高，钻之弥坚”之感，对其正直的人品、执着的治学精神、精湛的学术思想更是“高山仰止，景行行止”。1997年毕业后，仓师推荐我留系任教，使我得以继续追随恩师研习章氏著述。“浙江历史文化名人传记”课题启动后，我在浙江省社会科学院网站上看到章学诚传招标消息，当时没敢申报。当我看到章学诚传再次招标的信息后，就向仓师作了汇报。仓师认为，浙江的学者理应肩负起为先贤章学诚作传的任务，就与我一起申报，2005年获省社科规划重点课题立项。后来，仓师还与我共同承担了《章学诚全集》与《浙江史学史》两个浙江省社科规划重点课题。

仓师决定由我执笔撰写本书。对我而言，这是一次难得的学习与提高的机会。在写作过程中，他从写作大纲、文献资料搜集、观点论证等多方面给予悉心指导；在章学诚的史学、方志学、谱牒学理论等方面，我也参考吸收了仓师相关的论著成果；书稿完成后，他又仔细审阅，给予热情鼓励，并提出宝贵的修改意见。因此，本书可以说是仓师与我共同的劳动成果，但他执意让我单独署名。恩师不幸于2021年3月遽归道山。追思谆谆教诲，我对他老人家奖掖后学、关爱弟子的情怀，永志不忘。

本书作为“浙江文化名人传记丛书”的一种，2007年8月由浙江人民出版社出版。2022年，浙江省社科联启动该丛书的修订工程，重新出版“浙江文化名人传记精选修订丛书”，本书有幸入选。这次修订，对全书文字作了校改，增补了一些重要的史料史实，根据新时代精神，对章学诚作了与时俱进的评价。

本书用28万余字的篇幅为章学诚作传，内容大致分为三部分：首先是概述乾嘉时代的政治与学术文化背景；其次详细介绍章学诚的生平事迹，用三分之二的篇幅，钩稽爬梳了章氏一生活动轨迹、师友交游以及学术著述，按年代顺序予以归纳评述；最后，总结了章学诚的治学精神与学术上的突出贡献，并对其历史地位与影响作出实事求是的评价。

书中挖掘、利用了一些新的史料，纠正了以往研究中的一些失误。文物出版社1985年版《章学诚遗书》，是目前为止搜罗章氏著述最完备的版本，本书则利用了该版本未收的八篇佚文、《历阳典录》所收《和州志》佚篇以及章学诚殿试卷等新资料。章学诚的生平经历、学术思想与其师友密切相关，因此，本书对他们予以简要介绍。对于章学诚交往中的一些人物，诸如国子监祭酒陆宗楷、海度、祖方伯、黄大俞、古香等人，揭示其姓名事迹。此外，对于《文史通义》自刻本刊成时间、章学诚晚年归里时间等问题，也作了考证，提出了自己的看法。书中选配一些照片，以求图文并茂，雅俗共赏，帮助读者增进对章学诚其人其事其学的了解。

本书参考了前辈学者与当今国内外学界的最新研究成果，在此深表感谢！此外，浙江省社科院卢敦基研究员与出版社编辑同志等人，为本书出版付出了辛勤劳动，在此一并致谢！由于本人学识有限，不当之处，敬请读者批评指正。

鲍永军

2006年2月初稿，2024年4月修订定稿